全国职业教育城市轨道交通专业规划教材

Chengshi Guidao Jiaotong Keyun Zuzhi

# 城市轨道交通客运组织

刘莉娜 　　　　　　主　编

于　涛　高　蓉　副主编

仇海兵 　　　　　　主　审

人民交通出版社

# 内 容 提 要

　　本书为全国职业教育城市轨道交通专业规划教材。从企业岗位需求和教学实践的角度出发,对城市轨道交通客运组织工作进行了全面分析。全书共分 12 个单元,其主要内容包括:城市轨道交通客运组织概述,城市轨道交通车站,城市轨道交通车站技术设备,城市轨道交通自动售检票系统,车站设备日常操作及应急故障处理,城市轨道交通票务组织,城市轨道交通车站客流组织,城市轨道交通车站运作管理,城市轨道交通车站突发事件应急处理办法,城市轨道交通客运服务礼仪,城市轨道交通客运服务实例,城市轨道交通市场营销。

　　本书为高等、中等职业教育城市轨道交通专业及相关专业的教材和教学参考用书,还可作为城市轨道交通客运岗位的职业培训教材,同时也可供从事城市轨道交通规划、建设和运营的专业技术人员参考。

**图书在版编目（CIP）数据**

城市轨道交通客运组织/刘莉娜主编.—北京:
人民交通出版社,2010.6
　ISBN 978-7-114-08318-1

　Ⅰ.①城… Ⅱ.①刘… Ⅲ.①城市铁路－铁路运输:
旅客运输－行车组织　Ⅳ.①U239.5

　中国版本图书馆 CIP 数据核字 (2010) 第 098535 号

全国职业教育城市轨道交通专业规划教材
书　　　名:城市轨道交通客运组织
著 作 者:刘莉娜
责任编辑:郝瑞苹
出版发行:人民交通出版社
地　　　址:(100011) 北京市朝阳区安定门外外馆斜街 3 号
网　　　址:http://www.ccpress.com.cn
销售电话:(010) 59757973
总 经 销:人民交通出版社发行部
经　　　销:各地新华书店
印　　　刷:北京鑫正大印刷有限公司
开　　　本:787×1092　1/16
印　　　张:17.5
字　　　数:381 千
版　　　次:2010 年 6 月　第 1 版
印　　　次:2019 年 5 月　第 13 次印刷
书　　　号:ISBN 978-7-114-08318-1
定　　　价:32.00 元
(有印刷、装订质量问题的图书由本社负责调换)

# 全国职业教育城市轨道交通专业规划教材
## 编 写 委 员 会

主　任：马伯夷　黄远丰

副主任：李建国　张国保　王心明

委　员：（按姓氏笔画排序）

于　涛　仇海兵　宁　斌　刘莉娜

张利彪　张　莹　李红军　李源青

耿幸福　高　蓉　阎国强　谭　恒

# 出 版 说 明

随着我国城市化进程的快速发展,城市交通拥堵问题日益严重。大力发展城市轨道交通已成为解决城市交通问题的重要手段。截至 2009 年年底,国务院已批准25 座城市的轨道交通建设规划。另有多座城市的轨道交通建设规划正在审批中。我国城市轨道交通建设已进入快速发展时期。

由于全国大部分城市轨道交通建设起步较晚,项目建设规模大,速度快,致专业人才供不应求,运营管理、驾驶、检修岗位的初中级人才短缺尤为突出。各地职业院校纷纷开设了城市轨道交通相关专业,轨道交通专业培训教材也陆续出版。但目前已出版教材存在体系不完善、教材内容侧重岗前培训、理论叙述过多等缺点,不适合职业院校教学使用。

为促进和规范轨道交通行业职业教育教材体系的建设,适应目前职业教育"校企合作,工学结合"的教学改革形势,人民交通出版社约请北京交通学校、南京铁道职业技术学院、上海交通职业技术学院、湖南铁道职业技术学院资深一线教师联合编写了"全国职业教育城市轨道交通专业规划教材"。首期推出:

《城市轨道交通概论》

《城市轨道交通客运组织》

《城市轨道交通行车组织》

《城市轨道交通运营安全》

《城市轨道交通车辆及操作》

《城市轨道交通信号与通信系统》

《城市轨道交通供电技术》

本套教材突出了职业教育特色,围绕职业能力的形成组织课程内容;教材内容先进,总结了北京、上海、广州等地的地铁运营管理经验;侧重实际工作岗位操作技能的培养;理论知识的叙述以应用为目的,以够用为尺度;教材编写充分考虑了职业院校学生的认知特点,文字简洁明了,通俗易懂,版式生动活泼,图文并茂;每单元后附有复习题,部分章节附有实例。

为方便教学,本套教材配套有教学课件,读者可在人民交通出版社网站免费下载。

希望该套教材的出版对职业院校轨道交通专业教材体系建设有所裨益。

人民交通出版社

2010 年 6 月

# 前　　言

随着我国城市化进程的快速发展,城市交通拥堵问题日益严重,大力发展城市轨道交通已成为解决城市交通问题的重要手段。按目前每年开工建设 100~120km 线路的发展速度,到 2020 年我国建成的城市轨道交通线路将达到 2 000~2 500km。我国城市轨道交通建设已进入了快速发展时期。

由于我国轨道交通大规模的建设起步较晚,目前集中建设的项目多、速度快、规模大,所需专业性强,造成轨道交通行业专业技术人员、管理人员和技术工人严重匮乏。而针对企业岗前培训的教材较少,现有的教材大都偏于理论,不能与岗位实际操作紧密结合。本书由具有丰富轨道交通岗前培训经验的教师编写,针对城市轨道交通运营企业站务岗位需求,系统、全面地阐述了城市轨道交通客运组织的相关内容。编者在调研、总结城市轨道交通运营企业站务岗位典型工作任务的基础上,以站务岗位所需的理论知识和操作技能为主,结合多年实际培训、教学经验,对城市轨道交通客运组织进行了详细的叙述。教学内容由浅到深,循序渐进。主要包括城市轨道交通车站、车站技术设备、自动售检票系统(AFC)、车站设备日常操作及应急故障处理、票务组织、客流组织、车站运作管理、车站突发事件应急处理办法、客运服务、客运市场营销等内容。

本书在编写过程中,强调工学结合,以能力培养为本位,结合教学实践,融入大量案例分析、知识链接,侧重培养学生解决实际问题和拓展思考的能力。本书突出了车站设备故障应急处理、车站突发事件应急处理和车站客运服务等内容,对城市轨道交通专业的师生及从业人员有一定的指导和借鉴作用。此外,本书参照北京、广州等城市最新建成的轨道交通线路,介绍了目前国内最先进的轨道交通技术设备,并配有大量图片,有助于读者立体和感性的学习。

本书编写分工如下:刘莉娜编写第 1、7、9、12 单元,谭恒编写第 2 单元,纪争编写第 3 单元,于涛编写第 4、5、6 单元,高蓉编写第 8、11 单元,李源青编写第 10 单元。

本书由刘莉娜主编并负责全书统稿,于涛、高蓉担任副主编,仇海兵担任主审。京港地铁刘晓庆为教材编写提出了很多宝贵意见,在此深表感谢。

本书的编写采取了校企合作的方式,得到了北京地铁、京港地铁、广州地铁、成都地铁、北京交通运输职业学院、广州交通运输职业学校、上海交通职业技术学院等单位的大力支持。还引用了大量国内外作者发表的有关城市轨道交通的文献,以及北京、广州等城市轨道交通企业的运营资料和相关文献。在此谨向有关专家及部门致以衷心的感谢。

由于编者水平有限,书中不足之处,敬请读者批评指正。

编　者

2010 年 5 月

# 目　录

# 单 元 1

# 城市轨道交通客运组织概述

## 教学目标

1. 了解城市轨道交通客运组织的概念；
2. 掌握城市轨道交通客运组织工作的基本要求；
3. 了解城市轨道交通客运组织架构及车站管理模式。

## 建议学时

2 学时

# 1.1 城市轨道交通客运组织基础

## 一 城市轨道交通客运组织的概念

城市轨道交通主要通过合理的客运组织来完成其大容量的客运任务。城市轨道交通客运组织是指通过合理布置客运有关设备、设施,对客流采取有效的分流或引导措施来组织客流运送的过程。

客运组织工作是城市轨道交通运营生产的重要组成部分,客运服务质量直接反映城市轨道交通运营企业的管理水平。客运组织工作必须实行统一领导、分级管理的原则,控制指挥中心(OCC)负责全线的客运组织工作,车站的客运组织由车站站长或值班站长负责。客运组织工作需建立健全各项工作制度,运营、乘务、维修等各部门之间密切配合,共同维护好站、车秩序,完善服务细节,提升工作效率和服务质量。

## 二 城市轨道交通客运组织的特点

(1)客运组织服务的对象是市内交通乘客,不办理行李包裹托运服务。

(2)全日客流分布在时间上有较为明显的高峰(一般为早晚高峰)和低谷之分,高峰时段客流量集中,时间性强,在空间上又有不同的区间客流分布。

(3)全年客流分布在时间上按季、月、周、节假日有较大起伏。

## 三 城市轨道交通客运组织的宗旨

(1)安全。为保证乘客安全乘车,要制订并严格执行各项安全制度,采用先进的安全控制系统,所有的运营设备定期检查,保证处于良好状态。

(2)准时。运营生产各部门相互配合,严格按照列车运行图组织工作,确保列车按运行图规定的时间运行。

(3)迅速。运营生产各部门相互配合,提高列车运行速度,缩短列车间隔时间,减少设备故障,确保乘客快捷到达目的地。

（4）便利。车站内、外导向标识明显，地下通道、出入口与地面其他交通工具衔接紧密，方便乘客换乘。

（5）优质服务。客运服务工作人员应严格遵守职业道德，礼貌待客，耐心正确地解答乘客问询，主动热情地为乘客服务。

## 四 客运组织工作的基本要求

客运组织工作主要在车站完成，车站客运作业包括售检票作业、乘客问询、客流疏导、站台服务等。车站是轨道交通对乘客服务的窗口，车站客运作业直接面对乘客，客运服务的质量，直接关系到市民对轨道交通的满意度，也反映了轨道交通运营企业的管理水平。车站客运组织工作的基本要求如下。

### ① 站容整洁

车站内、外应明亮、整洁，各种设备和设施摆放整齐、有序；站台、站厅、通道及出入口墙壁光洁，地面无痰迹和废物；卫生间清洁、卫生。

### ② 导向标识清晰、完备

车站内、外应有清晰、完备的导向标识系统，为乘客全过程、不中断地提供导向信息。车站外应有明显标识引导乘客进站，在车站出入口应设置醒目的地铁标识；乘客进站后应有指示客服中心、进站方向、紧急出口等各方向的引导标识；在站台应设置列车运行方向、换乘方向等导向标识。此外，还应设置示警性和服务性导向标志，如地铁运营线路图、列车运行时刻表、票价信息、厕所、公共电话、车站周边公交线路与公共设施指南等。

### ③ 优质服务

客运服务人员应遵守职业道德，文明礼貌，规范地为乘客提供服务。对老、弱、病、残、孕等需要帮助的乘客应主动、热情地提供协助，耐心、正确地回答乘客提出的问询，帮助乘客解决疑难问题。应经常征询乘客的意见，及时完善服务细节，不断提高客运服务水平。

### ④ 遵章守纪

客运服务人员应认真执行各项客运规章制度，服从命令、听从指挥。执行客运工作任务时，客服人员应按规定着装并佩戴标志，仪表整洁，体现良好的精神风貌。

### ⑤ 掌握客流规律

分析客流统计资料，掌握车站客流在时间、空间上的分布与变动，对可预见发生的大客流做好充分的准备工作，及时应对。

**6 与其他部门紧密配合**

客运作业人员应与地铁控制指挥中心(OCC)、列车驾驶员、故障维修部门、公安、消防等有关部门加强联系,密切配合,协同工作,确保列车按图运行,保障行车安全与乘客安全。

# 1.2 城市轨道交通客运组织架构

## 一 城市轨道交通系统运营管理模式

城市轨道交通系统可按功能分为两个子系统进行管理(图1-1):一个是体现城市轨道交通基本功能的旅客运输服务系统,主要任务是组织列车运行和进行客运服务;另一个是运营保障系统,主要是运营设备维护修理体系,它的任务是确保线路、供电系统、车辆、通信信号设备、机电设备等系统状态良好,使城市轨道交通系统安全、可靠、高效地运行。

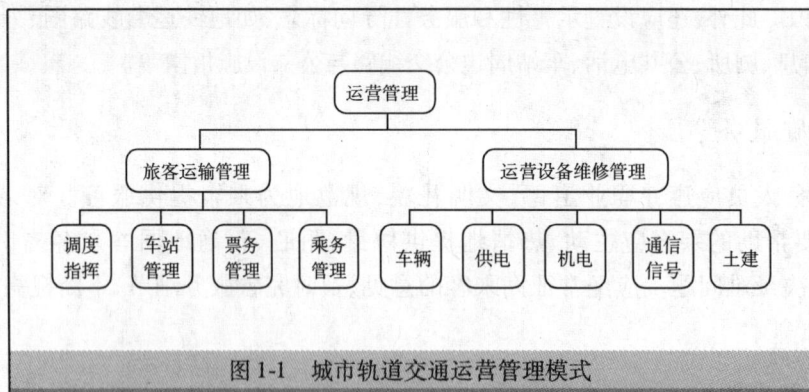

图1-1 城市轨道交通运营管理模式

## 二 城市轨道交通客运组织管理模式

**1 控制指挥中心(OCC)组织架构**

控制指挥中心(OCC)是城市轨道交通系统的核心,负责全线路的调度指挥工作,客运组织以及设施保障部门的运营组织生产工作必须以调度指挥机构的组织计划与组织命令为依据而进行。城市轨道交通系统由 OCC 统一指挥,各个部门协调运作,保证列车安全、正点运行。控制指挥中心(OCC)组织结构如图 1-2 所示。

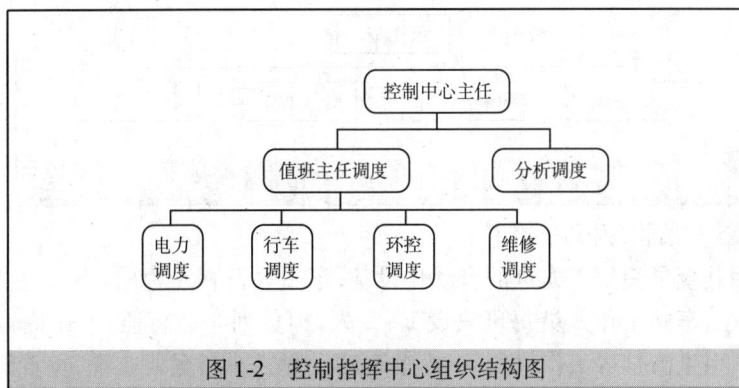

图 1-2　控制指挥中心组织结构图

## ❷ 车站管理模式及组织架构

车站是城市轨道交通系统的重要组成部分,是运营企业与服务对象的主要联系环节。车站管理的核心任务是安全、迅速、方便地组织客流集散,并做好行车组织工作。随着城市轨道交通车站设备设施的不断发展变化,我国各大城市轨道交通车站的设备设施及岗位设置也不尽相同,各客运岗位的工作职责及作业程序也存在很大差异。一般来说,车站常驻人员有:站务运营人员、保安人员、保洁人员、设备维修人员、地铁公安人员等。

城市轨道交通车站以安全、高效地输运乘客为宗旨,车站应该根据行车计划、施工计划以及客运组织计划等生产任务的要求建章立制,合理设置岗位及组织排班,并有序安排各岗位员工履行职责,协调运作。城市轨道交通车站通常设置中心站站长、值班站长、值班员(行车、客运)和站务员等岗位。车站管理模式采用值班站长负责制,负责当班期间车站的行车安全、客运服务、票务、环境清洁、事件处理、人员管理等工作。在值班站长的指挥下,各岗位工作人员按照岗位职责和工作流程开展工作。

除车站的站务工作人员外,城市轨道交通车站通常还有维修、商铺、公安等外单位(部门)驻站人员。车站日常运作以车站运输组织为核心,维修人员、商铺人员、公安人员等应以服务于车站运输组织为前提开展工作。车站一般成立站内综合治理小组,各个驻站单位(或与车站运作相关单位)参加,综合治理小组的组织由站长担任。综合治理小组的主要任务是协调、解决车站的综合治理工作。综合治理小组成员相互通报相关信息,尤其在重大节假日或大型活动前,车站应将有关运营服务信息及站内客运应急方案通报各单位。发生特殊情况时,由值班站长负责指挥处理,可以调动站内的维修人员、商铺人员、公安人员协助处理。

(1)上海地铁 1 号线车站管理模式介绍

上海地铁 1 号线车站采取值班站长、中心站长二级负责制(图 1-3),除了由中心站长对所属车站(一般负责 2～3 个车站)各项工作全面负责外,每站还设三名值班站长跟班管理,负责当班期间车站的行车、客运、票务、卫生等所有车站工作。

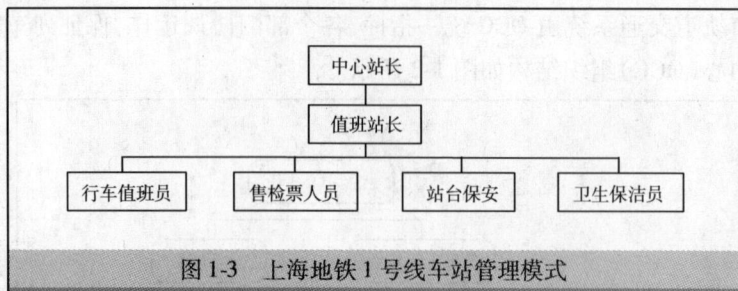

图1-3　上海地铁1号线车站管理模式

（2）柏林地铁车站管理模式介绍

柏林地铁因其较早使用了先进的自动化设备，车站只设有站台层，不设付费区与非付费区，客流量也较小，车站工作人员每班只设1~2人，担负列车运行监护、站内设施设备运行监护、服务咨询、卫生清扫等工作。每5~6个车站设置了一名运营监理，负责管内各站设备运行和检查、督促各站工作人员的工作状况。柏林地铁车站管理模式如图1-4所示。

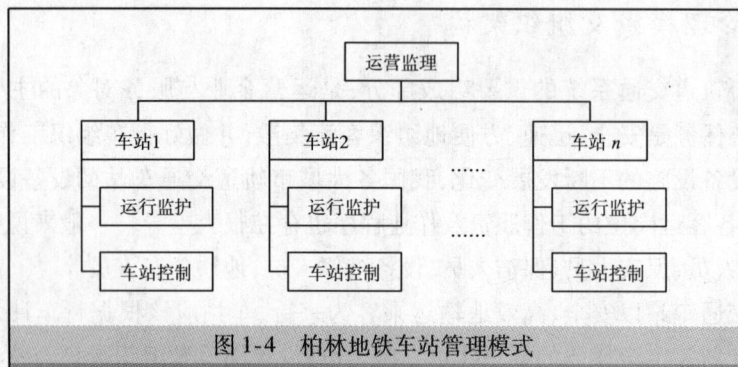

图1-4　柏林地铁车站管理模式

（3）香港地铁车站管理模式介绍

香港地铁车站设置站厅、站台两层，采用了先进的自动售检票系统及各种人性化服务设施，每日承担香港公共交通工具市场40%以上的客流，周日平均客流达430万人次。车站除设置行车控制、运行监护人员外，还在站厅层设置了客务中心，提供对乘客的服务咨询。香港地铁车站管理模式如图1-5所示。香港地铁车站控制室和客务中心如图1-6、图1-7所示。

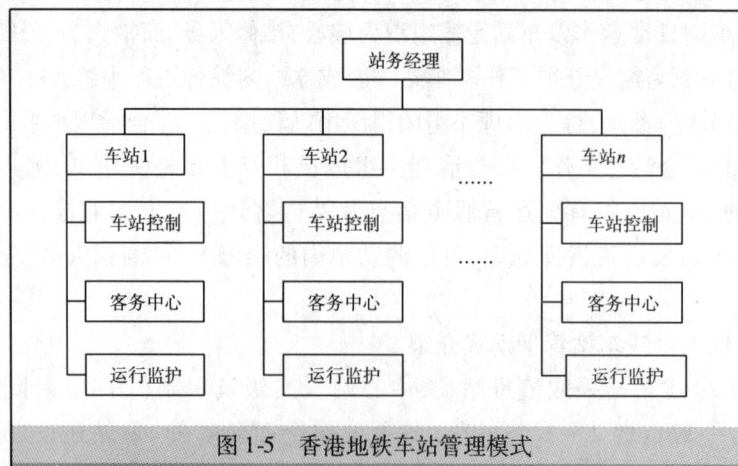

图1-5　香港地铁车站管理模式

图1-6　香港地铁车站控制室

图1-7　香港地铁客务中心

## 复习与思考

1. 简述城市轨道交通客运组织的概念。
2. 简述城市轨道交通车站客运组织工作的基本要求。
3. 简述城市轨道交通客运组织的管理模式。

# 单元 2

# 城市轨道交通车站

**教学目标**

1. 了解轨道交通车站的作用和分类；
2. 掌握一般轨道交通车站的组成以及作用；
3. 了解轨道交通车站的布局原则和基本布局。

**建议学时**

4 学时

# 2.1 城市轨道交通车站的概念与分类

## 一 城市轨道交通车站的概念

轨道交通车站是客流的节点,轨道交通车站是乘客出行的基地,乘客上、下车以及相关的作业都是在车站进行的,轨道交通车站也是列车到发、通过、折返、临时停车的地点。同时,车站还具有购物、集聚及作为城市景观等一系列功能,所以车站的选址、布置和规模等因素,不仅影响运营效益,而且关系到城市的运转。

## 二 城市轨道交通车站的分类

### 1 按照车站修建位置分类

(1)高架车站。是车站主体建筑和设备设施设置在立体高架建筑上的车站。大部分城市轻轨车站为高架车站,如图2-1所示。

图2-1 高架车站

（2）地下车站。是车站主体建筑和设备设施设置在地下的车站。根据地下车站的深度又可分为浅埋车站和深埋车站，如图 2-2 所示。大部分地铁车站为地下站。

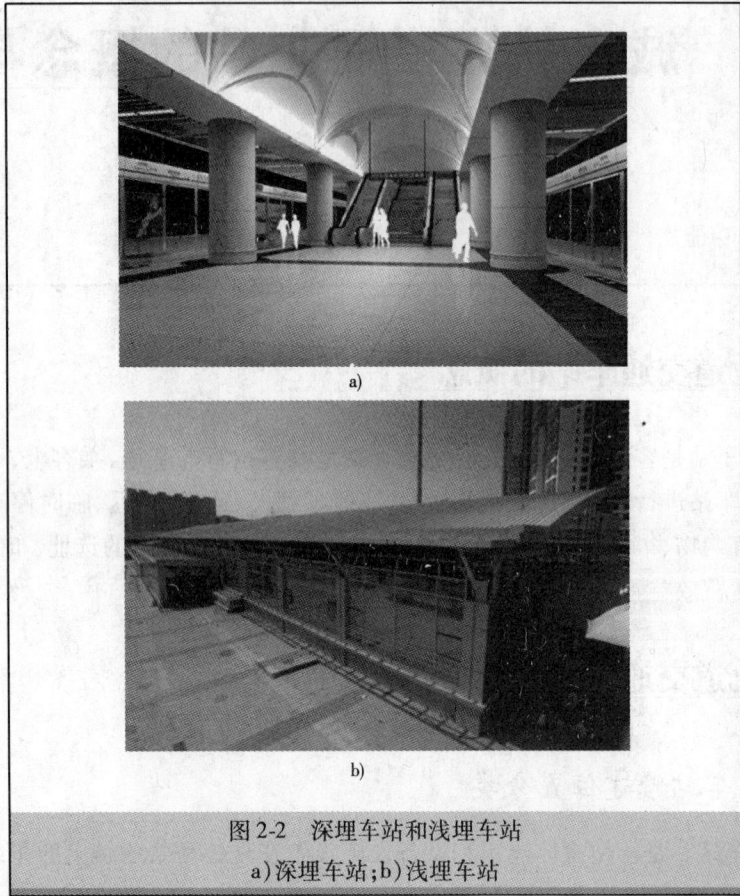

图 2-2　深埋车站和浅埋车站

a）深埋车站；b）浅埋车站

（3）地面车站。是车站主体建筑和设备设施设置在地面的车站，如图 2-3 所示。

图 2-3　地面车站

**❷ 按其在线路的修建位置和担负的运营功能不同分类**

(1)端点站(始发站和终点站)。一般设置在线路两端。除具有供乘客乘降的基本功能之外,还可供列车折返、停车检修之用。

(2)中间站。一般只供乘客乘降之用,但有些中间站还设有折返线、渡线和存车线等,可供列车折返和运行调整。一般城市轨道车站大多属于中间站。

(3)换乘站。一般设置在两条及两条以上的城市轨道线路交叉点。换乘站除具有供乘客乘降的基本功能之外,其最大的特点是乘客可从一条线路换乘到另一条线路,在最大程度上节省了乘客出站、进站及排队购票的时间,为乘客换乘提供方便。换乘站有平面换乘和立体换乘之分。

(4)大型换乘中心站。一般设在各种交通工具集中换乘的地点,如图 2-4 所示。

对于综合的大型换乘枢纽站,为方便乘客的换乘,可考虑采用高架或地下立体方式与其他交通工具乘客乘降点加以连通。例如:某些换乘枢纽其地下部分有两层,地上部分为两层,其中地面一层设有长途售票厅、长途候车厅、长途上客区、长途停车区及公交上下客区,地下一层设有换乘大厅、地铁换乘区、长途下客区、公交停车区、出租车上下客区、公交上下客区,地下二层设有出租车、社会车辆停车区,地面二层设有长途候车厅、长途上客区、长途停车区等,各层之间设有多个上下通道。

图 2-4　大型换乘中心站

**❸ 按地铁车站规模的大小分类**

地铁车站规模主要根据车站远期预测客流以及所处位置确定,可分为下列三类:

(1)大型车站。高峰每小时客流量达 3 万人次以上。

(2)中等车站。高峰每小时客流量在 2 万~3 万人次。

(3)小车站。高峰每小时客流量在 2 万人次以下。

# 2.2 城市轨道交通车站设计

## 一 城市轨道交通车站的组成

### 1 按照车站的使用功能

按照车站的使用功能,大型城市轨道交通系统的车站组成包括站厅、设备区、站台。其中站厅分为非付费区和付费区。

站厅非付费区设置售票、咨询、商业、服务设施,可为乘客提供售票、咨询、商业等服务,站厅付费区是乘客通过闸机或免费通道进入站台候车前经过的区域,也是乘客检票、聚集、疏散的区域。设备区是车站管理用房及设备安装区域,一般分设于站厅和站台的两端部。站台是乘客候车、乘降区域。

### 2 按照车站建筑的空间位置

按照车站建筑的空间位置,车站一般包括:

(1)车站主体。车站主体作为列车的停车点,它不仅供乘客上下车、集散、候车,也是办理运营业务和运营设备设置的地方。车站主体根据功能,可分为乘客使用空间和车站办公用房。在乘客使用空间内,包含了非付费区和付费区。付费区包括站台、楼梯和自动扶梯、导向牌等,它是为乘客候车服务的设施。对于一般的城市车站来说,通常非付费区的面积应略大于付费区。

车站用房区域包括运营管理用房、设备用房和辅助用房。运营管理用房包括站长室、车站控制室、票务室、会议室和公安保卫室等。设备用房包括环控机械室、配电室、信号机械室等。辅助用房包括卫生间、茶水间、更衣室等。车站用房应根据运营管理的需要设置,在不同车站配置必要房间,尽可能减少用房面积,以降低车站投资。

(2)出入口及通道。是指乘客进入站厅的出入口及通道。

(3)通风道、风亭、冷却塔。风亭(图2-5)具有将地面的新鲜空气送入地铁内的作用;冷却塔的作用则是将携带废热的冷却水在塔内与空气进行热交换,使废热传输给空气并散入大气。

(4)其他附属建筑物。

图2-5 地铁风亭

## 二 城市轨道交通车站的平面布局

### ① 城市轨道交通车站的选址

如图2-6所示为2010年广州轨道交通线路规划图。

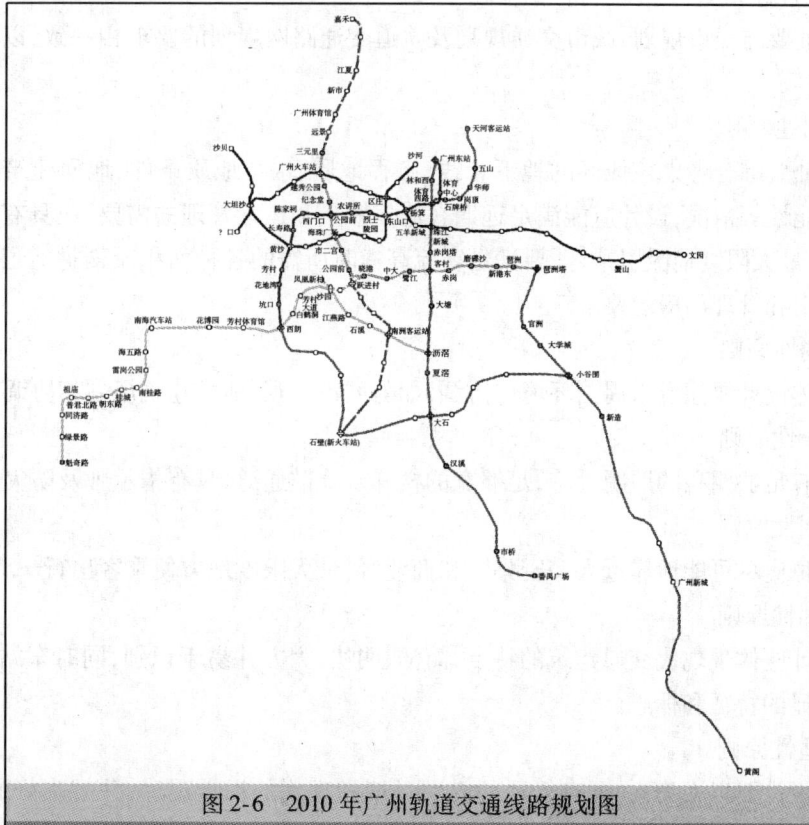

图2-6 2010年广州轨道交通线路规划图

想一想

1. 观察图2-6,为什么图中的轨道交通站点有些地方比较稀疏,有些地方比较稠密呢?
2. 你能大概判断出哪里是广州的中心市区吗?

轨道交通车站应布设在主要客流集散点和各种交通枢纽点上,其位置应有利于乘客集散,并应与其他交通工具换乘方便。车站间距应根据线路功能、沿线用地规划确定。一般来说,在市中心区等客流较为密集的地方,车站间距应小一点,而在外围区等客流相对稀疏的地方,车站间距可以大一点。

城市中心区站间距较小,能使轨道交通站点上下客负荷较为均匀,避免有些站点负荷过大而导致列车因停站时间延长带来运行的延误。因此,一般中心区的车站间距一般在1km左右,外围区的车站间距可在1.5~2km。在超长线路上,一般都会适当加大车站间距。当线路经过客运车站时,应设站换乘。而且一般情况下,间距小的区间,列车旅行速度较低,而间距大的区间,列车旅行速度则较高,这样才能符合轨道交通快速通行的服务要求。

### ❷ 城市轨道交通车站平面布局的设计原则

(1)一致性原则

车站选址要与城市规划、城市交通规划及轨道交通路网规划的要求相一致,以满足远期规划的要求。

(2)适用性原则

车站选址要综合考虑该地区的地下管线、工程地质、水文地质条件、地面建筑物的拆迁及改造的可能性等情况;设计应能满足远期客流集散量和运营管理的需要,应具有良好的外部环境条件,最大限度地吸引乘客;要满足客流高峰时所需的各种面积及楼梯通道等宽度要求及设备用房和管理用房的要求。

(3)协调性原则

车站总体设计要注意与周围环境相协调,如与城市景观、地面建筑规划相协调。

(4)安全性原则

车站要有足够明亮的照明设施,足够宽的楼梯及疏散通道,具有指示牌及防灾设施等。

(5)便利性原则

车站站位应尽可能地靠近人口密集区和商业区,最大限度地方便乘客出行。

(6)识别性原则

车站设计应体现现代交通建筑的特点,简洁、明快、大方并易于识别,同时车站及车辆线路都要有明显的特征和标志。

(7)舒适性原则

车站的设计要以人为本,要有舒适的内部环境和现代的视觉观感,并解决好通风、温度和卫生等问题。

(8)经济性原则

车站的设计应尽可能地与物业开发相结合,使土地的利用最充分,并尽可能降低造价、节约投资。

## ③ 车站平面布局设计

(1)车站平面布局布置

①站厅层布置。应分区明确,依据站内结构及设施配置情况对客流进行合理的组织。避免和减少进出站客流的交叉,合理布置管理用房、设备用房,应满足各系统的工艺要求。站厅层布置要考虑突发性客流特点,留有足够的乘客集散空间,并创造快捷的进出站条件。

②站台层布置。需以车站上下行远期超高峰小时设计客流量来计算站台宽度,根据线路走向及换乘要求确定站台形式。根据车站需要,布置设备或管理用房区。

③车站出入口布置。现行《地铁设计规范》(GB 50157)规定:"车站出入口的数量,应根据客流需要与疏散要求设置,浅埋车站不宜少于4个出入口;当分期修建时,初期不得少于2个出入口。小站的出入口数量可酌减,但不得少于2个"。车站的出入口应设置于道路两边红线以外或城市广场周边,需要具有标志性或可识别性,以利于吸引客流,方便乘客。

此外,车站平面布置还应考虑服务设施,包括电梯、售票机、空调通风设施等。

(2)站厅与站台的设计

站厅层和站台层在进行建筑平面布局时必须时时紧密地同时考虑,例如它们的宽度和长度,所需楼梯的数量、位置、设备用房上下的孔洞等,如图2-7所示。

①设计时首先由站台层着手,根据列车编组确定站台的有效长度。

②再根据站台两端应有的设备用房确定车站的初步长度。

③同样根据计算所得的站台宽度加上上下行车道的宽度,确定车站的总宽度。

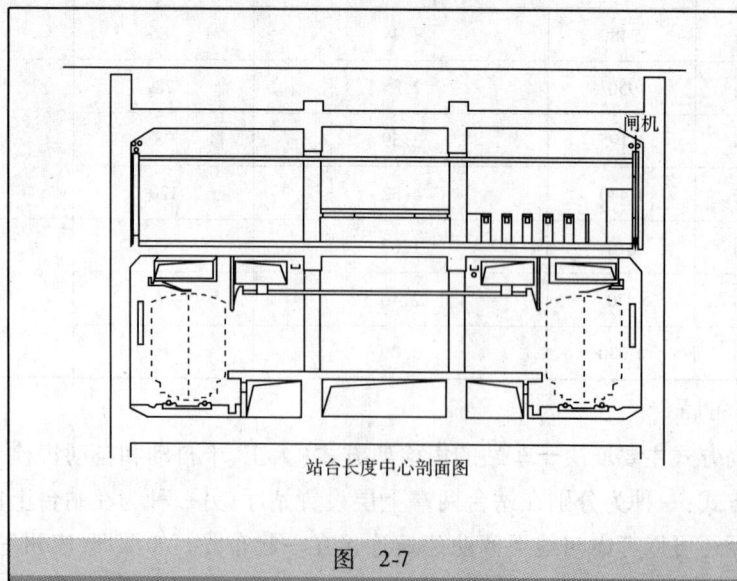

站台长度中心剖面图

图 2-7

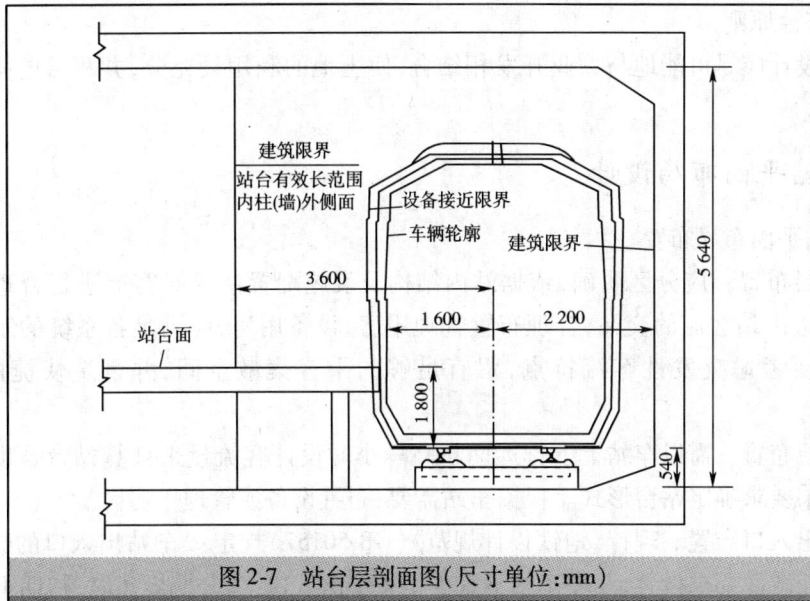

图 2-7　站台层剖面图(尺寸单位:mm)

## 知识链接

各种轨道交通车辆编组适应客流量和站台长估算表见表 2-1。

各种轨道交通车辆编组适应客流量和站台长估算表　表 2-1

| 车型 | 编组 | 列车载客量 | 断面客流量(万人次/h) | 站台长度(m) | 适应范围(万人次/h) |
|------|------|------------|----------------------|-------------|---------------------|
| A 型车 | 4 辆 | 1 240 | 3.72 | 93 | 3.7 ~ 7.4 |
| | 6 辆 | 1 860 | 5.58 | 140 | |
| | 8 辆 | 2 480 | 7.44 | 186 | |
| B 型车 | 4 辆 | 950 | 2.85 | 78 | 2.8 ~ 4.3 |
| | 5 辆 | 1 195 | 3.59 | 98 | |
| | 6 辆 | 1 440 | 4.32 | 120 | |
| C 型车 | 3 辆 | 610 | 1.83 | 57 | 1.9 ~ 3.0 |
| | 4 辆 | 820 | 2.46 | 76 | |
| | 6 辆 | 1 030 | 3.09 | 95 | |

(3)站厅层布局

站厅的布局方式主要取决于车站的售检票方式(人工、半自动和自动售检票)。一般站厅有两种布置方式:一种为分别在站台两端上层设置站厅;另一种为在站台上层集中布置,有些地铁的站厅还可以考虑与地下商业建筑连接在一起布置。如深圳、广州等大城市的一些大型枢纽车站,大都采用了联合设计方案。

大部分车站站厅层主要是为乘客提供售检票等服务和车站人员工作、各系统设备集中设置的场所,大致分为公共区和车站用房区域。图 2-8 为站厅布置模拟图。

图 2-8　站厅布置模拟图

①站厅层公共区布局。客流通道口主要位于站厅层的公共区,分左右两侧布置,有利于地面道路两侧出入口的均匀布置。根据现行《地铁设计规范》(GB 50157),通道口最小宽度不能小于 2.4m。公共区是乘客集散的区域,可以划分为付费区和非付费区。进站乘客在非付费区完成购票后通过检票设备进入付费区,到站台乘车;出站乘客通过检票设备后进到非付费区后出站。

非付费区内除了设置必要的售检票系统设备外,还可根据站厅面积大小设置商铺、自助银行、公共洗手间、自动售货机、公用电话等便民设备设施。布置原则以不影响乘客出入为首要条件。自动售检票系统设备主要设置在站厅层,按乘客进出站流向合理布置,向乘客提供购票、检验车票等服务。主要有自动售票机、自动充值机、验票机以及进出站闸机等。

按照进站客流的流动路线特点,有一部分客流从入口进站后首先需要买票,所以售票设备一般设在站厅非付费区内。随着城市经济的不断发展,大部分城市轨道售票设备都采用自动售票机,还有一些城市的轨道车站采用人工售票设备,有些车站则是采用人工售票与自动售票相结合的设备。

人工售票处应设在进站流线的前端,而售票室的设置不能占用通道,必须保证流线畅通的情况下尽可能将售票室设在流线一侧。根据我国的交通习惯,车站出入口流线应为右进左出,所以售票室也应设在入口右侧为宜。自动售票机也应同理设置。

另外,售票设备的设置还应考虑车站规模大小来配备。考虑城市轨道车站出入口特点,每个出入口基本都是双向使用,因此,自动售票机如果设在入口进站客流一侧,虽然方便了乘客购票,但客流量大时会造成进出站客流拥堵;另外,若售票机配置数量太多又分散,则将会增加投资,造成一定程度的浪费。所以,自动售票机的放置位置及配置数量既要考虑方便入口乘客购票,也要考虑车站设备的利用率,其设置位置根据每个车站的站厅层的规模和结构,集中摆放在一个或两个区域,尽量避开直接进站上车无须购票的乘客流线和出站乘客流线。售票区域大小应留有余地,以满足客流高峰时期的需要,因为售票区域担负着为乘客提供其他交通等咨询的业务。

🖱️ **知识链接**

人工售票机、自动售票机数量计算公式如下：

$$N_1 = \frac{M_1 K}{m_1}$$

式中：$M_1$——使用售票机的人数或上行和下行上车的客流总量（按高峰小时记）；

$K$——超高峰系数，选用 1.1～1.4；

$m_1$——人工售票每小时售票能力，取 1 200 张/小时/人；自动售票机半自动售票机每分钟售票能力取 4～5 张/分/台。

②站厅层车站用房布局。辅助用房的数量设置应结合车站客流规模和业务量来具体设置，如果业务量比较大的车站，可考虑将办理特殊票务业务的服务用房和办理咨询业务用房分开设置。票务服务用房的位置可考虑避开大部分客流，单独设置一个区域，而将咨询服务用房设置在进出站乘客流经的某个区域。这样设置的成本相对较高，包括人员成本和设备成本。如果业务量不大，则可考虑混合设置在乘客方便的区域，这样可节约成本。

其他用房。其他用房包括洗手间、更衣室等。车站站厅层一般设有公共洗手间，有条件的车站还专门设置残疾人专用洗手间。有些车站将公用电话安装在站厅层和站台层，方便乘客使用。有些车站将公用电话安装在通道一侧。

🖱️ **知识链接**

轨道交通车站辅助用房及使用面积见表2-2。

轨道交通车站辅助用房及使用面积一览表　　　　　　　　　表2-2

| 类　别 | | 房间名称 | 面积（m²） | 备　注 |
|---|---|---|---|---|
| 站厅层 | 大端 | 通风机房 | | |
| | | 冷冻机房 | | |
| | | 环控机房 | | |
| | | 环控电控室 | | |
| | | 交接班室（兼会议室、餐厅） | 1.2～1.5m²/人 | 按一班定员计 |
| | | 女更衣室 | 0.6～0.7m²/人 | |
| | | 男更衣室 | 0.6～0.7m²/人 | |
| | | 收款室 | 16～20 | |
| | | 车票分类编码室 | | |
| | | 警务室 | (12～15)×2 | 1条线上另加1～2间警署室12m² |
| | | 配电室 | | |

| 类 别 | | 房间名称 | 面积(m²) | 备 注 |
|---|---|---|---|---|
| 站厅层 | 大端 | 男厕 | 1个坑位,2个小便斗 | 管理人员用(也可与设于车站的公厕合用) |
| | | 女厕 | 2~3个坑位 | |
| | | 茶水室 | 8~10 | |
| | | 库房 | 16~20 | |
| | | 通信设备 | | |
| | | 信号设备(含防灾控制) | | |
| | | 站控室 | 35~50 | 两个站厅时另加设一间12m²副值班室,地面、高架站适当减小 |
| | | 站长室 | 15~18 | 中心站另加1间12m² |
| | | 站务员室 | 12~15 | 侧式站两间 |
| | 小端 | 通信仪表 | | |
| | | 辅助楼梯 | | |
| | | 直升电梯 | | |
| | | 通风机房 | | |
| | | 环控机房 | | |
| | | 环控电控室 | | |
| | | 消防泵房 | | |
| | | 配电 | | |

根据各城市的轨道交通设施状况的不同,有些城市在大中型轨道车站内设置银行或自助银行,一般设在站厅层,为乘客提供兑零、取款、存款、转账服务。

## 上海地铁标准站厅设计实例(图2-9)

①设备管理用房基本分设于车站的两端,并呈现一端大,另一端小的现象,中间留出一部分作为站厅公共区,有利于客流均匀通向站台候车。

②在设备用房中占面积最大的是环控机房,其中包括冷冻机房、通风机房及环控电控室。

③影响站厅层布局的因素还有其他方面,例如车道的排热、排烟风道必须经过站台与站厅上下连通的排风洞口,通过站厅的排风设备,排风通道通向风井经地面风亭排出。这一上下连通的孔洞面积特大,它的位置对设备用房的布局十分重要。

④车站控制室要求视野开阔,能观察站厅中运行管理情况,一般设于站厅公共区的尽端或中部,而且站控室的室内地坪一般比站厅公共区地坪高出600mm。站长室紧连站控室,便于快速处理应变情况。

⑤消防疏散兼工作楼梯位于管理用房的中部,照顾到该梯与站台的位置,避免与其他楼梯发生冲突。

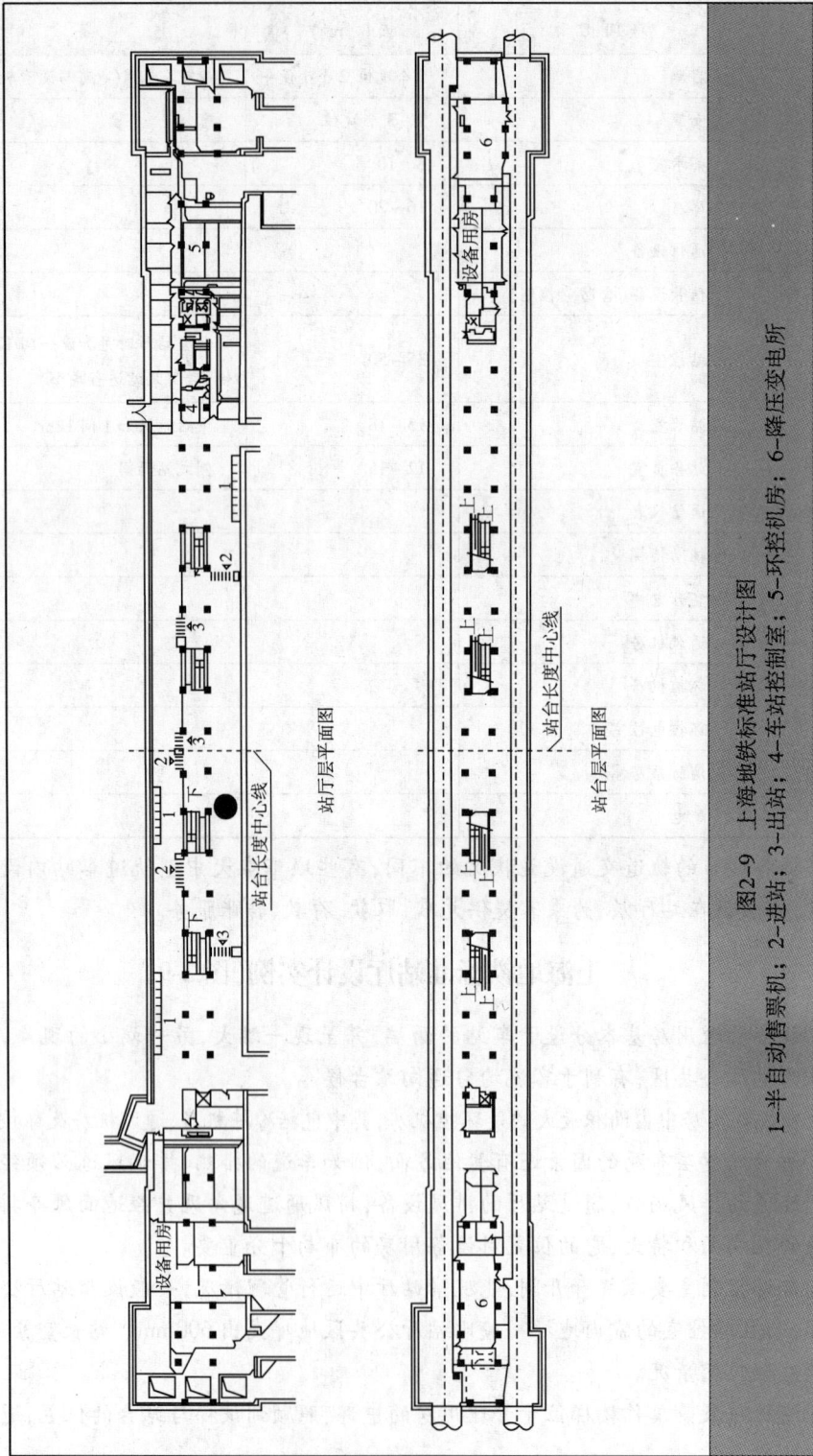

图2-9  上海地铁标准站厅设计图

1—半自动售票机；2—进站；3—出站；4—车站控制室；5—环控机房；6—降压变电所

上海地铁 1 号线建筑尺寸见表 2-3。

上海地铁 1 号线建筑尺寸表（单位：m）　　　　表 2-3

| 岛式车站 项目 | 规　模 | | |
|---|---|---|---|
| | 大 | 中 | 小 |
| 站台总宽 | 14 | 12 | 10 |
| 侧站台宽 | 3.5～4 | 2.3～3 | 2.5 |
| 站台长度 | 186 | 186 | 186 |
| 站台面至顶板底高 | 4.1 | 4.1 | 4.1 |
| 站台面至吊顶面高 | 3 | 3 | 3 |
| 吊顶设备层高 | 1.1 | 1.1 | 1.1 |
| 纵向柱中心 | 8～8.5 | 8～8.5 | 8 |

（4）站台层布局

站台主要是供列车停靠、乘客候车及乘降车的区域。按站台与轨道线路的位置关系，站台可分为岛式站台、侧式站台和混合式站台。

①岛式站台。上、下行线分布在站台的两侧。站台面积可以得到充分利用，乘客换乘方便。例如北京、上海、广州等大多数城市轨道中间站站台均属岛式车站，如图 2-10 所示。

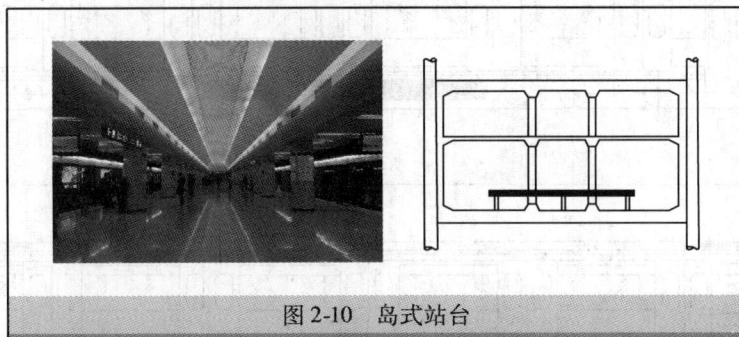

图 2-10　岛式站台

②侧式站台。站台分别分布在上、下行线两侧，乘客乘降车互不干扰，不易乘错方向，站台横向扩展余地大，如图 2-11 所示。

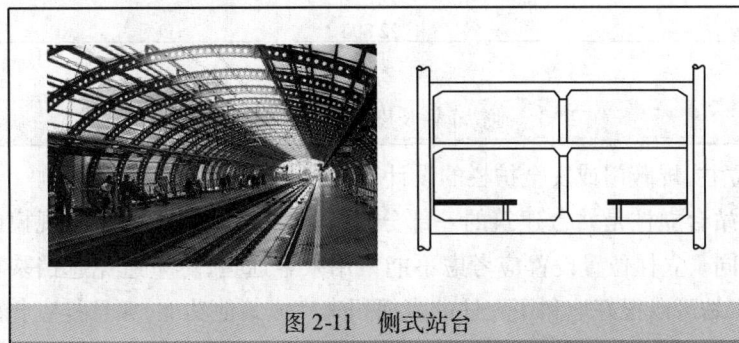

图 2-11　侧式站台

③混合式站台。既有岛式站台,又有侧式站台的混合式站台,一般多为始发/终到站,设有道岔和信号联锁等设备,如图 2-12 所示。

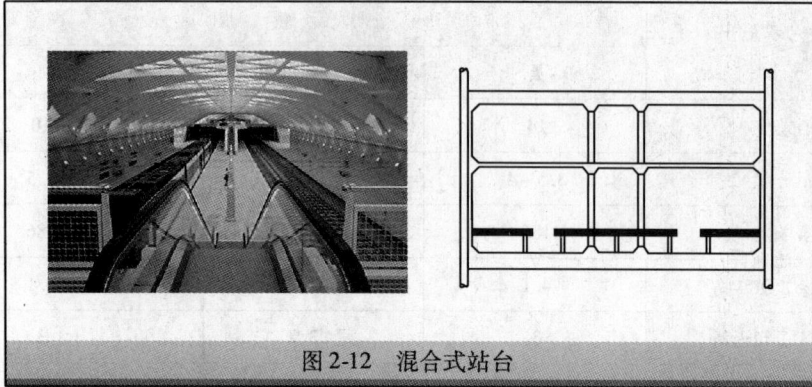

图 2-12 混合式站台

站台也分为公共区和设备区,一般两端为设备区,中间为公共区。设备区也设有设备用房和一些管理用房。

车站站台的有效长度一般按车辆的编组长度加上车辆停靠的误差来决定,对于远期列车编组在 6 ~ 8 辆的轨道交通系统,站台长度一般在 130 ~ 180m。地铁车辆长度示意图如图 2-13 所示。

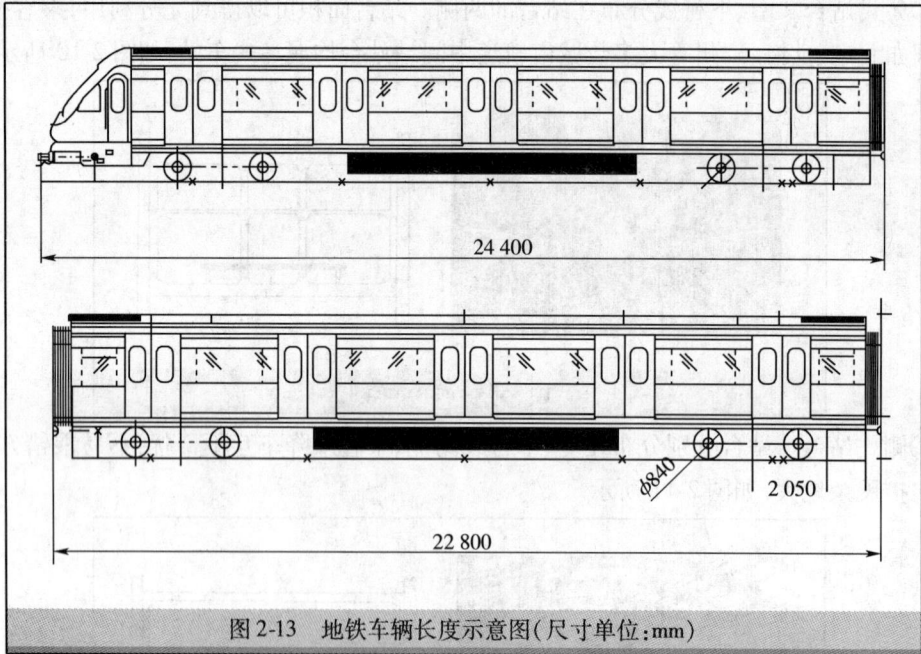

图 2-13 地铁车辆长度示意图(尺寸单位:mm)

(5)站台立柱、屏蔽门或安全护栏的设计

①立柱。站台立柱是站台建筑的一部分,如图 2-14 所示,根据车站规模的大小其设置数量也不尽相同。立柱位置设置应考虑不能占用乘客通道,尽量避免遮挡乘客或工作人员的视线,同时车站可以很好地利用立柱的表面积来完成其他功能,如悬挂宣传牌、导向标志、广告等。根据站台宽度不同,有的车站设置双排立柱,有些车站设置单排立柱。

图 2-14　地铁立柱

②安全护栏、屏蔽门、安全门。安全护栏或屏蔽门都是为了保证乘客在站台上乘降安全的需要而设置。针对轨道运输车站站台高的特点,为有效防止乘客乘降前后在站台边沿掉入轨道的事故发生,车站应设置护栏或屏蔽门。目前北京、深圳、广州、上海等城市新建地铁线路基本上全部安装了屏蔽门设备。上海地铁车站地面部分有些车站设置有安全护栏,如图 2-15 所示。安全护栏和屏蔽门的设置根据车站具体情况而定。屏蔽门相对护栏造价要高,但安全程度也高,适合在大量地铁车站设置,如图 2-16 所示。同时屏蔽门还能节约车站空调能源,降低列车噪声,为乘客提供良好的候车环境。

图 2-15　安全护栏

安全护栏虽然造价低,视线也较开阔,但还是存在安全隐患,适合在轻轨或地铁地面部分车站设置。由于目前国内各城市轨道交通的设备大部分采用进口设备,而各城市进口设备的来源各有不同,因此在屏蔽门和护栏的技术装备方面尚存在一定差异。屏蔽门虽然在维护上有一定的投入,但其安全效益是长远的。

图2-16　地铁屏蔽门

（6）车站出入口布局

车站出入口是车站的门户,除了功能设计需要科学先进外,还需要具备美观大方等艺术特点。出入口是地面客流与城轨车站的衔接口,也是城市轨道管理辖区的分界点。出入口一般都设有一定数量和类别的导向标志引导乘客的出行。如图2-17所示为广州地铁出入口,图2-18为地铁标识。

图2-17　广州地铁出入口

| 自动售票 | 问讯 | 人行天桥 | 楼梯 | 自动扶梯 | 盥洗室 | 残疾人电梯 | 紧急出口 | 严禁跳入 |
| 出口 | 进口 | 换零 | 购物 | 寄存 | 轻食 | 电话 | 餐厅 | 禁烟 |
| 公共交通 | 轻轨 | 地铁交通 | 出租车 | 自行车 | 停车 | 地下通道 | 禁止停车 | 上海地铁轻轨标志 |

图2-18　地铁标识

　　车站位置确定以后,不管是地下还是地上轨道,车站出入口及通道的设计都很重要。一般情况下,如果车站设在地面交通道路的干道大型交叉口,应按照地面道路的数量来设置出入口数量。

　　单独设置的车站出入口的位置一般选在城市道路两侧、交叉口及有大量人流的广场附近。出入口宜分散均匀布置,以便最大限度地吸引乘客。单独修建的地面出入口和地面通风亭,其位置应符合当地城市规划部门的规划要求,一般设在建筑红线以内,不应妨碍行人通行。此外,要考虑城市人流流向来设置出入口,不宜设在城市人流的主要集散处,以免发生堵塞,且应设在较明显的位置,便于识别。车站出入口和地面通风亭不应设在易燃、易爆、有污染源并挥发有害物质的建筑物附近,与上述建筑物之间的防火安全距离应符合有关规范的规定。应尽可能创造条件使车站出入口、风亭与周围建筑物相结合,尽可能减少用地和拆迁。车站出入口应尽可能与城市过街地道、天桥、下沉广场相结合,以方便乘客,节约投资。

　　如果地铁车站设在地面街道十字路口下方,地铁出入口应分别设在十字路口的四个角。如果是两条以上道路交叉口下方,为了避免乘客和行人横穿马路,一般应在各个角都设置出入口,如香港地铁的车站出入口最多可达十几个。如果车站位置在社区附近,则出入口位置尽量设在靠近社区出入口,最大限度方便居民乘车。如果车站设在大型购物休闲地带,则车站出入口应设在与购物休闲出入口最近的地点,或者有些出入口可直接设在购物中心的一楼或地下一层,这样极大地方便了乘客,减少了地面露天走行距离。

　　图2-19为深圳地铁世界之窗站出入口设置图。

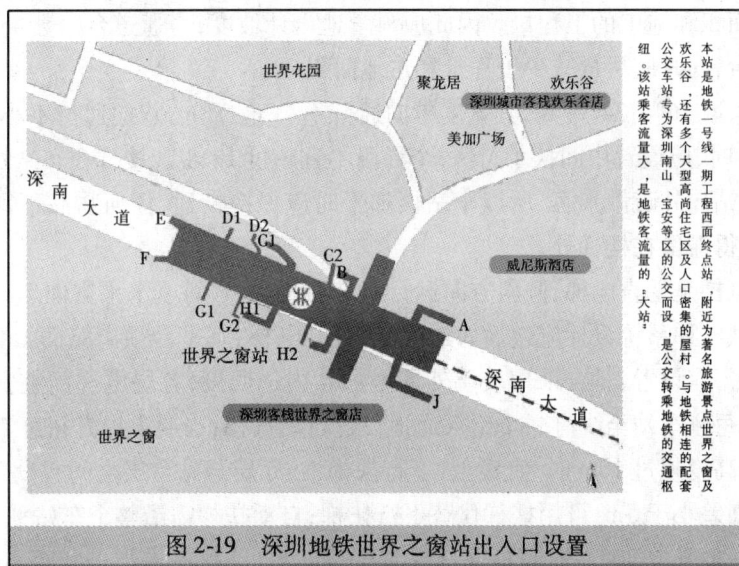

图2-19 深圳地铁世界之窗站出入口设置

　　车站出入口的位置一方面要考虑到地下通道的顺畅,同时又不宜过长;另一方面也要考虑能均匀地、尽量多地吸纳地面客流。此外,出入口被称为生命线,还应考虑防灾设计要求。每个地铁车站,其人员出入口不得少于两个,且必须位于车站的两端。另外,车站出入口的设计还应考虑与周边物业接驳,尽量与地面交通车站、停车场靠近,形成较佳的换乘组合;尽量与地面建筑结合,可设在地面建筑物内,也可独立设置,并承担部分过街客流。

（7）通道设计

乘客从车站出入口到站厅层或从站厅层到站台层需要通过一定的通道,通道是联系城市轨道交通车站出入口和站厅层的纽带。不管是地下还是地上车站,一般从立体结构上分为三层或两层,大型换乘枢纽站分层更多,所以每层之间的联系通道设计也将直接影响站内乘客流线的组织。通道的设计应以乘客流动的路线为主要考虑依据,遵循两个原则,即减少进出站乘客流线的交叉和最大限度缩短乘客从出入口到站台的走行距离。

通道主要由楼梯、电梯和步行道构成。由于地下或高架车站一般由地下两、三层或地上两、三层组成,因此各层之间都设有楼梯、自动扶梯或垂直电梯,以方便不同需要的乘客进、出车站和乘车。

①楼梯。有些车站从出入口到立体一层的通道为步行楼梯,进站客流和出站客流混用,没有严格划分区域,这样当客流较大时就容易产生进出站客流对流的情形,对客流组织不利。有些车站既有步行楼梯也有自动扶梯,自动扶梯有效地将进出站客流分开,避免对流或拥挤。在人流量大的车站,一般步行楼梯中央设置栏杆,有效地将进出站客流引导分开,例如北京西直门地铁站出入口,人流疏解护栏一直延伸到地面街道数十米。

车站立体一层到立体二层之间的通道应按照进出站客流流线设计,严格分流,以免客流过量或产生紧急情况时进出站客流因对流而产生事故,因而对闸机的状态设置以及导向标志都应配合通道的设计。

通道坡度的设计也很重要。坡度大很容易造成乘客的疲劳感和不安全感;坡度太小会增加车站占地面积和施工的工程量。因此应科学地设计坡度,当通道台阶数量多时,在不同段设置缓解平台,同时应尽量减少工程量和占地面积。

楼梯一般采取 26°~34° 倾角,其宽度单向通行不小于 1.8m,双向通行不小于 2.4m。当宽度大于 3.6m 时,应设置中间扶手,且每个梯段不宜超过 18 步。楼梯在车站发生紧急情况时,主要用于车站向外疏散乘客,所以车站楼梯平时应保持畅通,任何物品不得堆放在楼梯处,任何人员不得滞留在楼梯处。

②电梯。电梯是垂直电梯、倾斜方向运行的自动扶梯、倾斜或水平方向运行的自动人行道的总称。地铁电梯系统设计应遵循如下标准:直升电梯,其平台须离路面 150~450cm;为方便轮椅使用者,应设置斜坡;采用玻璃外墙增加站内透明度,各层电梯门宜安排在相反方向。自动扶梯,每座车站至少有一个出入通道设置自动扶梯;当通道提升超过 7.2m 时,宜设上行扶梯;提升高度超过 10m 时,宜设上、下行扶梯;站厅层与站台层之间宜设上、下行扶梯;客流量不大且高差小于 5m,可用楼梯代替下行扶梯;自动扶梯需沿整个车站平均分布。

自动扶梯一般采取 30° 左右倾角,两台相对布置的自动扶梯工作点间距不得小于 16m;扶梯工作点至前面影响通行的障碍物间距不得小于 8m;扶梯与楼梯相对布置时,自动扶梯工作点至楼梯第一级踏步的间距不得小于 12m。车站出入口若不受提升高度的限制,应设置上、下行自动扶梯。站厅层与站台层之间,一般宜设上、下行自动扶梯,对客流量不大的车站(且高差小于 5m 时),可用楼梯代替下行自动扶梯。当发生火灾时,车站的自动扶梯须停止运行,作为固定楼梯来疏散乘客。车站人员应引导乘客正确搭载自动扶梯,对乘客不正确使用自动扶梯的行为应及时制止,以免发生危险。若自动扶梯运行时突然加减速,有异常声音或振动时,应阻止乘客继续搭乘,待无人后停止运行,并通知专业人员检修。

自动扶梯一般在扶梯的右下侧设有"紧急停止按钮"(高差较大的自动扶梯在扶梯的中部也设有"紧急停止按钮"),一旦在自动扶梯运行中发生乘客失足摔倒或其他紧急情况时,应立即按下"紧急停止按钮",使自动扶梯停止运行,并采取相应的救护措施。

### ④ 城市轨道交通地铁车站的其他布局

(1)无障碍设计

无障碍设计突出的是"以人为本"的设计理念。针对地铁车站设置位置的不同,可以采取三种不同的设计方法。

第一种设计方法为车站位于道路地面以下,出入口位于道路的两侧,乘坐残疾人的轮椅可通过楼梯旁设置的轮椅升降台下到站厅层,如图2-20所示,然后再经设置于站厅的垂直升降梯下达到站台。为盲人设置盲道,从电梯门口铺设盲道通至车厢门。

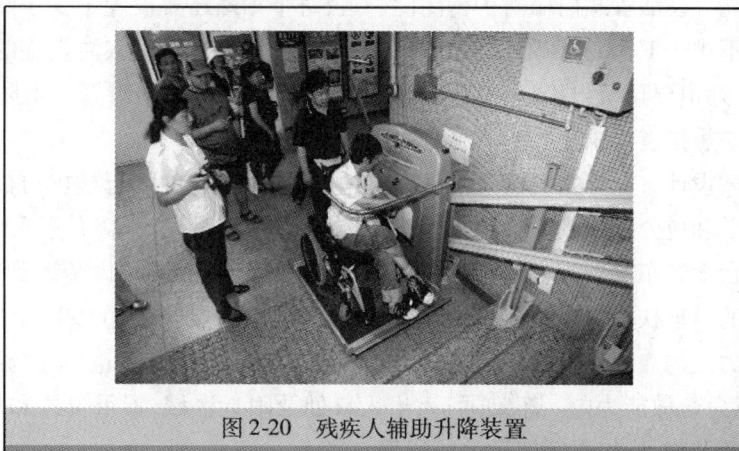

图2-20 残疾人辅助升降装置

第二种设计方法为车站建于街道内的地下,车站的垂直升降梯可直接升至地面,如图2-21所示。

图2-21 直升电梯与盲道

第三种设计方法要求盲道的铺设必须连贯,在站台层,上行和下行两个方向都需要铺设,但一般只需自站台中心处的车厢门设至垂直升降梯门口。

(2)风亭及风道设计

风亭及风道的面积取决于当地的气候条件、环控通风方式和车站客流量等因素,由环控专业计算确定。对于地面风井,具体有如下几种处理方法:

①与地面开放建筑合为一体,风井建于地面开发建筑内。

②在城市街区中风井独立设置,结合绿化及城市建筑小品,分化形体。

(3)防灾设计

防灾设计包括人防设计、紧急疏散设计、车站消防设计、车站防洪涝设计及内部环境设计等要素。

①人防设计。在车站的人防设计中,应结合六级抗力等级设防,"平、战结合";将一个车站加一个区间隧道作为一个防护单元,在相邻防护单元间要设置一道防护隔断门;在出入口密闭通道的两端各设活置式门槛防护密闭门一道;每个车站还要设置不少于两个人防连通,且连通口净宽不小于1.5m。在附近没有人防工程或暂不知是否有人防设施的情况下,人防连通口做完后,通道要预留出接口;在风口进排风口及活塞风口须设置一道防护密闭门;内部装修应考虑防震抗震要求。

②紧急疏散设计。在车站的紧急疏散设计中,车站内所有的人行楼梯、自动扶梯和出入口宽度的各项总和应分别能满足在紧急情况及远期高峰小时设计客流量下,将一列满载列车的乘客和站台上候车的乘客(上车设计客流)及工作人员在6min内疏散到安全地区。此时车站内所有的自动扶梯、楼梯均作上行,其通过能力按正常情况下的90%计算。垂直电梯不计入疏散能力之内。车站设备用房区内的步行楼梯在紧急情况下也应作为乘客紧急疏散通道,并纳入紧急疏散能力内。车站通道、出入口处及附近区域,不得设置和堆放任何有碍客流疏散的设备及物品,以保证疏散的畅通性。

③车站消防设计。车站内须划分防火分区,中间公共区(售检票区或站台)为一个防火分区,设备用房区为另一个防火分区;有物业开发区的车站,物业开发区为独立的防火分区。每个防火分区内设两个独立的、可直达地面的疏散通道;所有的装修材料均按一级防火要求控制。

④车站防洪涝设计。车站防洪涝设计按有关设防要求执行,地面站应考虑防洪要求,例如地铁的出入口一般都设计有防洪闸口。

(4)照明、标识、色彩及其他公用设施配置

照明在地铁车站室内环境中起相当重要的作用,它不仅保证地铁运行所需的照度要求,而且在光照艺术处理下,可增添人们对地下空间的亲和感,在地铁车站中照明灯具的布置主要有整体照明、局部照明和灯箱照明。

整体照明是地铁车站照明的主要形式,它要考虑布置方式及照明灯具的形式,一般以长条形日光灯为主,光色温在4 000~5 000K之间,具有较好的显色系数。也可组合其他形式的荧光灯和一些筒灯(白炽应急灯)布置,灯具尽量以直接露明的方式布置(注意眩光的隔

挡),这样有利于提高光照效率和便于维修更换灯具。灯具的布置形式要和顶面用材形式有机结合,这样才能取得较好的光照艺术效果。灯箱照明在地铁应用较多(图2-22),广告灯箱的引进,增加了车站的光照度标准,同时增添了车站内部的色彩和人情气氛。而指示标识灯箱则是地铁车站功能的重要信息亮点,人们通过它的指引,可以安全无误地完成旅程。而标识灯箱的艺术造型又是体现现代化地铁车站室内环境的元素之一。

图2-22 灯箱照明

地铁车站内部的色彩设计以高明度、低彩度色彩为主,作为车站的背景色,可以是冷色调,也可以是暖色调。适当配置高彩度构件或公用设施作点缀,可以增添环境的活力,如公用电话、候车座椅、垃圾筒等,高彩度的构件还可以成为车站识别性的标志。

## 复习与思考

1. 按车站位置分类,一般的轨道交通车站可分为哪几类?

2. 城市轨道交通车站防灾设计包括哪些方面?

3. 城市轨道交通车站设计的原则有哪些?

4. 按站台与轨道线路的位置关系,站台可分为几类? 画出它们的简单示意图,小组讨论并分析其优缺点。

# 单 元 3

# 城市轨道交通车站技术设备

**教学目标**

1. 认识城市轨道交通车站的行车技术设备；
2. 熟悉与运营相关的各类运营保障系统；
3. 识别与各类运营保障系统相关的主要设施。

**建议学时**

12 学时

　　城市轨道交通系统是由多个分别完成不同功能的子系统构成的,其中车站在这一系统中处于一个核心的位置,它既是轨道交通系统对外提供客运服务的窗口,又是系统内部最主要的生产基地。因此,基建设备与服务设备的配套,便成了满足乘客出行需求的基本条件。本单元主要介绍与车站日常运作密切相关的设备,供教师教学和学生学习参考。

# 3.1　城市轨道交通车站行车技术设备

## 一 线路

　　城市轨道交通运行线路是保障列车运行的重要设备,线路按其在运营中的作用,可以分为正线、辅助线和车场线。

### 1 正线

　　正线指连接车站并贯穿或直股伸入车站的线路。连接车站的部分为区间正线;贯穿或直股伸入车站的部分为站内正线(图3-1)。城市轨道交通正线一般按照双线设置,多数为全封闭线路,与其他线路相交处,一般采用立体交叉。

图3-1　城市轨道交通正线

### 2 辅助线

　　辅助线是指为空载列车提供折返、停放、检查、转线及出入段作业所提供的线路,包括折返线、渡线、停车线、车辆段出入线、联络线等。

（1）折返线。城市轨道交通列车一般为往返运行，因此在终点站列车需进行换向作业，折返线就是为了满足列车此项作业而设置的专门线路。另外，由于部分线路客流分布不均匀，列车也可组织区段运行，因此在部分中间站也会设有折返线。常见的折返线的形式见图3-2。

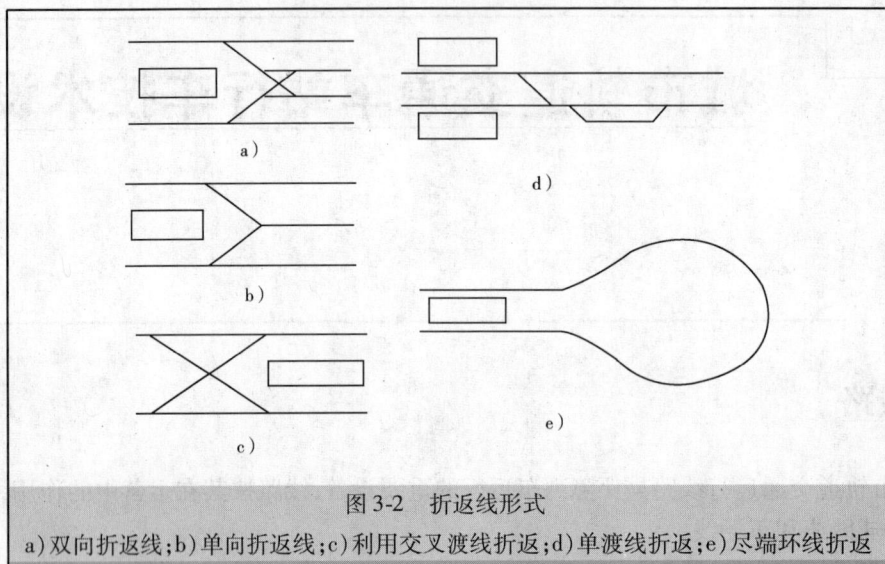

图3-2　折返线形式

a)双向折返线;b)单向折返线;c)利用交叉渡线折返;d)单渡线折返;e)尽端环线折返

## 想一想

各种折返方式如何进行折返？

（2）渡线。是由两个单开道岔组成的连接两条平行线路的连接设备，它通过一组联动道岔转动来达到转线目的。渡线单独设置时，用来临时折返列车，增加运营列车调度的灵活性；在与其他辅助线配合使用时，能完成或加强其他辅助线的功能。

（3）停车线。停车线一般设置在终点站，主要用于列车的停放。城市轨道交通线路由于运输量大，列车间隔一般较密。在运营过程中列车可能发生故障，为了不影响后续列车运行，应使故障列车及时退出运营正线，因此每隔3~5个车站加设渡线或车辆停放线。另外，在有些车站，停车线也是加快终点站列车折返的重要线路之一。

（4）车辆段出入线。为了保证列车的停放和检修，在轨道交通沿线适当的位置应设置车辆段，车辆段与正线连接的线路为车辆段出入线。车辆段出入线可以设计成双线或单线，与城市道路或其他交通方式的交叉处可以采用平交或立交，具体方案要根据远期线路通过能力需要量来确定。

（5）联络线。在整个城市轨道交通线网中，要使同种制式线路可以实现列车过轨运行，这种过渡一般需要通过线与线之间的联络线来实现。合理地确定联络线，能够在线网建成后机动灵活地调用线网中各线的车辆，使线网形成有机整体。

### 3　车场线

车场线是指车辆基地内的各种作业线,具体包括以下几种:

(1)检修线。设置在车辆基地检修库内,专门用于检修车辆的作业线,配有地沟和架车设备。

(2)试验线。设计在车辆基地,用于对检修完毕的车辆进行运行状态检测的线路。

(3)洗车线。用于清洗列车车辆的作业线。

(4)出入库线。是车辆基地与正线联系的线路,专供列车进出的车辆基地。

## 二　轨道

轨道是城市轨道交通系统的重要组成部分。它作为一个整体结构,铺设在路基之上,起到引导列车运行和承受列车荷载的作用。轨道主要由钢轨、扣件、轨枕、道床、道岔及其他附属设备组成。

### 1　钢轨

钢轨直接承受地铁列车荷载并通过扣件、轨枕、道床传递至路基。由于地铁运量大,钢轨磨耗快,地铁正线一般都采用60kg/m重轨,车辆段、车场一般采用50kg/m次重轨。

### 2　扣件

扣件是用于连接钢轨与轨枕的零件。它主要是将钢轨固定在轨枕上,保持轨距并阻止钢轨的横、纵向移动,并且能够起到减振作用。扣件的种类很多,可以根据不同的轨道线路状况选择不同类型的扣件,以适应线路的减振需求。

### 3　轨枕

轨枕是承垫于钢轨之下,用来支承、固定钢轨,并且将钢轨承受的压力和应力传递到道床之上的部件。目前,城市轨道交通系统主要采用木枕和钢筋混凝土轨枕。

### 4　道床

道床是指轨枕之下、路基之上的部分。道床主要起支承轨枕,把轨枕上部的巨大荷载均匀分布到路基上的作用。在隧道内一般采用长轨枕式钢筋混凝土整体道床,在地面则一般用国铁定型的预应力混凝土轨枕碎石道床。

### 5　道岔

道岔是一种使列车车辆由一股道转入另一股道的线路连接设备,通常在重点车站、车辆段(车厂)、停车场大量使用。道岔的种类很多,一般有单开道岔、双开道岔、三开道岔、复式交分道岔、交叉渡线等。

## ❻ 其他附属设备

除上述的轨道主要部件外,还有一些在轨道系统中起着加固、连接和防护作用的设备。如防爬设备、轨距拉杆、轨撑、防脱护轨和车挡等。

### 想一想

各种轨道部件的安装位置。

## 三 信号

城市轨道交通信号系统是指挥列车安全运行的关键设备。城市轨道交通具有高密度、短间隔、短站距和快速等特点,因而对信号系统的安全性、抗干扰性、可靠性、自动化程度等都提出了很高的要求。因此,信号基础设备的可靠运转,是信号系统不间断工作的基础。城市轨道交通信号基础设备包括地面信号机、转辙机、轨道电路、应答器等设备。

### ❶ 信号机

城市轨道交通的地面信号是列车运行的辅助信号,平时地面信号都是由 ATC 子系统自动控制,设置成自动信号或连续通过信号,它根据列车运行时刻表和列车实时信息自动动作;只有在人工控制的情况下,才由调度员或行车值班员排列进路、开放信号。因此,这些信号机在 ATC 系统下,只是作为后备系统使用的(图3-3)。

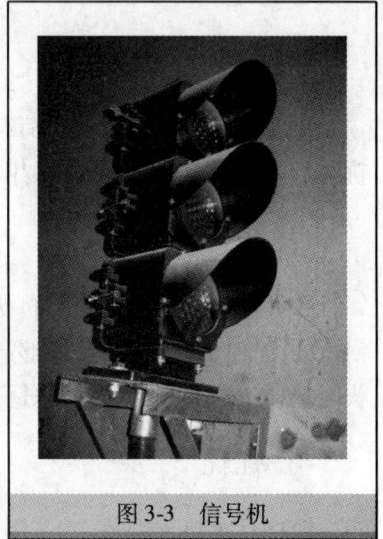

图3-3 信号机

### ❷ 转辙机

转辙机是道岔转换的动力部分,是道岔控制系统的执行机构,用于转换道岔、锁闭道岔和反映道岔的位置和状态。转辙机设备除转辙机本身外,还包括锁闭装置和各类杆件及安装装置,它们共同完成道岔尖轨的转换和锁闭(图3-4)。

### ❸ 轨道电路

轨道电路是利用线路的钢轨和机械绝缘节(或电气绝缘)构成的电路,其原理见图3-5。它是信号系统的重要基础设备,它的性能直接影响行车安全和运输效率。轨道电路广泛应用于列车的检测,城市轨道交通不设轨道电路的情况下,也可以在轨道区段的两端设置计轴器,以检测列车。

图 3-4　转辙机

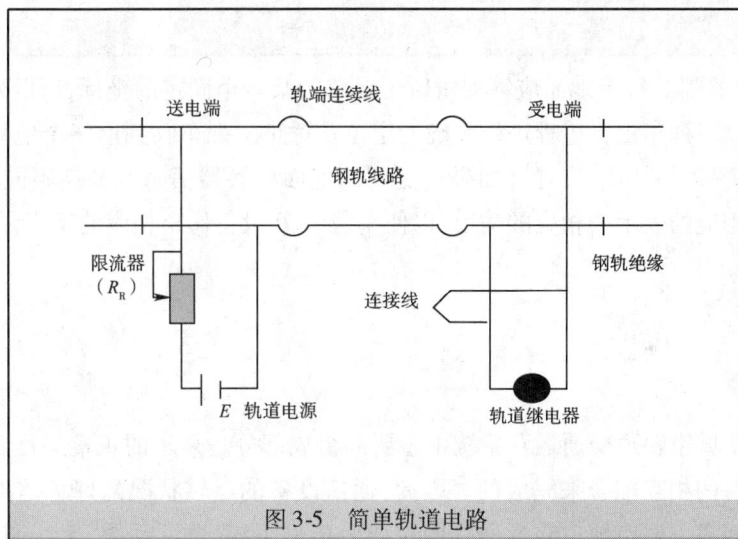

图 3-5　简单轨道电路

轨道电路是以线路的两根钢轨作为导体,两端设置电气绝缘,接上送电和受电设备构成的电路。当轨道区段没有列车占用时,轨道电路发送端的电流经由两根钢轨至接收端,使轨道继电器工作;当列车占用该轨道区段时,列车车轮将两根钢轨短路,导致轨道电路大部分电流通过车轮而分路,轨道继电器因电流不足而失磁,从而检测列车的到达;列车驶离该轨道区段,车轮的分路取消,轨道继电器又恢复工作。所以轨道电路是检测列车占用轨道区段的专用设备。

**4　应答器**

应答器也是信号系统的基础设备,随着 ATC 系统的普及,应答器在城市轨道交通中得到广泛的应用。应答器一般由地面、车载两部分设备构成。

(1)地面应答器(图 3-6)。地面应答器是一种可以发送数据报文的高速数据传输设备。

信号系统为每一个地面应答器分配一个固定的坐标,当列车车载应答器天线在有效的作用范围内时,地面应答器会实现对车的数据传输。

图3-6　地面应答器

（2）车载应答器。每个地面应答器对应于线路的某一个固定的坐标,所以列车收到地面应答器信息可以对列车走行里程进行精确的定位及矫正。列车收到前一个地面应答器信息后,可判断该应答器的特性、位置。如果接受到的地面应答器信息与预期不同,车载应答器解码设备会有相应的表示或相应的输出,以便车载 ATP 设备作出相应的反应,并采取相应的安全措施。

## 四 通信

通信设备是城市轨道交通运营系统中重要的组成部分。列车的正常运行及调整都是通过不同通信设备的相互配合来完成的。因此,通信设备的运转状况的好坏是决定列车运行效率的决定性因素。城市轨道交通通信网主要由传输系统、电话系统、无线通信系统、闭路电视系统和有线广播系统等组成。

### 1 传输系统

城市轨道交通传输系统是为地铁运营各系统、各部门提供话音、数据和控制等信息的传输通道,主要有:程控电话交换网、电话专用网的中继信道,调度（行车、电力、消防）电话信道,邻站热线电话信道,无线通信系统的有线音频通道以及有线广播、闭路电视、信号ATC、自动售检票、电力监控、消防报警等系统的中央控制信道。

### 2 电话系统

城市轨道交通电话系统包括专用电话网和公务电话网,为了提高调度电话系统的可靠性,专用电话网和公务电话网相对独立,前者用于完成运营通话功能,后者用于完成行政管理通话功能。

（1）专用电话网

专用电话网由调度电话、轨旁电话和站内电话等几个系统组成。

①调度电话。调度电话系统可为运营、电力和救灾等提供有效的通信保障，它主要为控制信息的行车指挥及保障部门提供专用直达通信。调度电话系统由交换设备、调度总机、调度分机及录音机组成，包括行车调度电话、电力调度电话、防灾报警调度电话三个相互独立的调度系统。总机设在城市轨道交通控制中心，采用带有高阻抗接口的数字多功能电话机，通话时自动启动录音装置，对通话过程进行录音记录。分机设在各车站控制室、降压变电站、牵引变电站、主变电站等处（图3-7）。

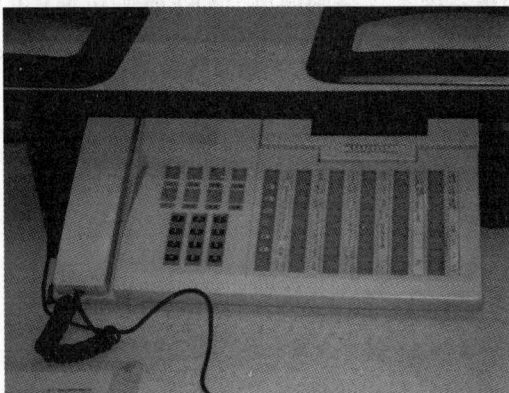

图3-7　调度电话

②轨旁电话。轨旁电话主要用于列车在区间紧急停车时驾驶员通话和维修人员在区间工作时通话，采用全天候轨旁话机（图3-8）。轨旁电话一般具有抗冲击性和防潮等特性，区间内每间隔150～250m安装一部电话。它可同时连接站内电话和公务电话，通过插座或者开关实现号码转换。

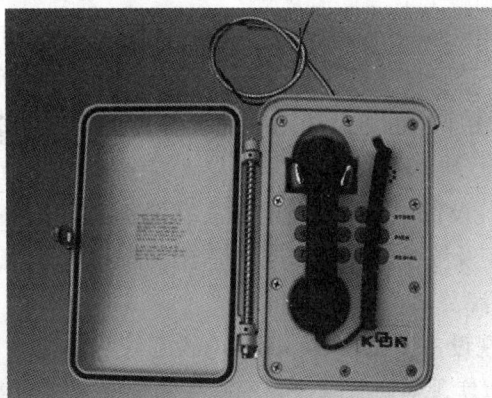

图3-8　轨旁电话

③站内电话。站内电话是为了方便岗位之间通话而建立的独立内部电话系统。它主要提供车站内部通信和与相邻车站、联锁站之间的直达通信。站内电话类似调度电话系统,由总机和分机组成,总机设在车站控制室,采用数字多功能话机,分机设在车站值班员控制的部门。

(2)公务电话网

公务电话网用户分布在每一个车站及公司本部、车场、控制中心、车站等处的各个办公区域,以满足城市轨道交通对内和对外的通信。

### 3 无线通信系统

城市轨道交通无线通信系统不仅是调度员与列车驾驶员通信的手段,也是移动作业人员和抢险人员实现通信的重要方式。根据运营要求,无线通信系统由列车调度无线通信、紧急无线通信、车场调度无线通信和公安无线通信等组成。

(1)列车调度无线通信。城市轨道交通列车调度无线通信系统覆盖全线所有车站及区间隧道,满足列车运行时行车调度员对中央集中控制管理的要求。

(2)紧急无线通信。紧急无线通信系统的覆盖范围、组网方式及功能与列车调度无线通信系统相同,该系统仅在列车发生重大故障、事故等紧急情况下,供列车驾驶员与行车调度员进行通信。

(3)车场调度无线通信。车场调度无线通信系统覆盖整个车场地区,提供信号楼值班员、运转值班员与列车驾驶员、地面作业人员之间的无线通话功能。

(4)公安无线通信。公安无线通信网络属公安二级网。一级网为市公安局与城市轨道交通分局之间的联络,归属市公安局管辖。二级网为城市轨道交通公安分局内部管理的网络,组网方式与列车调度无线系统相类似,提供城市轨道交通公安分局与它所管辖的各车站公安值班室及流动公安人员之间的无线通信联系。

### 4 闭路电视系统

闭路电视系统是控制中心调度人员、车站值班员、列车驾驶员和站台管理人员为了有效地监视各车站的客流情况、配合防灾系统设备对灾害情况作出尽早和准确的反应,并作出现场记录的系统。整个系统由车站的车站闭路电视设备、控制中心闭路电视设备及其传输设备组成。

(1)车站闭路电视系统设备。车站闭路电视系统设备主要有站厅、站台摄像机、监视器和控制键盘、视频交换机柜及测试监视器和控制键盘等部分组成,主要是为了保证车站工作人员实时监控本车站的客流及紧急突发事件。

(2)控制中心闭路电视设备。控制中心闭路电视系统为控制中心各种调度设立多台监视器和相应的控制键盘,以实现对所管辖线路的监视和录像。控制中心的图像以组显示,可在两个屏幕上显示完整的一侧站台和完整的一列车图像,并且控制中心还设有一台长时录像机,供调度员在必要时启动录像功能,录下实况。

（3）传输设备。传输设备包括接受、发送设备和中继设备，主要完成图像、控制命令的传输，它是闭路电视系统信息传输的保障。

## ⑤ 有线广播系统

城市轨道交通有线广播系统是行车组织的必要手段，它由控制中心广播、车站广播、车场广播、列车广播四部分组成。

（1）控制中心广播。控制中心广播设置在控制中心，它是最优先级的广播，在事故抢险及组织指挥时，调度人员可以对控制中心、车站、列车等各个区域进行广播。

（2）车站广播。车站广播主要用于车站对站厅、站台、办公区域等乘客及工作人员进行广播。如告知乘客列车到达、离开车站，线路换乘，列车晚点等与列车服务相关的信息等。正常情况下，以车站广播为主，事故抢险及组织指挥时，以控制中心防灾广播为主。但是有时考虑到车站工作人员在车站发生事故时比控制中心更了解现场实际情况，也可设定车站广播为第一优先级，控制中心广播为第二优先级。

（3）车场广播。车场广播是设立在城市轨道交通车场的广播设备，它是为车场内信号楼、检修楼、运用库等各种工作人员提供作业服务的有效设备之一。

（4）列车广播。列车广播主要用于列车驾驶员对每节车厢的乘客进行语言广播，为乘客预报到站站名和通告等有关事宜。在特殊情况下控制中心行车调度员也可直接对车厢内的乘客广播。播音信源可以是话音直播、语音合成，具有自动和人工两种播音方式。

# 五 供电

城市轨道交通供电系统是由电力系统经高压输送电网、主变电所降压、配电网络和牵引变电所降压、换流等环节，向城市轨道交通线路运行的列车及车站输送电力的系统。它主要包括主变电站、牵引供电系统、动力照明供电系统等几部分。

## ① 主变电站

城市轨道交通主变电站由城市电网引进 110kV 电源，经过降压变为 33kV 及 10kV 两种电压等级，其中 33kV 供给牵引变电站，10kV 供给车站降压变电站。主变电站 110kV 有两路进线电源，设有自动切换装置，当其中任何一路故障时，另一路自动切换。

## ② 地铁牵引供电系统

地铁牵引供电系统包括牵引变电站、接触网或接触轨等，主要作用是供给列车动力电源。由主变电站送来的 33kV 电源，经过牵引变电站降压、整流，变为 1 500V 直流电送至接触网。牵引变电站向接触网送电，采用双边供电方式，即某一区段接触网由该区段两端的牵引变电站同时送电。另外，我国有些城市也采用 750V 接触轨供电的方式。

### 3 地铁动力照明供电系统

地铁动力照明供电系统包括降压变电站、车站配电室等,其主要作用是供给各车站设备用电。由主变电站送来的 10kV 电源,经过降压变电站降压为 380/220V 交流电,提供给各车站作为车站设备(如通风、排水、空调、自动扶梯、照明、通信、信号等)的电源。

## 3.2 城市轨道交通车站运营保障系统

城市轨道交通车站系统运营设备包含的范围比较广泛,主要包括:自动售检票系统(此系统本书第 4 单元会详细介绍,本节不做累述)、电梯系统、屏蔽门系统、乘客信息系统、环控系统、给排水系统、防灾报警系统、照明与低压配电系统等。

## 一 电梯系统

城市轨道交通电梯系统是由垂直电梯、自动扶梯、自动人行道和楼梯升降机组成,是城市轨道交通系统的一个重要组成部分,它每天担负着运输大量客流的任务,其对客流的及时疏散起到了至关重要的作用。

### 1 垂直电梯

城市轨道交通系统中,电梯是垂直运行的交通工具,由曳引机牵引作上下运行,主要是为携带大、重行李的乘客与残疾人使用的设备。电梯曳引机分为有齿轮曳引机和无齿轮曳引机。电梯控制屏装在曳引机附近,电梯的电气装置、信号系统,大多集中在控制屏中。

乘客使用垂直电梯十分简洁方便,乘客直接运用的是选层器,选层器与轿厢同步运行,反映轿厢运行位置。选层器的功能是按所记忆的内选、外呼信号与轿厢的位置关系,确定运行方向,发出减速指令,确定是否停层和预告停车,指示轿厢位置,消去应答完毕的呼叫信号,控制关门和发车等。

乘客在考虑便捷快速之外,电梯安全运行也是所关注重点。电梯安全保护系统就是防止和消除电梯在运行中可能发生的不安全状态。为保证安全,升降电梯主要安装有限速器、极限开关、缓冲器、减速开关、限位开关和极限开关、安全钳装置、称载装置等安全保护装置。

(1)电梯限速器是限制电梯由于超载、打滑、断绳失控情况下轿厢超速下降时的重要装置。

（2）极限开关分机械式和电气式，机械开关设置在机房，由轿厢"开关板"碰及安装于井道上、下两端的滚轮，经钢丝绳拉动而动作。极限开关动作时使整台电梯电源切断（除照明电源外），每次动作后应查明原因排除故障后，到机房用手动复位。电气式开关一般采用行程开关，安装在井道上、下适当位置。该开关在轿厢开关打板碰触减速开关、限位开关但仍未起作用时动作，切断电梯控制电源或切断上、下行接触器电源，该开关动作后电梯不能再启动，需查明原因排除故障后才能复位。

（3）缓冲器是电梯最后一道安全保护装置，当电梯失控撞向底坑时吸收和消耗电梯的能量，使其安全减速停止在底坑里。

（4）减速开关安装在电梯井道顶部和底坑内。当电梯失控冲顶或撞底时，轿厢上的上、下开关先使减速开关断开，将快车继电器切断转入平层慢车速度，能保证电梯有足够的换速距离，防止轿厢越位。

（5）限位开关由上、下限位开关组成，当减速开关失灵未能使电梯减速、停止，轿厢越过上、下端平层位置时，上限位或下限位开关动作，迫使电梯停止。上限位开关动作后，如轿厢下面楼层有召唤，电梯能下行。下限位开关动作后，如轿厢上面楼层有召唤，电梯能上行。

（6）安全钳是在轿厢或对向下运行时发生断绳、打滑、超速、失控情况时由限速器动作，断开安全钳开关，切断曳引机电源使之制动，并拉起安全钳拉杆使安全钳钳头卡住导轨，不使轿厢下坠的最有效的安全装置。

（7）称载装置是为了防止电梯超载而设置的。当电梯超载时，会发出警报声音，提示电梯超载，以保障乘客安全。

此外，电梯还安装有门光电装置、门电子检测装置、门安全触板，构成门安全保护，以防止夹人、夹物；轿厢内还设有警铃、电话、对讲机，便于发生意外事故后与外部联络。

总体来说，目前垂直电梯的设计，具备了安全、节能、洁净、静音等多重功效，是城市轨道交通车站不可缺少的设备之一。

**❷ 自动扶梯**

自动扶梯是带有循环运动梯路向上或向下倾斜输送乘客的固定电力驱动设备。城市轨道交通车站多设在地下及高架，因此，每座车站至少有一个出入通道设置自动扶梯。具体自动扶梯设置标准见表3-1。

**自动扶梯设置参数**　　　　　　　　　　　　　　　　　　表3-1

| 提升高度 | 上　行 | 下　行 | 备　用 |
|---|---|---|---|
| $H \leqslant 6$ | 自动扶梯 | — | — |
| $6 < H \leqslant 12$ | 自动扶梯 | △ | — |
| $12 < H \leqslant 19$ | 自动扶梯 | 自动扶梯 | △ |
| $H > 19$ | 自动扶梯 | 自动扶梯 | 自动扶梯 |

注：△表示重要车站也可设置自动扶梯。

与垂直电梯不同的是,自动扶梯具有连续输送功能,能够在短时间内输送大量旅客,其主要特点有:输送能力大,生产效率高;可设置上下行,满足不同需要;当停电或零件损坏时,也可做楼梯使用。

自动扶梯主要由桁架、梯级、裙板、扶栏、驱动链、梯级链、减速机、电动机、主驱动轴、梯级紧张装置、导轨、扶手带驱动装置、扶手带、梳齿板、控制系统、安全装置等组成。

### ③ 自动人行道

自动人行道是一种带有循环运行的(板式或胶带式)走道,用于水平或倾斜角不大于12°输送乘客的固定电力驱动设备(图3-9),具有连续工作、运输量大、水平运输距离长的特点。在城市轨道交通车站中常有采用,比如客流量比较大的换乘站的换乘通道中,往往会安装自动人行道来迅速疏散乘客。自动人行道没有像自动扶梯那样阶梯式梯级的构造,结构上相当于将梯级拉成水平(或倾斜角不大于12°)的自动扶梯,且较自动扶梯简单。

图3-9　自动人行道

城市轨道交通车站在安装自动人行道时,应注意以下问题。

(1)出入口的通行区域

在自动人行道的出入口,应有充分畅通的区域,以容纳进(出)自动人行道的乘客,该区域的宽度应大于或等于扶手带中心线之间的距离,其在深度方向,从扶手带端部起,向外延伸至少2.5m。若该通行区域的宽度达到扶手带中心距的两倍以上,则其深度方向尺寸可减至2m。

(2)梯级、踏板或胶带上方的安全高度

自动人行道的踏板或胶带的上方,应有不小于2.3m的垂直净通过高度。该净高度应沿整个踏板或胶带的运动全行程,能保证自动人行道的乘客安全无阻碍地通过。

(3)扶手带外缘与建筑物或障碍物之间的安全距离

扶手带中心线与相邻建筑物墙壁或障碍物之间的水平距离,在任何情况下均不得小于500mm,该距离应保持到自动人行道踏板上方或胶带上方至少2.1m的高度处。如果采取适当措施可避免伤害的危险,则此2.1m的高度可适当减少。

(4)与楼板交叉处以及交叉布置的自动人行道之间的防护

自动人行道与楼板交叉处以及各交叉布置的自动人行道相交叉的三角形区域,除了应满足上述安全距离的要求外,还应在外盖板上方设置一个无锐利边缘的垂直防碰保护板,其高度不应小于0.3m,例如用一个无孔的三角形保护板作为防碰保护板。如扶手带中心线与任何障碍物之间的距离大于或等于0.5m时,则不需采用防碰保护板。

(5)自动人行道上端部楼板边缘的保护

倾斜式自动人行道上端部与上层楼板相交处,为了满足上述踏板或胶带上方的安全高度,在上层楼板上应开有一定尺寸的孔,为了防止乘客有坠落或挤刮伤害的危险,在开孔楼板的边缘应设有规定高度的护栏。

(6)自动人行道的照明

自动人行道及其周边,特别是在梳齿板的附近应有足够的照明。室内或室外自动人行道出入口处地面的照度分别至少为50lx或15lx。

## ④ 楼梯升降机

楼梯升降机是安装在车站站台到站厅和地面到站厅步行楼梯一侧,提供给坐轮椅的乘客上下楼梯使用的设备(图3-10)。楼梯升降机弥补了车站现有垂直电梯不能到达地面的不足。楼梯升降机能沿着楼梯连续作上升、水平和90°转角运行,运行倾角不大于35°。车站出入口的楼梯升降机是室外型,能在全天候条件下工作。车站内楼梯升降机是室内型,按室内条件设计。该机能适应城市轨道交通每年工作365d,每天工作20h的工作要求。它主要由以下几部分组成。

图3-10 楼梯升降机

(1)轮椅平台。由钢铁构件制成,其结构有足够的强度和刚度。平台包括钢板、安全护栏、活动板、安全挡板等。由于采用自动平台,故可通过操作外召唤盒的上按钮或下按钮来控制平台收放。在升降机到达端点位置后,只要持续按住上按钮或下按钮,底板便会自动向上折放,护栏会向下折放。在平台折叠或者张开过程中,如果遇到故障,也可以通过手动方式完成。

(2)驱动机。驱动机采用直流电机,电机额定功率540W,电压24V。升降机运行速度由电机通过齿轮减速后得到。6个钢制驱动滚轮等距地分布在滚轮支架上,在任何地方总有两个滚轮同时附着在导轨上,如此循环转动使升降机上升或下降。驱动机内有制动器,制动器断电抱闸,通电松闸,制动弹簧是压缩弹簧。

(3)导轨。导轨固定在楼梯表面。导轨和支撑件采用钢铁制作,表面热镀锌后涂有富锌防锈漆和耐磨面漆共两层,能保证 15 年内不生锈。导轨的单个部件不需要润滑。

(4)控制柜。控制柜放置在楼梯升降机的内部。包括直流电机、蓄电池、主电源开关、上行继电器、下行继电器、中间继电器、时间继电器、发动机辅助继电器等。对出入口的楼梯升降机控制柜能适应露天的工作条件,外壳等级不小于 IP55。

(5)充电装置。该装置将交流电整流成直流电后给蓄电池充电。若充电装置电源供给正常,则绿灯始终亮;若楼梯升降机正确驶入充电装置,蓄电池开始充电时,黄灯快速闪烁,当电池充满电后,该灯慢速闪烁。

(6)低电源蜂鸣器。该声音信号用作电池需要充电时的提醒。当蓄电池电压低于22.5V 时,升降机运行时会发出蜂鸣信号。此时应立即将升降机驶向充电点,并尽可能向下方向行驶,让升降机充电几个小时。充电是自动进行的,当充电适当后,蜂鸣器会停止鸣叫。

(7)安全装置。主要包括限速器开关、侧板开关、底板开关、护栏开关、限位开关、极限开关、抱闸装置、旁通开关。

## 想一想

城市轨道交通车站还有哪些无障碍设施?

## 二 屏蔽门系统

屏蔽门系统属于城市轨道交通车站设备系统之一,安装在车站站台边缘。它设置的主要目的是:将车站站台公共区与轨行区隔离,简化环控系统,降低车站空调系统的运行能耗;减少列车运行噪声及活塞风对车站站台候车乘客的影响,为乘客提供一个更加舒适、安全的候车环境;防止人员跌落轨道产生意外事故,为以后车辆的无人驾驶创造条件。

### 1 屏蔽门类型

从目前各国设置的屏蔽门系统来看,主要有两种类型。第一类屏蔽门系统是一道自上而下的玻璃隔墙和活动门,沿着车站站台边缘和两端头设置,把站台乘客候车区与列车进站停靠区域完全分隔开。这种屏蔽门系统的主要功能是增加安全性、节约能耗以及加强环境保护。

第二类屏蔽门系统是一道上不封顶的玻璃隔墙和活动门或不锈钢篱笆门,其安装位置与第一种方式基本相同,造价比第一种要低。这种类型的屏蔽门系统比第一种类型屏蔽门相对简单,高度比第一种屏蔽门低矮,空气可以通过屏蔽门上部流通。它相对第一种屏蔽门来说,主要起了一种隔离作用,提高了站台候车乘客的安全,从此意义上说可以称其为“安全门”(图 3-11)。

图 3-11 香港迪斯尼线安全门

## ② 屏蔽门系统的组成

屏蔽门系统是由门体结构、门机结构、控制系统、电源组成的。

（1）门体结构。门体结构包括支撑结构、门槛、固定门、滑动门、应急门、端门、顶箱等部分（图 3-12）。

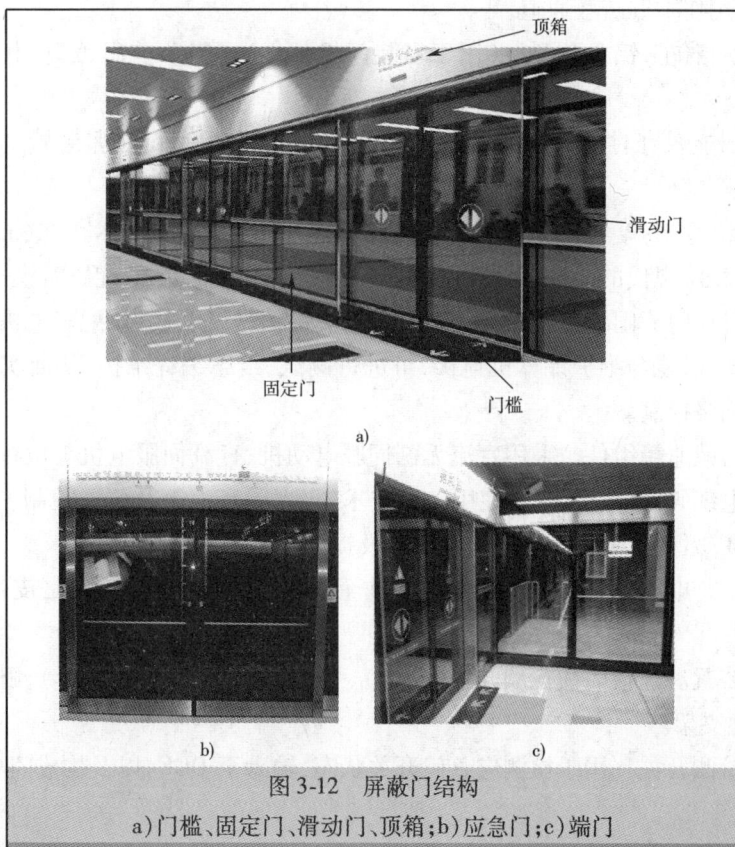

图 3-12 屏蔽门结构

a)门槛、固定门、滑动门、顶箱；b)应急门；c)端门

①支撑结构。包括支撑部件、门梁、立柱、顶部伸缩装置等构件,能承受屏蔽门的垂直荷载、隧道通风系统产生的风压、列车运行时产生的活塞风、乘客挤压荷载等。

②门槛。门槛包括固定门门槛和滑动门门槛。固定门门槛承受固定门的垂直荷载,滑动门门槛承受乘客荷载。

③固定门。固定门设置在两扇双扇滑动门之间,由钢化玻璃、门框等构成。门框插挂于立柱的方孔内,门框与立柱之间设有橡胶减振装置。

④滑动门。滑动门是正常运行时乘客上下列车的通道。它分为标准双扇滑动门和非标准双扇滑动门,非标准双扇滑动门一般设置在靠近列车驾驶员室相应的屏蔽门。滑动门有系统级、站台级、手动操作三种控制模式。由钢化玻璃、门框、门吊挂连接板、门导滑板、门胶条、手动解锁装置组成。

⑤应急门。屏蔽门系统在站台设有应急门。应急门一般当作固定门使用,在列车进站无法停靠在允许的误差范围位置时,必有一道列车门对准应急门,此时若需要由应急门紧急疏散时,可由乘客在轨道侧列车上打开相对应的列车门后推动应急门的解锁装置或由站台工作人员在站台侧用专用钥匙打开应急门进行紧急疏散。应急门使用后必须确保关闭与锁紧。应急门由钢化玻璃、门框、闭门器、推杆锁等装置组成。

⑥端门。端门设置在站台两端,是车站工作人员的通道,由列车驾驶员或站务员手动打开,紧急情况可用作乘客疏散通道。

⑦顶箱。顶箱包括铝合金型材(用于安装门机部件)、门楣、前后盖板、电缆线槽、密封胶等。

(2)门机结构包括门控单元、电动机与减速箱组件、传动副、门锁紧装置、应急门检测开关、金属电缆槽等部分。

①门控单元(DCU)。有电子式、气动式等多种类型,随着微机技术、微电子技术、电子功率器件技术的发展,现代的门控单元采用微机控制电子式门控单元,配置有模式转换开关接口、手动测试接口、门头闸锁接口、现场总线接口、关键信号硬线接口、配套电机电缆接口等。它具备自诊断功能,能与维护计算机连接,可进行测试、组态编程维护,从而实现了信息化、智能化及集成网络控制。

②电动机与减速箱组件。采用直流无刷伺服电动机、直流伺服电机等微特电机,带有霍尔传感器或光电编码器,或由DCU使用矢量技术,实现闭环控制及位置控制。由DCU采用脉宽调制(PWM)驱动。减速箱减速用于减速及提高输出驱动力矩。

③传动副。是电动机与减速箱组件输出轴至门扇的传动机构,一般是皮带/齿轮式、螺杆式。

④门锁紧装置。包括闭锁检测开关(两个)、手动解锁检测开关(两个)、解锁电磁铁、凸轮(两个)、门锁支架。

⑤应急门检测开关。用于检测应急门开关状态,输入至DCU,以及构成门单元的关闭与锁紧信号。

⑥金属电缆槽。包括通信线路线槽、控制线路线槽、电源供电线路线槽,位于顶箱之上。

（3）控制系统。控制系统至少应该实现系统级、站台级、手动三级控制。其中手动控制优先级最高，系统级最低。其控制方式一般如下：

①当列车进入车站停靠在允许误差范围内的停车位置时，信号系统会发出一个"开门"命令；此开门命令会经过 PSC（中央接口盘，也称主控机）送到每个应该打开的屏蔽门单元的 DCU 上，从而控制电机驱动门体做开门动作。

②当所有 ASD（滑动门）/EED（应急门）打开时，DCU 会将检测装置检测到的"门已打开"的状态信息经 PSC 反馈给信号系统及 EMCS（机电设备监控系统）系统。

③当列车要离开车站时，信号系统发出"关门"命令至 PSC，PSC 会将关门命令发送至每个应该关闭的屏蔽门单元的 DCU，从而控制电机驱动屏蔽门开始关门。

④当所有屏蔽门关好以后，DCU 会将检测装置检测到的"门已关闭并锁紧"的信号反馈至信号系统及 EMCS 系统。

⑤当信号系统收到关闭并锁紧信号以后，才会发出开车命令。

如果在整个控制过程中任何一个屏蔽门单元出现故障，PSC 会将 DCU 及其他设备反馈给它的故障信号，发送至 PSA（远方操作报警盘）进行声光报警，并可将故障信息显示在液晶显示器上或可以通过打印机打印出来，还可以通过其自身固有的串口进行故障信息的下载。

当列车、信号以及屏蔽门系统本身出现故障，导致屏蔽门无法自动打开或关闭，就要运用 PSL 站台级控制的功能，以节点发送方式使屏蔽门处于理想状态。在每个屏蔽门单元的 ASD 及 EED 上，无论在站台侧还是在轨道侧，均有手动装置可将门打开。在站台侧，站务人员可用专用钥匙进行操作，使门打开；在轨道侧，则设有紧急把手可手动打开屏蔽门，以保证在非常时刻乘客或站务人员以最快及最方便的手段打开屏蔽门，以免发生事故。

（4）电源。电源是给屏蔽门提供动力的设备，主要有驱动电源 UPS、控制电源 UPS、系统配电柜（PDP 柜）等。

①驱动电源 UPS。为门机提供门头电源，当外电中断供电时，能为断电后的屏蔽门提供一定开关门次数控制的驱动能量，为车站人员提供应急处理的时间。

②控制电源 UPS。为系统控制线路提供电源，当外电中断供电时，能为屏蔽门控制回路提供不少于 30min 的后续能量，为车站人员提供应急处理的时间。

③系统配电柜（PDP 柜）。包括系统总开关、主隔离变压器、门单元分路负荷开关、各控制回路工作电源开关、车站低压配电接地保护等。

## 想一想

国内哪些城市安装有屏蔽门？各安装的什么类型屏蔽门？屏蔽门有何优缺点？

## 三　乘客信息系统

乘客信息系统（Passenger Information System，以下简称 PIS）是运用网络技术与多媒体技术进行信息多样化显示的系统。它通过控制中心、广告编辑中心、车站控制等系统,对所需的信息实施编辑、制作、传递,并通过车站或列车上等离子或液晶显示器,为地铁乘客及地铁员工提供以运营信息为主,商业广告为辅的多媒体综合信息显示。在正常情况下,播放实时列车运营信息、出行信息、政府公告、公益广告等多媒体资讯;在火灾等紧急情况下,可迅速直观、优先播放紧急疏散和防灾等文本和图像信息,以便告知和引导乘客,起到辅助防灾、救灾作用。此外,乘客还可以通过触摸屏自行查询气象信息、换乘信息。

### ❶ 系统结构

PIS 从结构上可划分为 6 个子系统:控制中心子系统、车站子系统、车载子系统、网络子系统、广告制作子系统、备用中心。

(1)控制中心子系统。控制中心通过接口采集外部信息流,经编辑、处理手段,生成内部信息,按既定规则或版式播出,以达到向乘客传递信息的目的。控制中心负责视频流的转换及各类信息的播放,监控网络及终端设备的工作状态,并负责系统故障维修的集中管理,确保系统正常运营。

(2)车站子系统。车站子系统具体负责接收并下载控制中心下传命令、各类信息内容(连同节目列表)、系统参数(时钟信息等),并管理车站内的 PIS 系统,集中监控本车站的 PIS 系统设备。除此还负责外部系统数据的导入、导出,控制站内 PIS 系统每一显示终端的信息发布和站务信息的编辑保存。在控制中心或网络子系统故障时,按照下载的节目列表和节目内容在本站显示终端上自动播放。

(3)车载子系统。车载子系统用 WLAN 接入技术,可以实现列车与地面之间的双向高速实时通信。车载设备通过接收无线传输的信息,经处理后实时地在列车车厢 LCD 上进行音视频播放。本系统兼有对列车乘客乘车情况的监视功能,能够通过监视器采集列车车厢内乘客的乘坐情况,并对视频信息进行记录、显示,并能实时上传控制中心。

(4)网络子系统。网络子系统是利用系统自身构建的以太网络给 PIS 提供网络通道,该通道用来传输从中心到各车站、车辆的各种数据信息、视频信息和控制信息。网络子系统包括有线网络、无线网络和车载局域网络三个部分。

(5)广告制作子系统。广告制作子系统主要用于广告节目的制作和播放,它提供直观方便的界面供业务人员与广告制作人员制作广告节目、编辑广告时间表、控制指定的显示屏或显示屏组播放节目,并将制作好的素材经审核通过后通过网络传输到控制中心和各车站进行播出。

(6)备用中心。车辆段设置备用中心,当控制中心建成前及控制中心发生灾难性事故时实现控制中心的主要功能,代行控制中心的职责,同时兼有系统升级测试、员工培训并根据控制中心的维修调度对整个系统进行维修。

### 想一想

城市轨道交通车站有哪些设备属于乘客信息系统范畴?

## ② 系统功能

（1）紧急疏散功能

①预设紧急信息。乘客信息系统可以预先设定多种紧急灾难告警模式，方便自动或人工触发进入告警模式。通过中心操作员工作站，操作员可以预先设定多种紧急灾难告警模式，如火警、恐怖袭击等，并设定每种模式的警告信息及各种警告发布参数。当指定的灾难发生时，由自动告警系统或人工触发，将PIS控制进入紧急灾难告警模式。此时，相应的终端显示发放乘客警告信息以及人流疏导信息。

②即时发布的紧急信息。若出现非预期性灾难，并且需要PIS即时发布非预期的灾难告警信息，PIS系统软件可以即时编辑发布紧急信息。通过中心操作员工作站，操作员可以即时编辑各种告警信息，该信息将自动具有最高优先级，并由操作员发布至指定的终端显示屏。

（2）实时显示功能

屏幕上不同区域的信息可根据数据库信息的改变而随时更新。实时信息的更新可以采用自动的方式或由操作员工作站人为地干预。实时信息包括：数字电视、网上新闻、天气和通告等。通过车站操作员站或中心操作员工作站，操作员可以即时编辑指定的提示信息，并发布至指定的终端显示屏，提示乘客注意。操作员可以设定实时信息是否以特别信息形式或紧急信息形式发放显示，发放高优先的信息可以及时打断原来正在播放的信息内容，及时显示。

（3）时钟显示功能

PIS可以读取时钟系统的时钟基准，并同步读取整个PIS所有设备的时钟，确保终端显示屏幕显示时钟的准确性。屏幕可以在播出各类信息的同时提供时间显示服务。在没有安装时钟的地方，通过播放时间列表，可以设置终端显示屏或指定的子窗口显示多媒体时钟。

（4）广告播出功能

广告可以分为图片广告、文字广告和视频广告。广告内容按播放列表的安排，在指定的时间、车站以及显示终端播出。

（5）多种方式播出功能

PIS系统会将信息分为4级：紧急状态信息、重要信息、预定信息和一般信息。

（6）多语言支持功能

PIS可以支持简体中文、英文、繁体中文，同时混合输入、保存、传输和显示。也支持Windows XP操作系统支持的文字的导入、保存、传输和显示。

（7）集中网管维护功能

为确保系统正常运行，乘客信息系统提供了完备的网管功能。控制中心设置的中心服务器可以实时监控各终端节点的状态，车站服务器管理各自车站的PIS。中心网管工作站动态显示系统各设备的工作状态，实时监控系统，实现智能声光报警，并能自动生成网络故障统计报表，智能分析故障，实现远程集中控制，理论上可以做到无人值守。

（8）权限管理功能

PIS 是一个面向公众的信息系统，系统分布泛围广阔、节点众多，因此信息安全性十分重要，做好对操作员权限的管理便成了重要工作之一。每个站台的操作员工作站均受 OCC 的操作员控制，OCC 的操作员可设定每一车站的操作员工作站以及其信息录入权限。

### ③ 信息发布的优先级规则

PIS 系统可以提供多类信息服务，因此 PIS 应充分考虑到每一类信息的显示优先级。信息优先级规则如下：

（1）信息类型的优先级顺序按照如下顺序递减：紧急灾难信息、列车服务信息、乘客引导信息、一般站务信息及公共信息、商业信息。

（2）低优先级的信息不能打断高优先级信息的播出。

（3）高优先级的信息可以中断低优先级信息的播出。

（4）同等优先级的信息按设定的时间列表顺序播出。

（5）紧急灾难信息为最高优先级信息，发生紧急情况时可以终止和中断其他所有优先等级的信息。改变紧急状态信息的内容或解除紧急状态需由中心操作人员手工干预。

## 四 环控系统

城市轨道交通车站有许多设置在地下，地下环境因封闭、湿度大、发热源多（如人体散热、车站设备散热、列车散热、外界空气带入热等）等因素，导致空气中湿度、温度、空气流动速度、噪声、灰尘、气味等因素会对乘客及工作人员带来不利的影响。环境控制系统（简称环控系统）就是为了解决车站这些不利因素而设置的。

### ① 环控系统功能

（1）保证空气质量，控制空气中污染物质的浓度。

（2）保证热舒适性，提供适当的温度、湿度和空气流动速度。

（3）提高安全性，列车阻塞时，提供一定的通风量。

（4）车站发生火灾、毒气等事故时，能及时排除有害气体。

### ② 环控系统的分类

地下车站环控系统分为屏蔽门系统和非屏蔽门系统。非屏蔽门系统按照轨道交通系统与地面通风风道的连接方式又分为闭式系统和开式系统。

（1）屏蔽门系统。站台具有屏蔽门系统可以将列车产生的热量拒之车站外，站内采用空调制冷系统，保证站内温度符合标准。区间隧道利用列车运行产生的活塞风，通过风井与室外进行通风换气，满足区间通风需求。

（2）非屏蔽门系统。非屏蔽门系统主要指闭式系统。闭式系统就是夏季空调调节时，整个地下区间及车站除两端隧道端口、车站出入口和空调小新风之外,地下车站及区间基本与外界隔绝的一种空调通风方式。闭式系统可以根据全年气温变化,可转化为开式系统运行。

**③ 环控系统的组成**

(1)风系统。指空调通风系统,包括空调机、风机、风阀与风管路(风道)设备,可分为隧道通风系统、空调大系统、空调小系统。

①隧道通风系统分为区间隧道机械通风(兼排烟)和车站隧道通风两部分。隧道机械通风主要设备有隧道风机、推力风机、射流风机及相关的电动风阀;车站隧道通风主要设备为轨道排风机、电动风阀和防火阀。活塞风是列车在隧道内运行过程中强迫气流形成的阵风,通过隧道和隧道活塞风道进出。

②车站站厅、站台公共区的制冷空调及通风(兼排烟)系统,简称空调大系统。由组合空调机,回、排风机,新风机,排烟风机,各种风阀、防火阀等组成。

③车站管理及设备用房空调通风(兼排烟)系统,简称小系统。由小空调机、排风/排烟风机、风阀、防火阀等组成。

(2)车站空调水系统。指各站为供给车站大、小系统空调用水所设置的制冷系统,由冷水机组、水泵、冷却塔、水阀与管路等设备组成。

(3)集中供冷系统。集中供冷是指将相邻三到五个车站的空调用冷冻水汇集到某一处,集中处理。冷冻水再由二次冷冻水泵和管路长距离输送到各车站,以满足车站所需的冷量。集中供冷系统可分为制冷系统环路、冷冻水二次环路、末端设备三部分。

**④ 环控系统的控制方式**

环境控制系统的控制方式通常采用中央级、车站级和就地级三种控制方式,其中就地级具有最优控制权。

(1)中央级控制设在控制中心,通过网络系统与车站级相连,具有对全线重要的环控设备进行监测、遥控等功能。

(2)车站级控制设在各站综控室,具有对本站环控设备进行操作、检测和控制等功能。

(3)就地级控制设在各站的环控电控室,具有对单台环控设备就地控制功能,便于各种设备调试、检查、抢修和应急。

**⑤ 环控系统的运行方式**

环境控制系统的运行方式通常分为正常状态运行和非正常状态运行方式。

(1)正常状态运行方式。正常状态运行可分为空调季节和通风季节两种运行方式,其中空调季节又可根据新风及送风的干、湿球温度有多种运行方式。

(2)非正常状态运行方式。环控设备非正常运行方式是指下列情况:列车在区间隧道阻塞;列车、车站发生火灾。当上述情况发生时,环控设备要根据相应的情况改变运行方式,对系统作出相应的调整。事故排除后,再恢复正常状态运行方式。

# 五 给排水系统

城市轨道交通给排水系统是为轨道交通运营提供所需的生产、生活、消防用水；排除生产、生活污废水、结构渗漏水、事故消防水及雨水等。另设使用简便、安全有效的灭火器设备，能迅速可靠地扑灭各类火灾，以保证城市轨道交通线路可靠运行的要求。

## ① 给水系统

城市轨道交通车站的给水系统采用城市自来水作为供水水源，在车站两端的风亭处，分别用两条进水管将城市自来水引进车站，两条给水引入管互为备用。给水系统主要分为生产、生活用水和消防用水。生活用水在车站主要有厕所、茶浴室、盥洗室等用水；生产用水主要有空调冷却系统的循环冷却水及补充水，站厅层、站台层和出入口通道等处的地面清洗冲洗水；消防用水主要有消火栓用水系统。

（1）生产、生活用水系统。生产、生活用水系统主要由水源（城市自来水）、水池、水泵、水塔（水箱）、气压罐、管道、阀门、水龙头等组成。其功能是满足车站生产、生活对水质、水量、水压的要求。

（2）消防给水系统。消防给水系统由水源（城市自来水）、消防地栓、水泵结合器、消防水泵、管道、阀门、消火栓（喷头）、水流指示器等组成。其功能是车站发生火灾时，能够保障消防水压、水量。

## ② 排水系统

车站、区间的污水、废水及雨水均应就近排入市政排水系统，污水应按规定达标后排放。地下车站及地下区间应设置废水泵房、污水泵房和雨水泵房。废水系统包括消防废水、地面冲洗废水、事故排水、结构渗漏水等，这些废水均通过线路排水沟汇流集中到线路区段坡度最低点处的废水泵站集水池内。污水系统主要指车站内卫生间生活污水。在折返线车辆检修坑端部、出入口和局部自流排水有困难的场合需设置局部排水泵房，在地铁洞口及敞开出入口处应设雨水泵房。

（1）车站污水排放系统。车站污水排放系统如图 3-13 所示，主要由集水井、压力井、化粪池等组成。用排水管道将车站内的厕所、盥洗室、茶水间冲洗水等生活污水汇集到集水井，经潜水泵提升到压力井消能、地面化粪池简单处理后，排入城市污水管网。压力井是排水进入市政排水管网前的消能设施，其构造要求进、出水管道不得在同一高程上且侧壁有防冲洗的措施，车站化粪池采用国标 4 号化粪池。

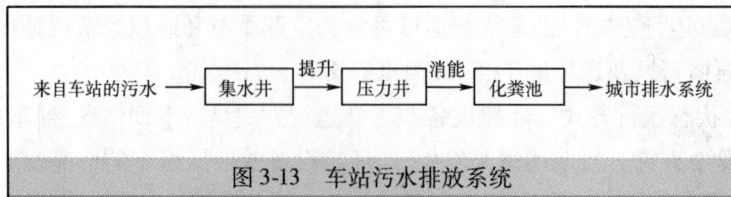

图 3-13　车站污水排放系统

来自车站的污水 → 集水井 →（提升）压力井 →（消能）化粪池 → 城市排水系统

（2）车站废水排放系统。车站废水排放系统如图 3-14 所示，主要由集水井、压力井等组成。用排水管道或排水沟将车站内的生产、消防废水、结构渗漏水汇集到集水池，经潜水泵提升到压力井消能后排入城市污水管网。区间隧道设置独立的排水系统，其泵房设在区间隧道的最低处，明挖隧道的废水泵房设在隧道外侧或联络通道内，盾构隧道则利用联络通道作为废水泵房。压力井内进、出水管道要求与污水系统一样。雨水系统的组成和功能基本上和废水系统相同。

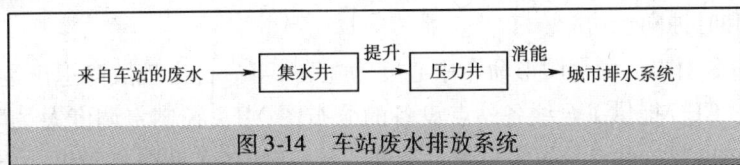

来自车站的废水 ——→ 集水井 ——提升——→ 压力井 ——消能——→ 城市排水系统

图 3-14　车站废水排放系统

### ❸ 人防给排水

在城市规划中，城市轨道交通车站通常会被纳入人民防空疏散体系。车站设计遵循防护功能平战转换的原则，其给排水设计也同样遵循平战结合的原则。

（1）人防给水。人防给水要满足生活饮用水、洗消用水、消防用水等需求。

①生活饮用水。根据现行《人民防空地下室设计规范》（GB 50038—2005），战时人员掩蔽部的生活饮用水标准为 3~6L/（人·d）。

②洗消给水。每个车站设战时人员出入口、战时进风井及进风道各 1 个，均采用平战转换方式设计，并在其易受污染的墙面和地面旁设洗消冲洗水栓。

③消防给水。车站消防系统平战结合。消火栓给水系统和灭火器配置按现行有关消防规范执行，在平时一次设计并全部安装到位，以便战时利用。

（2）人防排水。人防排水也要保障战时洗消排水、生活污水排放的要求。

①洗消排水。一般地铁车站防化等级为丁级，不设洗消间。对于重要的车站，防化等级提高到丙级，须设简易洗消间。在每个车站战时进风井底部、战时人员出入口简易洗消间，设置洗消污水集水池。在战时进风井除尘滤毒室、防毒通道、简易洗消间的地面上，设防爆地漏，并预埋洗消排水管；洗消污水排入洗消污水集水井中，战后用移动式污水泵排至室外。在隔绝防护期，防护区不得向外排水。

②生活污水。生活污水经过线路的排水沟收集到设置在车站端头的污水池中，再用潜污泵扬至地面的压力检查井中，然后排入市政排水管道。车站主废水泵站主要为车站平时排水服务，土建和设备平时全部施工到位，战时利用。

## 六　防灾报警系统

防灾报警系统（Fire Alarm System）简称 FAS。与其相关的消防设备有自动气体灭火系统、机电设备监控系统、防排烟风机、给排水设备等。而本部分主要介绍 FAS 系统的组成，具体设备的使用及控制将在单元 5 详细介绍。

FAS 系统的探测点分布在站厅、站台、设备用房和管理用房等处所,对保护区域进行火灾监视。FAS 系统由中央级设备、车站级设备和连接中央级及车站级的网络组成。

**① 中央级**

中央级设备设立在控制中心,由火灾报警控制,监控、接受全线各车站、控制中心大楼、车辆段的火灾报警控制器的各类信息。它是由两台图形命令中心 GCC 组成,实现对全线火灾情况的监控和时钟同步功能。

(1)图形命令中心。两台图形命令中心互为主备,当一台出现故障退出运行时,另一台仍能正常工作。GCC 提供了全线各站点设备的分布图,中央控制室调度人员可以非常直观地看到火灾报警出现的站点及报警位置。另外,系统还配备了两台打印机,一台作为实时数据打印,另一台作为报表或历史记录打印。

(2)与主时钟的接口。在中央级,FAS 系统通过通信接口与主时钟连接,接收由通信系统提供的时钟同步信号,然后再通过 FAS 系统网络,将时钟同步信号传送到各个站点,以实现全线各站点的时间同步。

(3)网络。系统通过光纤将中央级与车站级设备连成对等令牌环网。当网络传输线路断开或出现其他故障无法通信时,系统可以自动降级或组成两个或多个各自独立运行的小网,来实现控制中心的监控。

**② 车站级**

车站级设备主要设置在控制中心大楼、车辆段、车站等。这里主要讲的是车站的 FAS 设备。它主要由控制盘、车站级图形命令中心 GCC 及各种外围设备组成,实现火灾监视和消防联动功能。

(1)控制盘。控制盘是系统的中央大脑,综合处理各种数据信息,作出火警判断,发出声、光报警,启动相关消防设备动作并监视其状态等。控制盘主要由 CPU 卡、电源模块及蓄电池、显示操作面板、回路卡、音频卡及消防电话主机、通信卡等几个部分组成。

(2)车站及 GCC。它采用工业计算机,LCD 液晶显示,提供良好的人机界面,直接显示本站的系统分布图,方便值班人员快速处理火灾报警。另外 GCC 还可以将火灾报警信息、故障报警信息、反馈报警信息、历史记录查询、设备工作状态查询、设备控制及联动等信息进行分类。

(3)外围设备。外围设备是指布置在现场的各种火灾探测设备、火灾报警模块等。

①火灾探测设备。火灾探测设备可以分为自动报警设备和手动报警设备。自动报警设备是根据火灾发生的特性,对火灾发生时产生的烟雾、温度、光等物理特性进行监测的设备。主要有感烟探测器、感温探测器、复合型探测器等。手动报警设备有手拉报警器和破玻报警器,主要分布在站厅、站台公共区域和设备区等地点。

②火灾报警模块。按照使用功能,火灾报警模块可以分为探测模块、控制模块、信号模块及输入、输出模块等。主要监测、控制各种报警设备、消防联动设备和消防广播、电话等

设备。

# 七 照明与低压配电系统

照明及低压配电系统可以分为照明系统与低压配电系统两个子系统。

## 1 照明系统

（1）系统组成

地铁车站的地下地域特征及地铁运营性质决定了地铁车站内照明种类的多样化。按照明系统分，有公共区域一般照明、设备管理用房照明、事故照明、诱导照明、安全照明、标志照明、广告照明等。

车站照明系统根据车站类型的不同，选用的照明方式也不同。地下车站照明供电分为节电照明、一般照明、事故照明等。高架车站照明供电只有一般照明和事故照明。

（2）负荷划分

根据各个场所照明负荷的重要性，车站照明系统可以分为三个负荷等级。

①一级负荷。主要包括节电照明、事故照明、疏散诱导标志照明。

②二级负荷。主要包括一般照明和各类指示牌照明。

③三级负荷。主要包括广告照明。

（3）供电方式

一般来说，在站台或站厅的两端各设置一个照明配电室，室内集中安装各类照明控制箱或配电箱。在站台两端各设置一事故照明装置室，室内各安装一套事故照明装置。地下车站一般照明、节电照明、设备及管理房照明的电源，分别在降压站两段母线上各馈出一路电源和照明配电室控制箱相连，以交叉供电。事故照明由降压站两段母线上各馈出一路电源，经事故照明装置再馈出至照明配电室事故照明配电箱后供电。站台、站厅和出入口的诱导灯由车站事故照明配电箱配出单独回路供电。广告照明及其他各类照明（区间照明除外）均有照明配电室馈出。区间照明由设置在站台两端隧道入口处区间隧道一般照明配电箱配出。

事故照明与疏散诱导指示照明正常时采用 380/220V 交流电源供电。由于事故照明的重要性，一般事故照明装置带有蓄电池，当交流失电后，自动切换为蓄电池 220V 直流电源供电。当交流电恢复后，自动切换装置恢复到由交流电向外供电状态。

（4）控制方式

车站照明一般可以分为三级控制，即站控室集中控制、照明配电室集中控制和就地控制。

①站控室集中控制。站控室内设有照明控制盘，通过转换开关，可以实现自动/手动控制转换和人工控制及区间隧道一般照明手动控制。正常情况下，工作人员在机电设备监控系统上，对车站照明的工作状态进行监控。

（2）照明配电室集中控制。配电室内设有相应照明场所的配电箱，可以在配电室内实现集中控制。正常情况下，配电箱所有开关应全部合上，以便站控室集中控制和就地控制。

（3）就地控制。各设备处设有就地开关箱或盒，控制相应设备与管理用房的一般照明。

## 2 低压配电系统

（1）系统组成

车站低压配电系统采用380V三相五线制、220V单相三线制方式供电。主要是为车站环控、排水、消防、电扶梯、自动售检票系统、通信信号等设备供电。

（2）负荷划分

根据车站用电设备的不同用途和重要性，车站的用电负荷可以分为三个等级。通过设备供电的负荷等级可以看出设备的重要性。

①一级负荷。包括通信信号系统、火灾报警系统、气体灭火系统、机电设备监控系统、屏蔽门系统、防淹门等与系统相关的设备。

②二级负荷。包括电扶梯、自动售检票设备、民用通信电源等设备。

③三级负荷。包括冷水机组、冷冻水泵、冷却水泵、冷却塔风机、电开水器、清扫电源等。

（3）供电方式

一级负荷设备由降压所低压柜两端母线各馈出一路电源至设备附近的电源切换箱，经电源切换箱实现双电源末端切换后再馈出给设备，两路电源互为备用。

二级负荷设备由降压所低压柜其中一段母线馈出一路电源至设备附近的电源配电箱后再馈出给设备。当该段母线失电后，母线分段开关自动合闸，由另一段母线供电。

三级负荷设备由降压所低压柜其中一段母线馈出一路电源至设备附近的电源配电箱后再馈出给设备。当降压所任何一段母线失电或故障，均联跳中断所有三级负荷设备供电。

（4）控制方式

由降压所直接供配电设备，工作人员可在降压所或设备附近的配电箱或电源切换箱上对各设备作电源通断或切换操作控制。

由环控监控室直接供配电的设备，工作人员可在环控电控室或设备附近的配电箱或电源切换箱上对各设备作电源通断或切换操作控制。

由环控电控室直接控制的环控设备，采用三地控制。即就地控制、环控电控室控制和站控室控制。

## 复习与思考

1. 列举车站与行车有关的技术设备。

2. 简述城市轨道交通运营保障系统由哪些子系统组成及其作用。

3. 列举运营保障系统各子系统中典型的设备、设施。

# 单元 4

# 城市轨道交通自动售检票

# 系统

## 教学目标

1. 了解城市轨道交通自动售检票系统的现状,掌握自动售检票系统的概念及内涵;
2. 了解自动售检票系统的组成结构;
3. 了解非接触式 IC 卡的工作原理;
4. 掌握自动检票机、自动售票机和半自动售补票机的基本构造。

## 建议学时

8 学时

# 4.1

# 城市轨道交通自动售检票系统概述

目前,世界上大多数城市轨道交通都已采用自动化售检票系统,简称 AFC 系统(Automatic Fare Collection System),自动售检票系统是通过对计算机、统计、财务等专业知识的综合运用,来实现轨道交通的售票、检票、计费、收费、统计、清分结算和运行管理等全过程的自动化系统,有效地提高了运营管理水平。

AFC 系统通过计算机技术、现代通信网络技术、自动控制技术、智能卡技术、大型数据库技术、传感技术、统计和财务等专业知识的综合运用,特别是信息技术的运用,大大减少票务工作人员的劳动强度,使乘车收费更趋于合理,减少逃票现象,提高地铁运营效率和收益。同时,AFC 系统还可以大大减少现金流通,避免人工售票、检票过程中产生的各种漏洞和弊端,并对客流量、运营收入等综合业务信息进行汇总分析,为决策者增强客流分析预测的能力,合理地调配资源,以提高运营单位的经营管理水平。自动售检票系统信息技术和知识领域如图 4-1 所示。

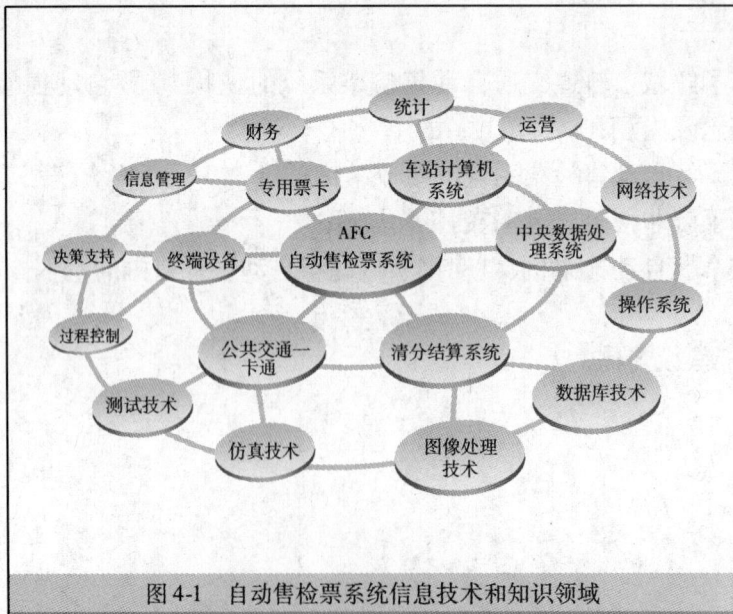

图 4-1　自动售检票系统信息技术和知识领域

# 一 城市轨道交通 AFC 系统的内涵

AFC 系统作为城市轨道交通运营管理重要子系统之一,有其丰富的内涵,主要体现在以下几个方面。

## ① 人性化

自动售检票系统为乘客设置了符合人体工程学的售票机和检票闸机,方便了乘客的购票和检票过程,同时提供符合地方特色的操作方式。

## ② 客流导向

自动售检票系统可方便地实现乘车路径和优惠票价管理,可以通过票价设定来为乘客提供导向性服务,实现柔性的、乘客自主对出行路径或时段的选择,合理调整客流分布。

## ③ 社会效益

一方面可通过自动售检票系统形成对区域交通客流状况的调整,对社会生活产生影响;另一方面可通过自动化的设施影响人们的行为模式,规范管理模式,克服票务工作中可能出现的逃票问题。

## ④ 提供信息支持

自动售检票系统能够提供客流量、票务收入等统计信息,为城市轨道交通的运营、规划和管理决策提供信息支持。

## ⑤ 提高运行效率

城市轨道交通运营单位可根据自动售检票系统的客流信息及时调整运行组织,合理安排运能,提高运行效率。

## ⑥ 强化安全管理

借助自动售检票系统付费区的封闭条件,可对乘客在车站内的行为进行管理。在紧急情况下,可通过闸机的禁行和放行措施疏导人群,实现安全管理。另外,还可通过闸机的关隘作用,协助社会的治安管理。

## ⑦ 提升形象

通过自动售检票系统,增加了城市轨道交通与乘客的操作交互性和乘客的主动性,良好的应用效果可以提升运营企业和所在地区的形象。

## 知识链接

### AFC 自动售检票系统的优点

快捷、方便是城市轨道交通的最大优点,也是基本要素。在设计票务系统时,应本着"以人为本"的宗旨,同时还应具备下列优点:

(1)有利于提升轨道交通行业的社会形象和服务区域形象。

(2)有利于提高运营管理水平,保障票务收益。

(3)有利于管理责任落实,保证交易数据和票务信息的安全。

(4)有利于简化操作,方便出行,提高乘客的出行效率。

(5)有利于提供准确的客流及票务统计分析数据。

(6)有利于减少现金交易、人工记账及统计工作,提高准确率和效率。

# 二 国内外城市轨道交通 AFC 系统现状

## ① 北京

北京城市轨道交通早在 1985 年就开始进行自动售检票系统的可行性研究,但应用较晚。在 2003 年 12 月 31 日,北京第 1 套单线自动售检票系统在地铁 13 号线投入使用,这是一套基于磁票的 AFC 系统,集成商为日本信号公司,系统单程票为一次性纸质磁票。为了响应北京市政府关于推行"市政交通一卡通"的理念,该系统也增加了对一卡通储值卡的支持。

2008 年 6 月 9 日,北京城市轨道交通路网 AFC 系统投入使用,真正意义上实现了"一卡通行、一票通行"和无障碍换乘。系统单程票为可以回收使用的 Ultralight 薄型 IC 卡,支持一卡通储值票的使用。

## ② 上海

2000 年,在上海城市轨道交通 1 号线原自动售检票系统的基础上叠加了由上海国产的以上海公共交通卡作为储值票的系统,并行使用磁卡和非接触城市公共交通卡,同时实现了地铁运营商与公共交通卡公司的交易数据清算与账务结算。2001 年,上海地铁 2 号线投入运营,同步将 1 号线自动售检票系统扩展到 2 号线。上海地铁 3 号线于 2001 年 10 月启用西班牙 INDRA 公司的自动售检票系统,使用一次性卡型纸质磁票。2002 年地铁 1 号线北延伸段 11 个站开通,采用上海国产的自动售检票系统,车票采用与原地铁 1 号线兼容的塑质磁卡票,采用中央系统间互联以交换数据。2005 年 12 月建立了上海新标准的自动售检票网络化系统,完成了对原来的地铁 1、2、3 号线系统的改造,建立了 4、5 号线自动售检票系统,设立路网清分中心,负责进行票卡发行、数据汇集处理。

## 知识链接

### 上海轨道交通售检票系统的票价体系大致经历的四个阶段

（1）第一阶段。人工售检票方式，单一票价，普通纸票，如 1 号线开通初期。

（2）第二阶段。人工售检票方式，但票价采用多级计程票制，车票为纸质车票，如 3 号线试运营期间。

（3）第三阶段。使用自动售检票系统，采用计程票价制，如 1 号线、2 号线和 3 号线，车票介质包括磁卡和 IC 卡。

（4）第四阶段。路网自动售检票系统，计程票价，实现收费区内直接换乘和多元收益方的精细清分，使用 IC 卡车票。

### 3 广州

广州市地铁 1 号线采用美国 CUBIC 公司的磁卡自动售检票系统，并于 1999 年初全线投入使用。为适应路网换乘和清分的要求，对系统进行了改造，现系统使用非接触 IC 卡作为车票介质，单程票为筹码型 IC 卡车票。

目前，广州地铁 1、2、3、4 号线均采用计程、计时票价制，使用非接触 IC 卡车票实现换乘。单程票在售出当站、当日有效，出站时车票由出口闸机回收。广州地铁车票分为地铁单程票、储值票（含普通储值票、中小学生储值票和老年人储值票）、老年人免费票、纪念票、羊城通交通卡（即羊城通）。其地铁的自动售检票系统主要由非接触式 IC 卡车票、售票机、闸机、车站系统和中央系统等组成。系统使用非接触式 IC 卡作为车票媒体，实现乘客在多条线路之间免检票换乘，系统能兼容"羊城通"票卡，与广州市其他公交系统能实现"一卡通"结算。闸机采用剪式闸门，提高了乘客通行能力，同时也方便了乘客。安装在非付费区的验票机，方便乘客查询车票和"羊城通"车票的余值、有效使用时间等车票信息。

### 4 香港

香港地铁（MTR）始建于 1975 年，1979 年首条线路开通运营，并采用了自动售检票系统。香港地铁现已成为香港公共交通的重要方式，是世界上最繁忙的城市轨道交通系统之一。

香港地铁中与售检票系统相关的工作包括自动售检票系统、收益管理、电子工厂和自动售检票系统训练中心四大部分。其中收益是核心，自动售检票系统是基石，各部分相互依赖、相互协作、相互配合，以自动售检票系统为主线把四大部分有机地结合在一起，高效、稳定、可靠地运作。香港地铁自动售检票系统使用的单程票是磁卡，储值票采用 Felica 非接触式 IC 卡，即八达通（Octopus）卡，八达通卡的使用比例在地铁超过 85%。

### 5 莫斯科

1996 年，莫斯科地铁全面安装自动售检票系统，1997 年自动售检票系统使用第一代磁卡车票,2000 年引入非接触式智能卡,莫斯科地铁采用单一票价,车票类型包括单次车票、月票、季票、年票以及学生票。

## 知识链接

### 莫斯科地铁简介

莫斯科市地铁网络采用了"环状"与"放射状"相结合的方式,线路密集、分布均匀,最大限度地覆盖了整个城市区域。莫斯科地铁规模已达 278.3km,共 172 个车站,换乘十分方便。据不完全统计,2005 年,莫斯科地铁的年客流量为 26 亿人次,位居世界第二。

莫斯科地铁计划采用计程票价替代"单一票价"运价表,并采用储值票。整个地铁自动售检票系统的关键软件模块包括:

(1)验票软件。

(2)车站管理和通信服务器。

(3)CSC 票信息终端软件。

(4)中央交易处理和报表软件。

(5)自动售票机软件(仅为离线)。

其中,自动售检票系统的中央控制系统和报表系统每天可处理 600 万人次客流量的售检票和乘客旅程统计分析。

### 6 东京

东京的地铁由两家公司负责经营、维护和技术管理,分别为营团地铁和都营地铁,运营管理 12 条地铁线路,地铁长度为 286km,每天的运送能力为 740 万人次左右。

东京的轨道交通不仅仅是地铁,还包括四通八达的私铁和国铁,地铁的运送能力在逐年增加,国铁的运送能力大幅下降,私铁的运送能力也有所下降,目前,地铁、国铁和私铁占公共交通旅客运送能力的 72.9%。

东京地铁自动售检票系统采用的票种较多,东京轨道交通的票制为磁卡票。票种有单程票、一日票、月票、多次票和 SF 储值票等。单程票的有效期为 1 天。多次票和月票享有优惠,所有票种都可灵活使用和换乘。系统收益清分统一简捷,东京轨道交通行业的 20 家地铁和私铁公司等组成一个 PASSNET 联盟,制定各公司之间的票务清分原则。他们遵循统一的原则,每月结算一次,数据以磁带形式提交给第三方公司统一进行清分处理,各公司根据清分结果自行通过银行划账结算。换乘处理灵活,乘客在车站可以购买单程票或换乘联票、月票和储值票等;进出站闸机以双向闸机(同一机器可进站或出站)为主;换乘方式多种并存,有不出站直接换乘,也有出站换乘,还有通过专门通道进行换乘的方式。进出站采用双向闸机,多名乘客可以一次将多张车票投入闸机进行检票,最多可同时识别 9 张车票,且车票正向着智能化发展,如图 4-2 所示。自动售票机可识别纸币和硬币,并可自助进行退票操作,不收手续费;车站设置有较宽敞的残疾人和大件行李通道,自动售票机上设置有盲文引导。

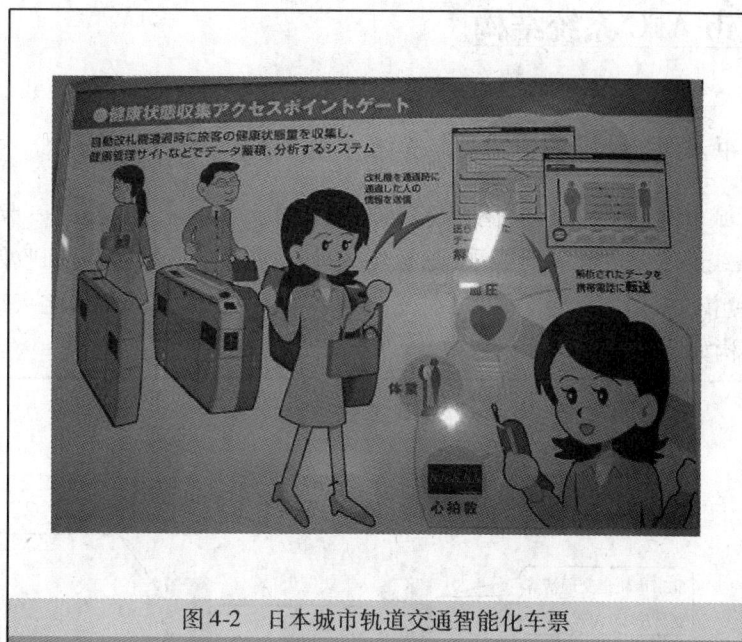

图 4-2  日本城市轨道交通智能化车票

## 4.2 城市轨道交通 AFC 系统组成结构

### 一  城市轨道交通 AFC 系统结构

在多线路组成的城市轨道交通网络中,根据投资主体、运营管理、换乘方式、轨道交通线网的构成方式以及票务处理、票务分析和票务结算系统的需求,实现自动售检票系统的基本结构。根据不同的需求,AFC 系统架构可分为线路式架构、分散式架构、区域式架构、分级集中式架构等五种。

城市轨道交通的 AFC 系统通常采用分级集中式架构,即以一条线路作为控制对象进行系统设置,针对每一条线路设置一套 AFC 控制系统,整个线网设置一个路网中心,路网中心负责获取全路网交易数据,确定各线路的换乘结算方式和数据公共接口,除对各线路自己的运营票款进行结算外,还对跨线交易数据进行实时清分。

## 二 主要城市 AFC 系统结构

### 1 北京市城市轨道交通 AFC 系统架构

目前,北京城市轨道交通路网自动售检票系统在真正意义上实现了"一卡通行、一票通行"和现有 8 条线路之间的无障碍换乘(除机场线外)。系统单程票为可回收使用的轻薄型IC 卡,并与北京市政交通一卡通公司联网,支持乘客使用一卡通储值卡,北京市城市轨道交通 AFC 系统架构如图 4-3 所示。

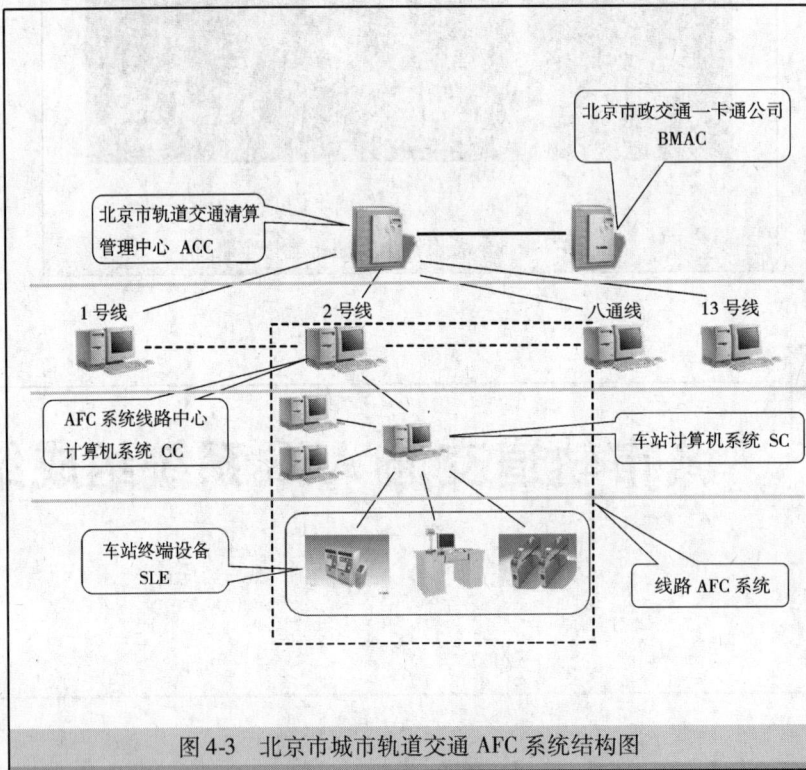

图 4-3　北京市城市轨道交通 AFC 系统结构图

### 2 香港城市轨道交通 AFC 系统架构图

香港地铁是世界公认设备完善、自动化程度高、管理较好的地铁,它的自动售检票设备由自动售票机、自动检票机、补票机和磁性车票、车站和中央计算机等组成,集计算机、自动控制、光电技术等高新技术于一体。香港地铁自动售检票系统是由中央结算中心和公司或车站组成,中央结算中心采用大型分布式数据库。终端设备的交易数据首先进入本公司或车站的数据库,然后传输到中央数据库,在中央数据库进行数据结算处理,应用系统架构如图 4-4 所示。

香港自动售检票系统的交易处理过程分为下列四个层次:

（1）用户界面。该层次包括放置于各个地方的非接触式智能卡处理器和充值设备。在香港的公交车、火车站及渡轮码头共安装了 7 000 多部八达通读卡机。

（2）本地数据处理器（LDP）。本地数据处理器用于收集和控制事务处理数据。地下铁路公司在每个地铁站均配置了一台或多台工作站，用于收集和报告来自处理器控制的闸机和充值设备的数据。通过这个由 50 多台工作站组成的本地数据处理器网络，地下铁路公司可以直接访问实时信息，了解每个地铁站的八达通设备情况。

（3）服务提供商中央计算机（SPCC）。服务提供商中央计算机将单个服务提供商分布在各个服务点的所有交易数据进行合并，并上传至服务提供商中央计算机数据库，以便传送给中央清算系统。

（4）中央清算系统（CCHS）。中央清算系统接收每个服务提供商的所有交易数据，然后对交易数据进行清算并将结果发回给每个服务提供商。中央清算系统提供各种统计报表。

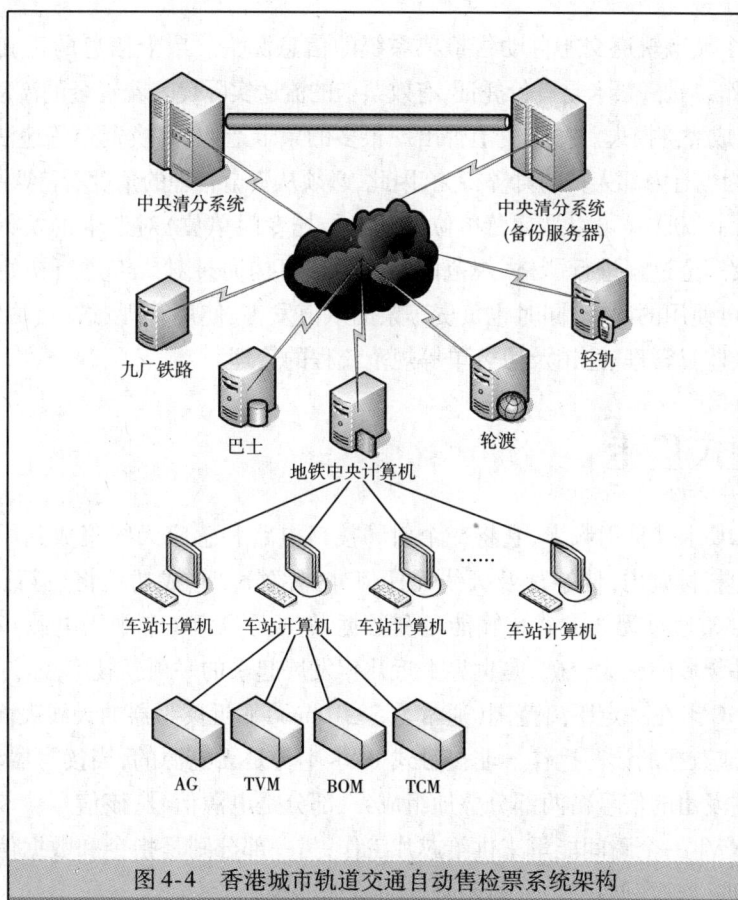

图4-4　香港城市轨道交通自动售检票系统架构

**想一想**

北京、上海和香港三个城市的城市轨道交通 AFC 系统结构有何异同点？

# 4.3 票卡

## 一 票卡概述

票卡是整个城市轨道交通自动售检票系统的信息源头。票卡信息的正确、有效能确保系统的正常运作;另外,票卡是有价凭证,有效票卡的流通实际代表着资金的流动,一旦票卡管理不善,将会造成经济损失。在历史上曾出现很多的票卡造假、串换资金等违法行为,既有系统外的不法行为也有内部人员的舞弊行为,因此,必须从资金管理的角度看待票卡管理。

通常由专门的机构(可以是运营单位也可以委托专门单位)对票卡的发行、发售、使用、票务处理、回收等全过程进行严格、规范的管理。该机构通过对票卡进行初始化,使得票卡成为在系统内可使用的媒介,同时也负责车票的赋值发售、使用管理、进/出站处理、更新、加值、退换、回收、监督管理、注销及黑名单等规范流程的管理。

## 二 非接触式 IC 卡

非接触式 IC 卡又称射频卡,它将一个射频接口电路和感应天线集成到原有 IC 卡芯片中,并封装到塑料材质内,使芯片及天线无任何外漏部分。它成功地将射频识别技术和 IC 卡技术结合起来,通过无线方式传输能量和数据,解决了无源(卡中无电源)和免接触的难题,是电子器件领域的一大突破,是世界上近几年发展起来的一项新技术。

非接触式 IC 卡在一定距离范围(通常为 5~10mm)靠近读写器的天线表面,通过无线电波的传递来完成数据的读写操作。非接触式 IC 卡本身是无电源的,当读写器对卡进行读写操作时,读写器发出的信号由两部分叠加组成:一部分是电源信号,该信号被卡线圈接收后,通过有关电路产生一个瞬间能量来供给芯片工作;另一部分则是指令和数据信号,指挥芯片完成数据的读取、修改、储存等,并将信号返回给读写器。

非接触式 IC 卡内部分为系统区(CDF)、用户区(ADF)两部分:系统区是供卡片制造商、系统开发商和发卡机构使用的区域,而用户区则用于存放持卡人的有关数据信息。

由非接触式 IC 卡所形成的读写系统,无论是硬件结构,还是操作过程都得到了很大的简化,同时借助于先进的管理软件,可脱机进行操作,使得数据读写过程更为简单。

 **知识链接**

## 非接触式 IC 卡的优点

非接触式 IC 卡具有以下优点:

①存储容量大;

②安全性高;

③应用范围广(一卡多用);

④对网络要求低;

⑤可靠性更高;

⑥可并行读写操作处理。

由于非接触式 IC 卡的这些优点,使得它特别适用于城市轨道交通自动售检票系统和电子钱包等应用环境。随着制造成本的降低、封装形式的多样化,其应用范围也越来越广。

## ❶ 分类

根据非接触式 IC 卡操作时与读写器发射表面距离的不同,定义了三种卡以及相应的读写器,见表4-1。

**三种非接触式 IC 卡比较**　　　　　　　　　　表4-1

| IC 卡 | 读 写 器 | 国 际 标 准 | 读 写 距 离 |
|---|---|---|---|
| CICC | CCD | ISO/IEC 10536 | 紧靠 |
| PICC | PCD | ISO/IEC 14443 | <10cm |
| VICC | VCD | ISO/IEC 15693 | <50cm |

注:ICC 为集成电路卡。其中,CICC:close-coupling ICC;PICC:proximity ICC;VICD:vicinity ICC;CD:coupling device。

## ❷ 非接触式 IC 卡结构

非接触式 IC 卡由集成电路、天线和封装材料构成,如图4-5 所示。

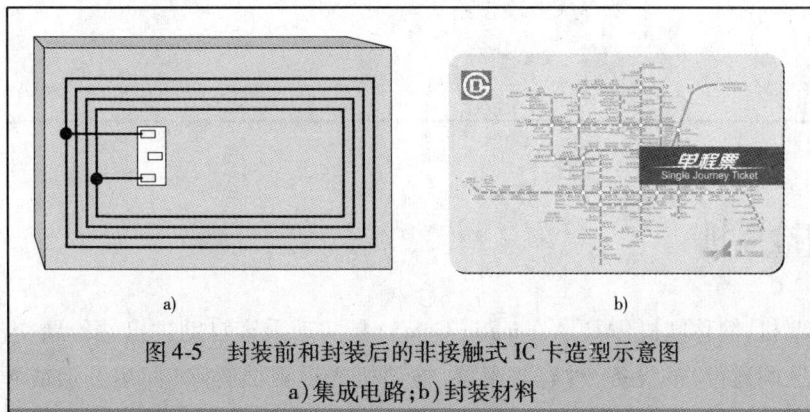

图4-5　封装前和封装后的非接触式 IC 卡造型示意图

a)集成电路;b)封装材料

### ③ 非接触式 IC 卡实现技术

非接触式 IC 卡的关键技术主要表现在芯片的制造和卡片的封装方面。

（1）射频技术

非接触式 IC 卡是先进的射频技术和 IC 卡技术相结合的产物，在设计上要解决电源、天线和干扰等问题。IC 卡需无源设计，由读写器向射频卡发一组固定频率的电磁波，通过卡内电路产生芯片工作所需直流电压；卡内需埋装有经特殊设计的天线；须保证有良好的抗干扰性能，而且还要设有"防冲突"电路。

（2）低功耗技术

无论是按有源方式还是按无源方式设计的非接触式 IC 卡，一个最基本的要求是都需要降低功耗，以提高卡片的寿命和扩大应用场合。可以说降低功耗和保证一定的距离是同等重要的。因此，卡内芯片一般都采用非常苛刻的低功耗工艺和有关技术，如电路设计中采用"休眠模式"技术进行设计制造。

（3）封装技术

由于非接触式 IC 卡中需要埋装天线、芯片和其他特殊部件，为确保卡片的大小、厚度、柔韧性和高温、高压工艺中芯片电路的安全性，需要特殊的封装技术和专门设备。

（4）安全技术

除了卡的通信安全技术外，还要与卡用芯片的物理安全技术和卡片制造的安全技术相结合，以构成强大的安全体系。

## 4.4 AFC 系统终端设备及其构造

### 一 自动检票机

自动检票机，简称闸机（AG，Automatic Gate），是实现乘客自助进出站检票交易（在非付费区和付费区间通行）的设备，对有效车票，检票机通道阻挡解除（门扇开启或释放转杆），允许乘客进出站。

## 知识链接

### 自动检票机安装的位置及其环境

自动检票机安装于车站付费区与非付费区的交界处,用于实现自动的进出站检票。自动检票机应能适应地铁车站的强磁干扰、尘土、高温、振动等恶劣工作环境,具有防潮、放火、防酸设计。

自动检票机(图 4-6)一般包括乘客显示器、方向指示器、警示灯及蜂鸣器、读写器及天线、通道阻挡装置(门式检票机采用拍打扇门或剪式扇门,转杆式检票机采用转杆装置)、乘客通行传感器(适用于门式检票机)、主控单元、票卡传送/回收装置、维修面板/移动维护终端接口、电源模块(含 UPS 或电池)、机身和支持软件等部件。

图 4-6　自动检票机

### ① 自动检票机的分类

自动检票机根据功能可以划分为进站检票机、出站检票机和双向检票机三种。进站检票机用于完成进站检票,检票端在非收费区;出站检票机用于完成出站检票,检票端在收费区;双向检票机既可完成进站检票也可完成出站检票,在非收费区和收费区可分别按照进站和出站的处理规则完成检票功能。

自动检票机根据阻挡装置的类型可以分为三杆式检票机、扇门式检票机(图4-7)和拍打门式检票机三大类型,根据通道宽度可以分为普通检票机和宽通道检票机两种类型。

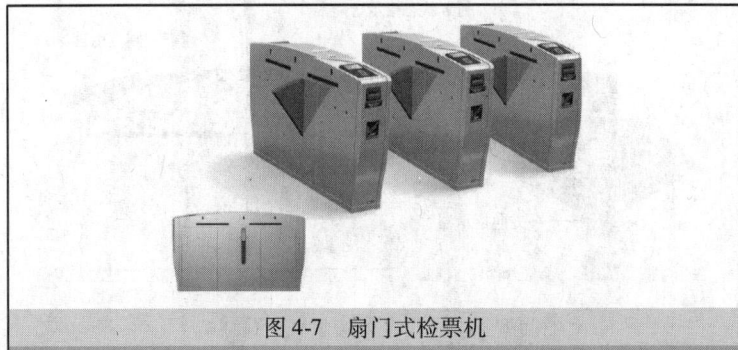

图 4-7　扇门式检票机

## ② 设备功能

自动检票机的基本功能是对乘客所持的车票进行检验,并完成进站或出站的交易处理。在计时计程的收费规则下,在进入收费区及离开收费区时都需要进行车票检验,进入收费区时检查车票的合法性并记录进入时的地点和时间;离开收费区时检查车票的合法性、进站信息的合法性及收费区内的停留时间;并根据进入位置和离开位置计算本次旅程的费用,完成车票扣款操作。

自动检票机的主要功能包括:

(1)自动对车票进行有效性检验,对有效车票进行相应处理后放行乘客,对无效车票拒绝放行。

(2)对车票处理结果给出明确的提示信息。

(3)对通道的通行状态给出明确的指示。

(4)对特殊车票的使用给出明确的提示。

(5)对需要回收的车票执行回收操作。

(6)对各部件的工作状态进行自动监测,并向车站计算机系统上报工作状态。

(7)接受车站计算机系统下发的参数和控制命令,并执行相应的操作。

(8)存储并上传交易信息。

(9)接受紧急按钮信号并控制设备的操作。

## ③ 自动检票机总体架构及主要结构

自动检票机以主控单元为核心,辅以阻挡装置、车票处理装置、声光提示装置等模块。主控单元一般选用高可靠性、低功耗的通用型嵌入式计算机设备或工业级计算机设备,需要具有丰富的外部接口以支持外部设备的连接,并需要保留部分接口以支持未来设备的扩展。自动检票机的总体结构,如图4-8所示。

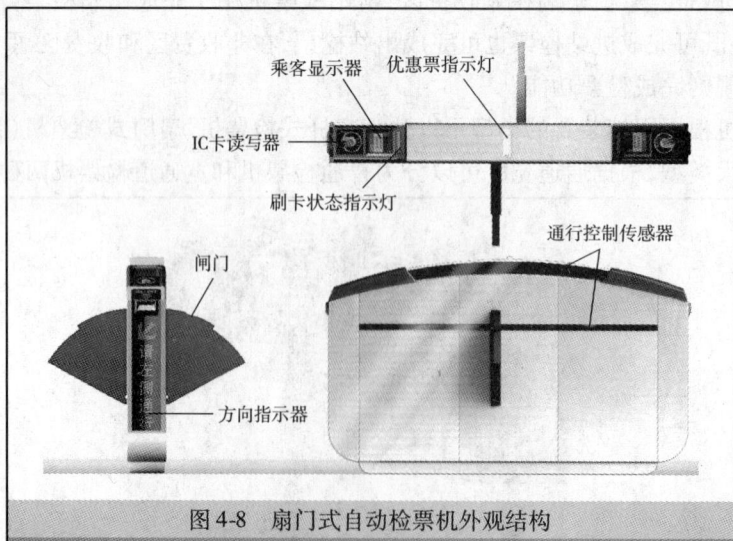

图 4-8　扇门式自动检票机外观结构

## 知识链接

## 北京地铁使用某型号扇门式自动检票机主要参数

北京地铁使用某型号扇门式自动检票机主要参数如表4-2所示。

某型号扇门式自动检票机参数表　　　　　　　　　　　　表4-2

| 项　目 | 规　格 |
|---|---|
| 外形尺寸 | 1 800mm(长)×250mm(宽)×1 050mm(高) |
| 通道宽度 | 标准通道:550mm |
| 闸门类型 | 剪式门 |
| 安装方式 | 固定式 |
| 工作方式 | 单向 |
| | 联网/脱机 |
| 票卡的适用种类 | 非接触IC卡:ISO 14443 Type A/B |
| | IC票卡:ISO 14443 Type A/B |
| 数据加、解密 | SAM卡槽 |
| 票卡处理速度 | 非回收票:<0.3s/张 |
| | 回收票:<0.5s/张 |
| 通过能力 | (40~60)人/min |
| 联网接口 | TCP/IP |
| 通道检测 | 多组红外对射式、反射式传感器 |
| 提示报警 | 语音 |
| | 6.5in LCD |
| | 蜂鸣器、报警器 |
| | 电子导向屏 |
| | 优惠票灯 |
| 工作温度 | 标准产品:-15℃~50℃ |
| 环境湿度 | 95% RH 不结露 |
| 噪声 | 待机空闲时,<45dB;闸门动作时,<60dB |
| 电源电压 | AC 220V±10%,50Hz±1Hz |
| 功耗 | 待机时:<250W |
| | 工作时:<600W |
| 可靠性 | MCBF>1 000 000次 |
| 安全性 | 符合《信息技术设备的安全》(GB 4943)标准 |
| 维护 | MTTR≤10min |

（1）主控单元

自动检票机主控单元完成软件控制、车票处理、数据处理、销售数据处理、数据记录、数据通信和对自动检票机的控制与监视等任务。主控单元采用 32 位工业级微处理器，能全天 24h 工作，并能提供充分的指定功能。即使电源中断，资料也不会丢失。

自动检票机主控单元设有时钟，显示日期及时间，其精确度为 1s/d 以内。时钟的电源使用电池，电池的寿命为 10 年以上。

主控单元运行使用程序代码控制，具有加密狗电路，可以利用自动防故障方法来测定自动检票机主控制器的故障，还具备自动恢复功能。

自动检票机在与 SC 通信中断的状况下仍能离线运行，至少保存 30d 的设备运行数据。自动检票机内部预留两个标准 RS232 接口和两个 220V AC 电源插座，方便维修、维护和适应自动检票机的功能扩展。

## 知识链接

### 北京地铁使用某型号自动检票机主控单元的主要性能

某型号自动检票机主控单元的性能参数如表 4-3 所示。

自动检票机主控单元的性能参数表　　　　表 4-3

| 构成单元 | 型号 |
|---|---|
| 工控机箱 | 工控机箱 |
| 主板 | EC5-1712CLDNA（Celeron 600 MHz） |
| 内存 | DDR；512MB |
| 硬盘 | 40GB/7200 转 |
| PCI 转换板 | Connector BD |
| PCI 8408 接口板 | PCI 8408 |

（2）读写器与天线

票卡读写器的安装位置符合乘客右手持票习惯，在检票机安装读卡器的位置有醒目的标识，指示乘客刷卡位置。

票卡读写器提供高级应用程序编程接口，支持对 ISO 14443 A/B 标准卡片的读写操作。读写器设计有 4 个安全认证模块（SAM）卡座，支持多密钥应用，提供读卡器与安全认证模块（SAM）之间的接口和数据传输。扩展安全认证模块（SAM）不会造成读卡器性能的降低。

针对不同的设备应用，相应的票卡读写器执行充值和消费操作。读写器有效读写距离 10cm，交易速度在 200～1 000ms 之间。读卡器对票卡的操作满足一卡通对票卡应用流程标准要求、安全认证模块（SAM）的安全保密处理要求和交易数据处理要求。

票卡读写器与天线如图 4-9 所示。

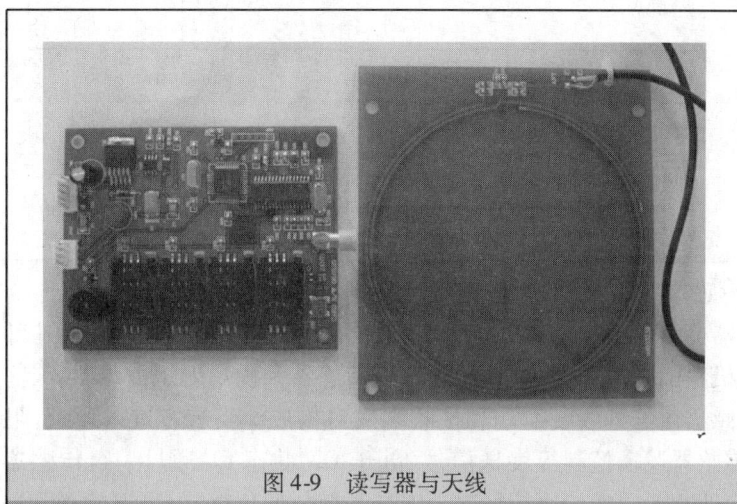

图 4-9　读写器与天线

## 知识链接

北京地铁使用某型号自动检票机读写器与天线主要参数(表4-4)。

读写器与天线主要参数表　　　　　　　　　　表4-4

| 项　　目 | 规格和参数 |
|---|---|
| SAM 槽 | 4 个 |
| 读取卡的规格 | ISO 14443 Type A & B |
| 读取卡的尺寸 | ISO 尺寸 |
| 可读的卡 | (1) 地铁单程票;<br>(2) 地铁专用储值票;<br>(3) 北京市一卡通车票 |
| 每笔交易的处理时间 | 储值票(1 000ms 以下)、单程票(500ms 以下)/每笔交易(从找到卡到交易结束,包括通信、卡认证、块认证、读取多个块的数据、向多个块中写入数据、校验已写数据) |
| 适合规格 | 中国电波法规 |
| 上位接口 | RS232C/TTL |
| 通信速率 | 115.2kb/s |
| 工作频率 | 13.56MHz |
| 工作电压 | DC12V ±5% |
| 环境温度 | 0 ~ 70℃ |
| 相对湿度 | 30% ~ 95% |
| 通信距离 | 0 ~ 100mm |

| 项 目 | | 规格和参数 |
|---|---|---|
| 尺寸 | 控制基板 | 100mm×80mm |
| | 天线基板1 | 120mm×110mm |
| | 天线基板2 | 100mm×55mm |

（3）通行传感器

通行传感器能够监控乘客通过自动检票机的整个过程以及监测通过自动检票机的人数。自动检票机一般采用两种传感器：透过型传感器和漫反射型传感器。

透过型传感器由红外线发射端和接收端成对构成。当乘客进入通道，阻断红外线的传播，传感器向传感器逻辑控制板发送信号（处于ON状态）。通过一组传感器返回信号进行分析，即可准确地判断乘客的通行情况。安装于低位的传感器，可以检测到通道内儿童的通行情况，保证儿童的通行安全。

漫反射型传感器：一只传感器同时具有发射端和接收端，发射的射线遇到物体反射回来，接收端接收到反射信号向通行控制单元发送检测到物体的信息（处于ON）状态。反射型传感器的使用，可以实现对通行乘客身高的检测，既保证了检票机的身高检测功能，又使检票机变得更美观，给乘客带来良好的乘车感受。

每对（个）传感器都不是单独使用的，通行控制单元对一组或者所有传感器的检测反馈信息进行分析处理，保证通行控制的准确性和安全性。自动检票机通行传感器分布和主要功能如图4-10所示。

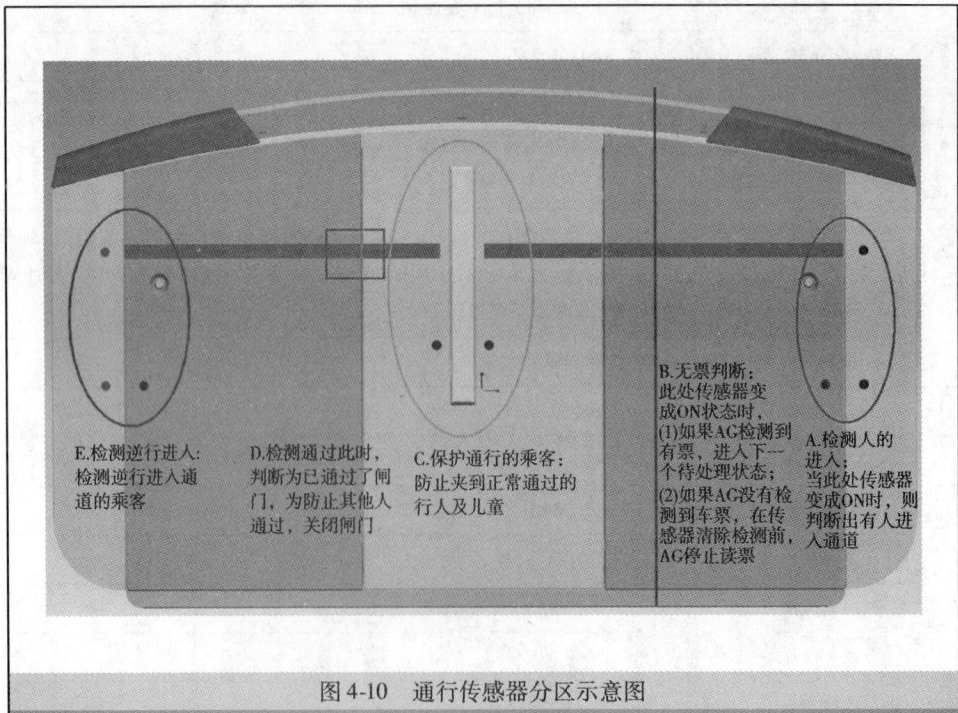

E.检测逆行进入：检测逆行进入通道的乘客

D.检测通过此时，判断为已通过了闸门，为防止其他人通过，关闭闸门

C.保护通行的乘客：防止夹到正常通过的行人及儿童

B.无票判断：此处传感器变成ON状态时，(1)如果AG检测到有票，进入下一个待处理状态；(2)如果AG没有检测到车票，在传感器清除检测前，AG停止读票

A.检测人的进入：当此处传感器变成ON时，则判断出有人进入通道

图4-10 通行传感器分区示意图

A 组传感器采用透过型传感器,主要监测是否有乘客进入通道。当有乘客进入通道,两侧的传感器处于 ON 状态时,即判断是有人进入。于是,通道内的传感器开始监测工作,直到判断乘客已经走出通道。

B 组传感器采用透过型传感器和反射型传感器组合使用,判断无票乘客的通行行为。当有乘客进入通道,处于这条线上的传感器都处于 ON 状态,此时如果 AG 检测到有票,将进入下一个处理状态;如果 AG 没有检测到车票,AG 停止读票,直至乘客退出通道,传感器清除检测。

C 组传感器采用透过型传感器,安装于不同的高度,监测通行情况,反馈信号控制闸门,保护已进入通道的乘客,防止闸门夹住乘客。

D 组传感器采用透过型传感器,检测乘客是否已经通过闸门,如果发现乘客已经通过闸门,如有跟随通行行为,反馈信号控制闸门关闭,以防止第二个乘客通过。

E 组传感器采用透过型和反射型传感器的组合,检测与 AG 设定方向相反进入通道的乘客,如有逆行通行行为,检票机将关闭闸门并报警。

通行传感器根据 SC 上设置的参数,对通道内的通行行为进行监视、判断、控制。对于连续多个乘客通过自动检票机时,传感器设置间隔为 80mm,当乘客之间的距离超过 80mm 时,即可识别分辨。

①对于儿童乘客的检测。自动检票机上装有检测身高的反射型传感器,用于检测通过的乘客是否是身高为 1.2 ~ 1.4m(高度可调)以下的儿童。从检票机中部呈向斜上方的反射型传感器,可以检测到约 1.2 ~ 1.4m 以上位置的物体。这个反射型传感器未检测到任何物体时,即使其他传感器检测到有物体通过,也不认为是通过的乘客。因此,身高约 1.2 ~ 1.4m 以下的儿童即可以安全地通行了。但是在实际通行当中,由于乘客通过时身高变化较大,所以不能非常精确地利用身高作为识别儿童乘客的依据。儿童安全检测示意图如图 4-11 所示。

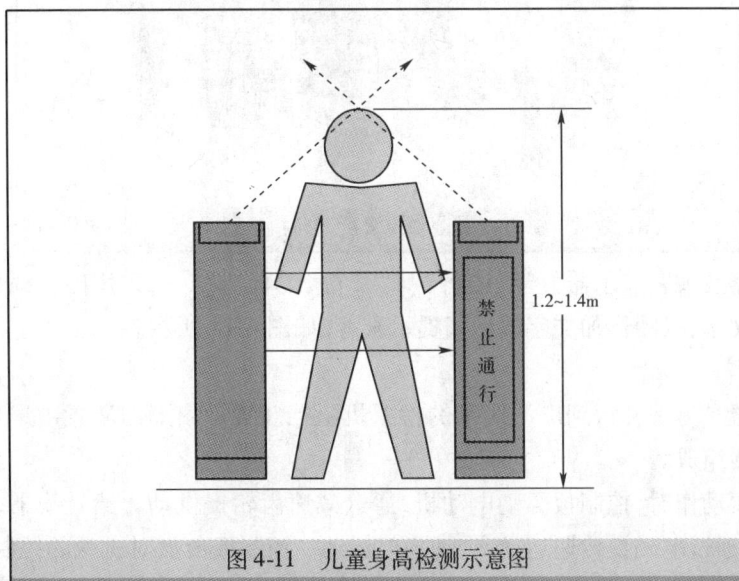

图 4-11 儿童身高检测示意图

②无票乘客的识别。乘客进入到图4-10中B的位置,检票机仍然没有读取到票的信息时(乘客没有投入车票/刷卡或者车票检查无效时),AG判断此乘客为无票通行,将关闭闸门。这时乘客必须向后退出通道,否则AG就不再对车票进行处理。

③保护乘客。闸门的周围设置了4个传感器。这4个传感器中只要有1个检测到物体,就不会关闭闸门。

④反向进入乘客识别。通过图4-10中E组传感器时,检测逆行进入行为,可以防止与自动检票机设定方向相反的通行行为。如传感器检测到有反向进入,将关闭闸门,直至乘客退出通道,检测状态清除前,通道所有的读取票的装置将停止工作,闸门处于关闭状态。传感器检测状态清除后,才开始受理下一位乘客的车票检票。

(4)方向指示器

方向指示器(图4-12)位于检票机面向乘客的前面板上,显示通道的通行方向标志,远距离指示乘客通道的通行状态,方向指示器的设计确保乘客在30m外的距离可以明辨标志的内容和含义。

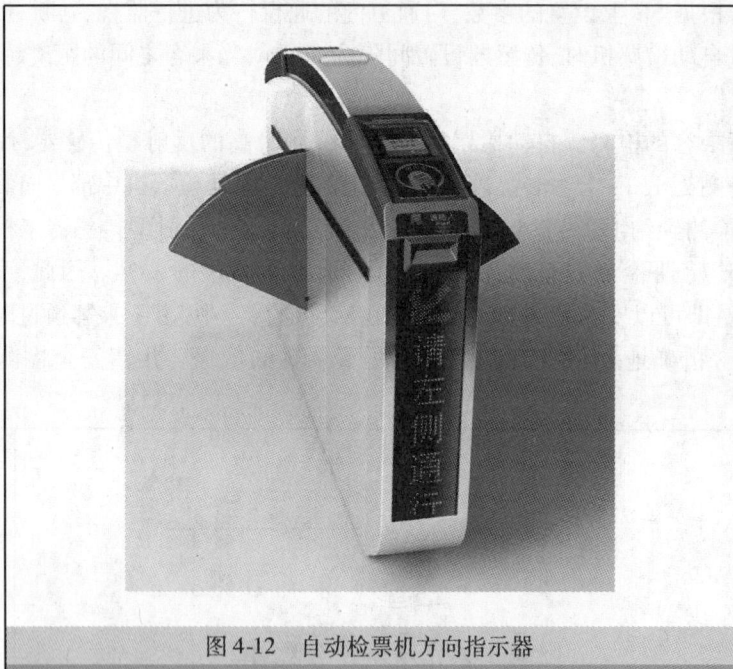

图4-12 自动检票机方向指示器

方向指示器及乘客显示器关于"通行"与"禁行"的标志统一,采用国际通用的标志,且配有中文说明文字,以图形加文字的形式提示乘客,如图4-13所示。

(5)扇门

扇形门装置是另一种得到广泛应用的检票机阻挡装置。扇形门装置由扇形门、机械控制结构和控制板组成。

当扇门需要动作时,控制板驱动电动机,通过减速齿轮提供动力给转换器,在操作杆连接处产生力矩,通过电磁铁传递运动,带动扇门运动。控制板负责对机械的控制功能及传感器信号的管理。扇形门装置示意图,如图4-14所示。

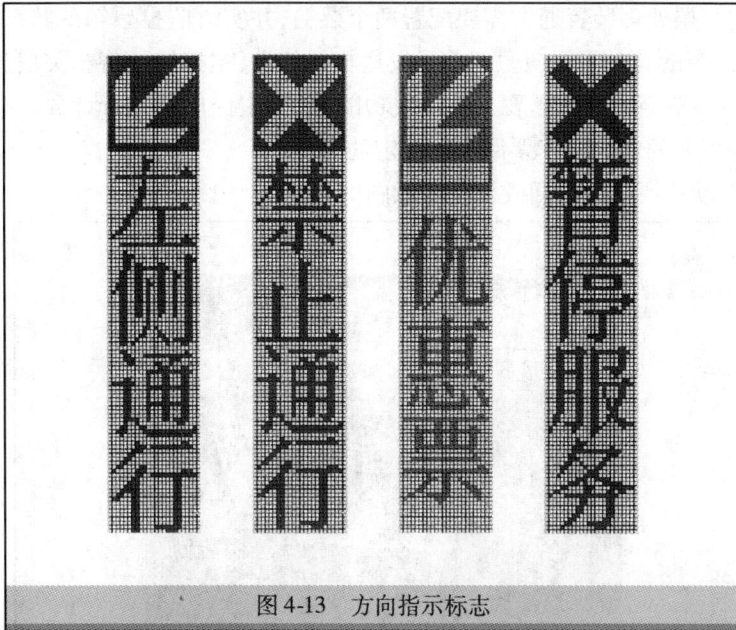

图 4-13　方向指示标志

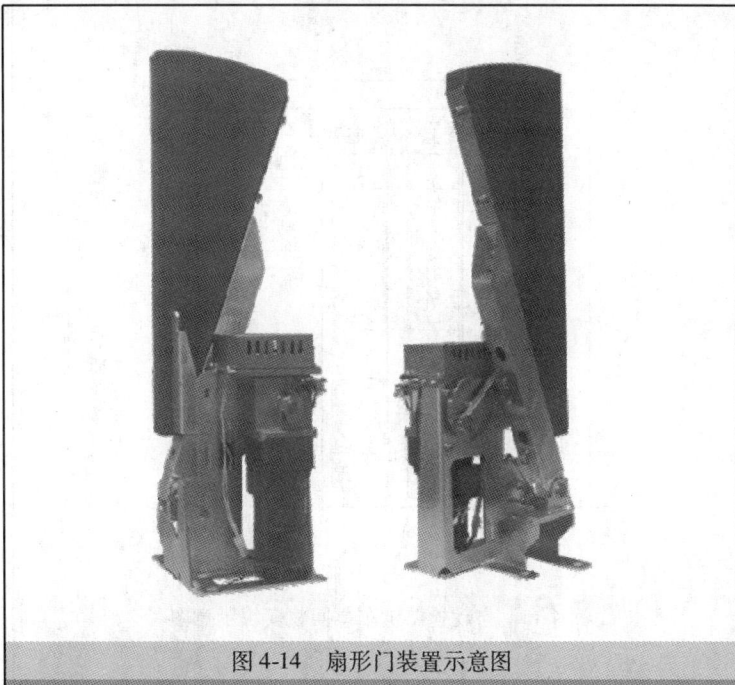

图 4-14　扇形门装置示意图

（6）车票处理装置

车票处理装置是自动检票机的另一个关键部件，车票处理装置负责完成车票读写、传送及回收处理。车票处理装置主要包括两大部分：车票读写设备和车票传送装置。

车票处理装置的形式与车票的制式紧密相关，自动售检票系统内使用的车票主要有磁质车票和 IC 车票两大类，通常 IC 车票根据封装形式的不同又分为筹码型车票和方卡型车票两种。对不同的车票制式，车票处理装置的设计也不同。

　　带有票箱的车票处理装置通常需要配置两个票箱,并实时监控票箱的状态,在票箱未安装、票箱将满或票箱已满时需要向主控单元发送相关信息,主控单元将相关信息上传到车站计算机系统(SC)。票箱通常还需要具有计数功能,或由主控单元进行计数。车票处理装置应可以根据主控单元的命令将车票回收到指定的票箱中。

　　图4-15为自动检票机车票回收模块示意图。

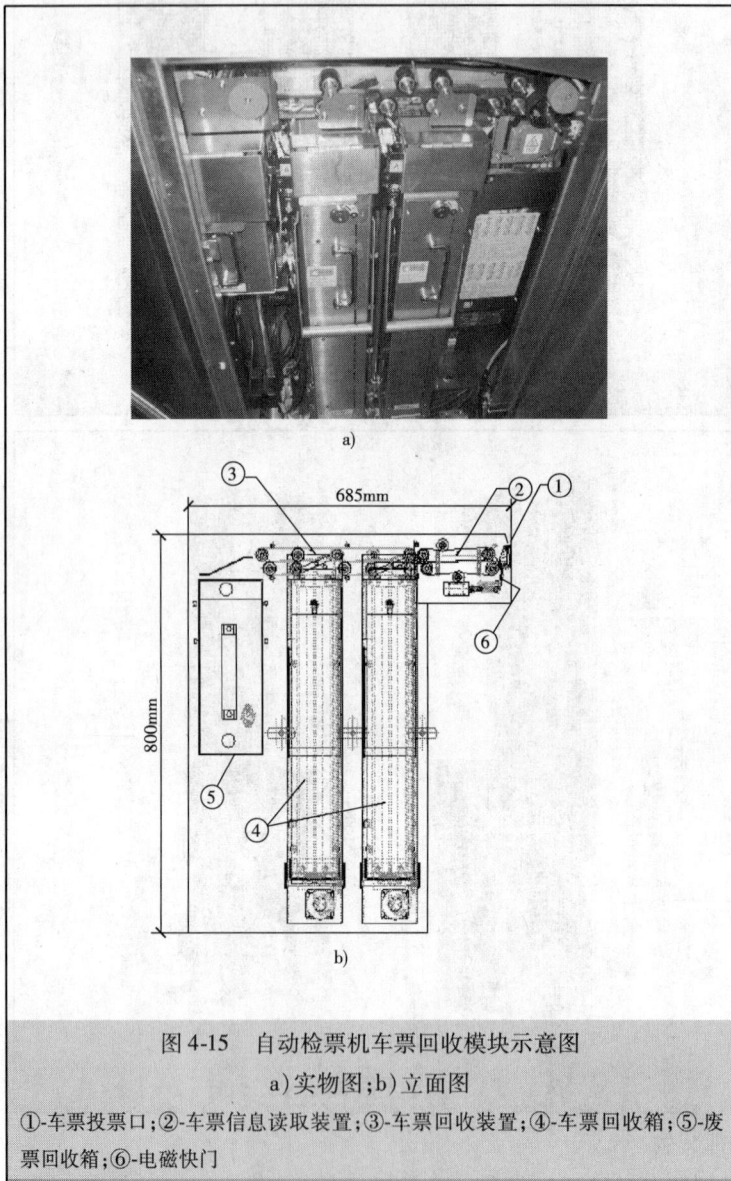

图4-15　自动检票机车票回收模块示意图

a)实物图;b)立面图

①-车票投票口;②-车票信息读取装置;③-车票回收装置;④-车票回收箱;⑤-废票回收箱;⑥-电磁快门

## 4 自动检票机交易处理流程及数据管理

(1)交易处理流程

自动检票机的基本交易类型包括进站和出站两种。两种交易的处理流程类似,都包括两大步骤,即车票检查和业务处理。通过检查的车票才能进入业务处理,业务处理按业务规则进行。完成对车票的业务处理后乘客允许通过检票机通道,进入或离开收费区。

## 知识链接

### 自动检票机对车票有效性检查的主要内容

自动检票机对车票的有效性检查主要内容包括:

①密钥安全性检查;

②黑名单检查;

③票种合法性检查;

④车票状态检查;

⑤使用地点检查;

⑥余值检查;

⑦有效期(使用时间)检查;

⑧进/出站次序检查等。

对于有效的车票,自动检票机按照业务规则对车票进行相应的交易处理。交易处理的结果将被记录。交易成功后自动检票机将释放阻挡装置,允许乘客通过检票通道。对于出站检票机,可根据设定的参数对指定类型的车票进行回收。

对于无效车票,自动检票机给出提示信息,指导乘客前往车站服务中心对车票进行相应的票务处理。

在降级运营模式下,自动检票机根据降级运营的业务规则,可能忽略进出站次序、有效期(使用时间)、车票余值等内容的检查。

(2)数据处理流程

自动检票机内保存的数据包括设备状态数据、交易数据、本机统计数据、参数文件等,设备状态数据、交易数据和本机统计数据均由自动检票机生成。自动检票机定时检查各部件的工作情况,在设备状态或部件工作状态发生变化时,自动检票机记录状态信息并将相关信息实时上传到车站计算机系统。当有交易发生时,自动检票机将记录交易的结果,包括交易类型、时间、车票信息、交易金额及交易结果等,并实时刷新本机的统计数据。

为提高通信效率,交易数据及本机统计数据通常不使用实时上传的方式,而是根据参数文件的设置定时或定量上传,车站计算机也可主动索取自动检票机的交易数据及本机统计数据。

参数文件来自车站计算机系统。自动检票机对每种参数文件允许存有两个版本,即当前参数和将来参数,并对参数文件的版本号和生效时间进行管理。自动检票机定时检查参数文件的生效时间,当到达将来参数的生效时间时,自动检票机可以把将来参数自动切换成当前参数。当发生参数文件更新时,自动检票机将进行版本号检查,只有新下发的参数文件的版本号高于将来参数版本号时,将来参数文件才能被更新。

# 二 自动售票机 TVM

自动售票机 TVM(TVM,Ticket Vending Machine)设于车站非付费区,用于乘客自助式购买地铁单程票和对储值票进行充值。

## ① 自动售票机的功能

自动售票机(图4-16)的基本功能是通过乘客的自助式操作完成自动售票。自助购票的基本过程包括购票选择、接收购票资金、自动出票及找零等过程,在必要时还可以打印充值凭证等。自动售票机可接受硬币和纸币购买单程 IC 票卡,自动售票机也具有对"一卡通"卡和地铁专用储值车票进行充值的功能。同时自动售票机预留银行卡的数据接口和电气接口及物理空间,方便支付方式的扩展。

图4-16　自动售票机

自动售票机主要实现如下功能:

(1)接受乘客的购票选择,并在购票过程中给出提示信息及操作指导。

(2)可以接受乘客投入的现金(或储值票、信用卡等其他付费介质)并自动完成识别,对无法识别的现金(或储值票、信用卡)予以退还。

(3)自动计算乘客投入的现金数量及购票金额,自动找零。

(4)自动完成车票校验、车票发售及出票。

(5)对各部件的工作状态进行自动监测,并向车站计算机系统上报工作状态。

(6)接受车站计算机系统下发的参数和控制命令,并执行相应的操作。

(7)存储并上传交易信息。

(8)对本机接收的现金及维护操作进行管理。

## 2 自动售票机的结构

自动售票机以主控单元为核心,辅以现金处理装置、车票处理装置、乘客显示器、打印机、电源等模块,还可以根据需要,配置触摸屏、运营状态显示器、银行卡读写器及密码键盘等部件。

主控单元一般选用高可靠性、低功耗的通用型嵌入式计算机设备或工业级计算机设备,需要具有丰富的外部接口以支持外部设备的连接,并需要保留部分接口以支持未来设备的扩展。自动售票机的总体架构,如图 4-17 所示;自动售票机外观结构,如图 4-18 所示。

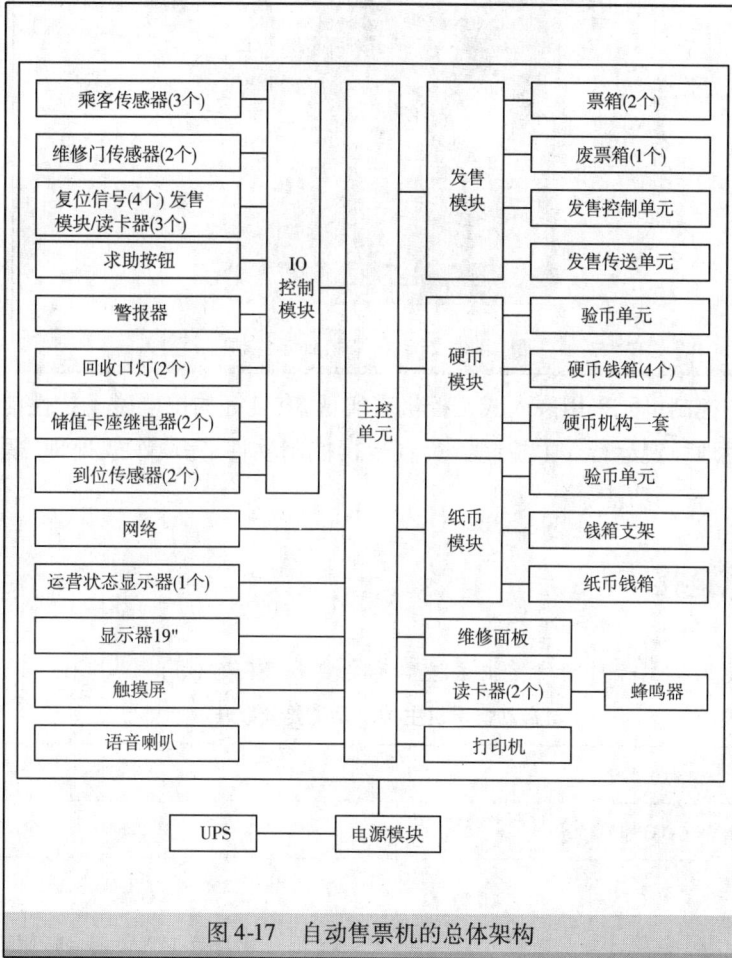

图 4-17　自动售票机的总体架构

(1)主控单元

TVM 主控制部采用 32 位工业级微处理器,阻抗电磁噪声的性能良好(VCCI Class A),能一天 24h 工作,并能提供充分的指定功能。即使电源中断,数据也不会丢失。TVM 主控制部设有时钟,显示日期及时间,其误差为 ±1s/d 以内。时钟的电源使用电池,电池的寿命为 10 年以上。

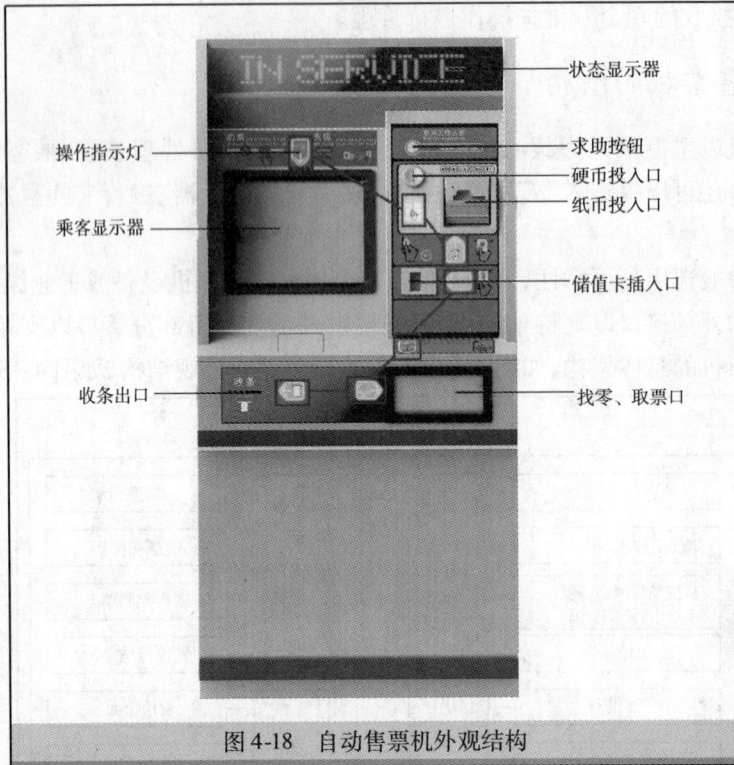

图 4-18　自动售票机外观结构

状态显示器
求助按钮
硬币投入口
纸币投入口
储值卡插入口
找零、取票口
操作指示灯
乘客显示器
收条出口

　　主控制器主控制单元采用嵌入式工控机来实现,有良好的抗电磁干扰性能,能保证整机全天 24h 不停机地稳定运行。主控制器负责运行控制软件,完成车票处理、现金处理显示、数据通信、状态监控等功能。

### 知识链接

北京地铁使用某型号自动售票机主控单元主要参数(表 4-5)

自动售票机主控单元主要参数表　　　　　　　　表 4-5

| 自动售票机 | TVM |
| --- | --- |
| 主控单元:POS-1711VNA | 工控机 |
| 工控机箱 | Rack |
| 主板 | POS-1711VNA(Celeron 2GHz) |
| 电子硬盘 | Disk on Module (256 M) |
| 硬盘 | HDD(40GB/7200 转) |
| 内存 | 512MB DDR |
| PCI 接口板 | 8408 |

（2）现金处理模块

自动售票机内的现金处理设备将关系到发售资金安全,是自动售票机安全管理的最重要的部件。现金处理设备按照功能划分可以分为两大类,即现金识别设备和现金找零设备,如果按照现金的类型划分,还可以进一步划分为硬币识别设备、纸币识别设备、硬币找零设备和纸币找零设备。

自动售票机的硬币识别设备一般可以识别4~6种不同的硬币,合法的硬币将按照硬币的面额通过分配器送入硬币缓存单元。不合法(无法识别)的硬币将直接退还给乘客。如果乘客取消交易,已投入的硬币将被返还给乘客。

纸币识别设备一般至少可以识别6种以上的纸币(同一面值但不同版本的纸币将被认为是两种纸币)。纸币识别设备通常包括入币口、传输装置、识别模块、暂存器和钱箱等部件。当纸币通过入币口被送入识别器后,纸币传输装置将纸币输送到纸币识别模块,识别模块将对纸币进行面额和防伪标记的识别,合法的纸币将被送入纸币暂存器,不合法(无法识别)的纸币将被退回给乘客。当乘客取消交易时,纸币暂存器内的纸币可以从退币口(也可能是入币口)返还给乘客。当乘客确认交易后,纸币暂存器内的纸币将被转入纸币钱箱内。纸币钱箱采用全密封的结构,通过两把安全锁来保证现金安全。当纸币钱箱从安装座上拆下时(即固定用安全锁打开时),钱箱入口将自动关闭,从而保证更换钱箱的工作人员无法直接接触到纸币。只有使用另一把钥匙才能将钱箱打开,清点收到的现金。

纸币处理模块如图4-19所示。

现金识别设备的主要技术指标是识别率和识别速度。识别率指标包括真币接收率和检测准确率。真币接收率和检测准确率两个指标具有一定的关联性。一般说来,检测准确率越高,真币接收率也会越高,同时纸币的识别速度会降低。

硬币找零设备比较复杂,一般至少应包括循环找零机构、补充找零机构、清币机构及硬币回收机构。硬币找零设备一般会与硬币识别设备采用一体化的设计方法,以提高处理速度和优化硬币模块的结构。所谓循环找零机构,是可以使用乘客投入的硬币来补充找零的找零机构,而补充找零机构需要人工添加硬币,通常在循环找零机构内的找零硬币不足时使用。当循环找零机构已满时,乘客投入的硬币将通过硬币回收机构回收到硬币钱箱中。

图4-19 纸币处理模块

当运营结束时,可以使用清币机构将循环找零机构(也可能包括补充找零机构)中保存的硬币清空,被清出的硬币将被硬币回收机构回收到硬币钱箱中,以便车站管理人员进行清点。

纸币找零设备相对简单,通常只提供固定面额的纸币用于找零,用于找零的纸币一般需要在运营开始之前人工放入纸币找零箱内。在纸币找零设备和硬币找零设备同时存在时,一般采用先找纸币、后找硬币的找零原则,即需要找零的金额小于找零用纸币的面额时,才会使用硬币找零。

在配置自动售票机的现金处理设备时,通常硬币识别设备和硬币找零设备是必须配置的,同时可以根据实际需要确定是否需要配置纸币识别设备及纸币找零设备。因此,要求自动售票机在结构设计上必须是模块化的,以保证设备可以灵活地配置各种部件。在实际使用中,硬币识别设备和纸币识别设备允许识别的币种除了识别设备本身的设置以外,还可以通过运营参数设置。同时,允许找零的个数也应由参数设置。

当找零机构中的硬币存量不足时,自动售票机可以自动转入无找零模式。在无找零模式下,只有乘客投入的现金数量正好等于购票所需的金额时,购票交易才能正常完成。由于乘客投入的硬币可以补充循环找零机构中的硬币,因此,在无找零模式下工作一段时间后,找零机构中的硬币存量可能重新达到找零要求,这时自动售票机应自动转回到正常工作模式。

## 三 半自动售/补票机

半自动售/补票机(图4-20)简称 BOM 机(BOM,Booking Office Machine),通常安装在售/补票房或车站服务中心内,采用人工方式完成票务处理、车票发售、加值、车票分析(验票)、退票及其他票务服务,因此,BOM 机又称为人工售/补票机或票房售/补票机。

根据应用需求,可将功能分离设置成单独的半自动售票机或半自动补票机,也可设置成具有半自动售票和补票功能结合的设备。

图4-20　半自动售/补票机

功能单一的半自动售票机应部署于非付费区,而半自动补票机则用于付费区内服务。功能结合的 BOM 机可以同时为非付费区与付费区服务,兼顾售票及补票功能,使用同一车票处理设备,但需对两个区域分别设置单独的乘客显示器,适应处理不同区域乘客的票务。

BOM 机通常由主控单元、乘客显示器、操作显示器、票卡发送装置(可选)、读写器与天线、键盘与鼠标、机身、电源模块(含 UPS 或电池)、支持软件等部件组成。

### ❶ BOM 机的功能

BOM 机是在车站中以人工方式为乘客提供服务的售补票设备,放置于车站售票和补票室内。BOM 机的主要功能包括:售票、补票、充值、更新、替换、退票、车票挂失、车票分析、车票处理、车票查询、收益管理、设备操作等。

BOM 机与车站 AFC 控制系统相连,可以接受车站 AFC 控制系统下达的各种参数及指令,同时向车站 AFC 控制系统以及线路 AFC 控制系统传送各类数据。

BOM 机的运行模式由车站 AFC 控制系统进行设定和更改,并通过系统参数数据下载到BOM 机上,实现工作模式的自动切换。

同时,BOM 机还具备离线/在线状态自动检测切换的能力。根据当前的线路状态,动态提供能够处理的功能。在线状态下,能够实时从车站 AFC 控制系统下载各种参数,接受车站 AFC 控制系统的控制指令,能上传监控数据,根据预先设定的方式上传所处理的各种交易数据,与车站 AFC 控制系统进行对账处理。离线状态下,除了提供需要的功能外,还要保存本地运行数据的备份,在检测到网络恢复以后,进行数据的上传和续传,并进行数据账目的核对。

### ❷ BOM 机的总体架构和主要结构介绍

BOM 机以主控单元为核心,辅以车票读写器、乘客显示器、打印机、电源等模块,还可以根据需要,配置触摸屏、车票处理装置、银箱等部件。主控单元一般选用高可靠性工业级计算机设备,也可以选用高档的商用计算机,需要具有丰富的外部接口以支持外部设备的连接,并需要保留部分接口以支持未来设备的扩展。

BOM 机可以使用键盘、鼠标等通用输入设备,也可以配置触摸屏。半自动售/补票机还可以配置支持自动发售车票的车票处理装置,以完成车票自动发售功能。自动发售车票的车票处理装置与自动售票机中的车票处理装置类似,在接收到主控单元的命令后,可以自动完成供票、车票读写及出票功能。

半自动售票机系统的设备组成见表4-6。

**半自动售票机主要设备**　　　　　表4-6

| 序号 | 名　　称 | 说　　明 |
|---|---|---|
| 1 | 主控单元 MCU | BOM 专用主机,采用工业型计算机 |
| 2 | 电源模块 | 为 MCU、TIU 及 MCU 外围设备提供电源 |
| 3 | IC 卡发售单元 TIU | 发售单程 IC 卡地铁票 |
| 4 | 操作员显示器 | 触摸式液晶显示器,方便售票员操作 |
| 5 | 票据打印机 | 为购票、充值乘客打印收据 |
| 6 | IC 卡读写器 | 读写 IC 票 |
| 7 | 乘客显示器 | 为乘客提供文字信息 |

(1)主机

主机由主控单元和电源模块组成,其结构如图4-21所示。

图4-21　半自动售/补票机的主机结构图

(2)IC票卡发售模块

IC票卡发售模块由对车票进行读写的票卡读写器和用于发售IC车票的车票处理模块组成,如图4-22所示。

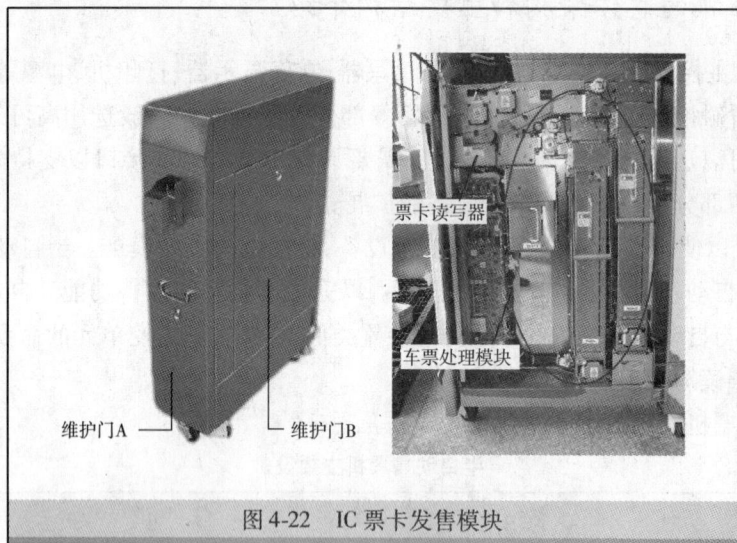

图4-22　IC票卡发售模块

(3)操作员触摸屏显示器

操作员触摸屏显示器为操作员提供人机对话的界面显示,带有红外触摸屏,如图4-23所示。

(4)乘客显示器

每套BOM机配置1~2个乘客显示器。分别安放在付费区、非付费区靠近窗口、方便乘客阅读的地方;为乘客提供相关信息的显示(显示中文或英文信息可以通过操作员选择来实现);并且带有一定的语音提示,如图4-24所示。

图 4-23　操作员触摸屏显示器

图 4-24　乘客显示器

(5) 桌面 IC 卡读写器

桌面 IC 卡读写器提供高级应用程序编程接口,支持对 ISO 14443 A/B 标准卡片的读写操作。读写器设计有 4 个 SAM 卡座,支持多密钥应用,提供读卡器与安全认证模块(SAM)之间的接口和数据传输。扩展 SAM 不会造成读卡器性能的降低。

针对不同的设备应用,相应的 IC 卡读写器执行充值和消费操作。读写器有效读写距离 10cm,交易速度为 200~1 000ms。读卡器对票卡的操作满足一卡通对 IC 卡应用流程标准要求,满足 SAM 安全保密处理要求和交易数据处理要求。桌面 IC 卡读写器如图4-25所示。

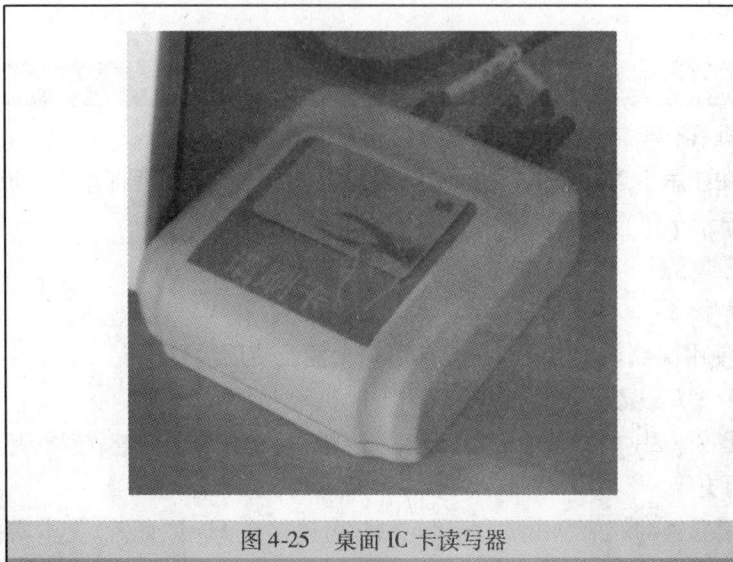

图 4-25　桌面 IC 卡读写器

想一想

自动检票机、自动售票机和半自动售/补票机三者之间有哪些结构是相同的？

## 四 自动查询机和便携式检票机

### 1 自动查询机

自动查询机简称 TCM 机(TCM,Ticket Checking Machine)安装在非付费区,供乘客自助查看车票的信息及有效性。读取过程不修改车票上的任何数据。自动查询机的操作方式采用触摸屏。自动查询机应可显示乘客服务信息,由线路 AFC 控制系统下载。自动查询机如图 4-26 所示。

图 4-26　自动查询机

自动查询机具有车票查询和乘客服务信息查询等功能。

车票查询功能用于读取票卡信息,不具备写票功能,工作人员将车票在阅读器/天线出示后 1s 内,能显示车票查询的以下内容:

(1)车票逻辑卡号。

(2)车票类型。

(3)余额/使用次数。显示该车票当前所剩余额及使用次数。

(4)车票有效期。显示该车票的有效期限。

(5)车票无效原因(如安全性检查,出入顺序检查,黑名单票检查,超乘,超时等)。

(6)交易历史等。

乘客服务信息查询的信息由后台定制下载,可以接受 Flash、图片、文本文件。乘客服务信息力求最方便适用。乘客服务内容分类可定制,当一屏显示不完时,使用垂直滚动条翻页,内容包括:AFC 系统介绍,AFC 系统使用指南和地铁公告等内容。

### ② 便携式检票机

便携式检票机是一种移动设备,具有检票和验票的功能,由车站工作人员随身携带,用来对乘客所持车票进行核查,能方便地在收费区内对有关票卡的有效性进行检验并显示检验结果,为及时解决票务纠纷提供帮助。

便携式检票机的基本功能就是查验车票,包括车票有效性检查,显示车票信息和历史使用信息等,必要时便携式检票机还可以增加车票更新功能。

便携式检票机(图 4-27)应具有外部接口,用于与外部设备进行数据交换,主要可以用于参数下载。如果允许更新车票数据,则便携式检票机需要保存交易记录,并可以通过数据接口将交易记录导出到车站计算机系统。常见的接口方式包括 RS232、USB、红外及蓝牙等。便携式检票机内置电池,使用时无需连接外部电源。目前的便携式检票机基本上都是使用无记忆的可充电锂电池作为设备电源。

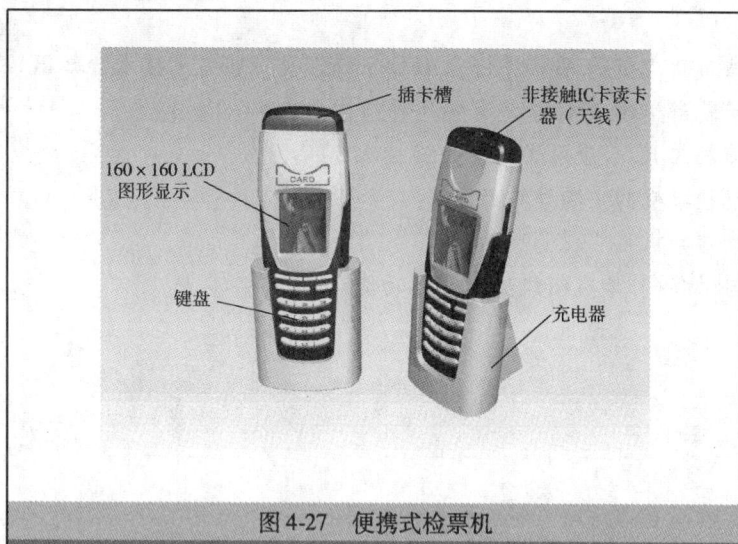

图 4-27　便携式检票机

便携式检票机通常使用嵌入式微处理器作为主控芯片,附以安全模块、射频模块、天线、电源管理模块、显示及键盘模块、通信接口。从某种角度看,便携式检票机实际上就是一台加载车票数据分析处理功能的车票读写器。

便携式检票机在开机时首先检测各部件的工作状态,如果某部件出现故障,将显示相应的故障信息,并降级工作或停止工作。便携式检票机可以要求操作人员输入操作员号及密码进行登录。当车票进入到天线感应区时,检票机读取车票内容,并对车票进行有效性检查。

(1)车票有效性检查的内容有:

①密钥安全性检查;

②黑名单检查;

③票种检查;

④车票状态检查；

⑤有效期(使用时间)检查等。

(2)便携式检票机可以显示的车票信息有：

①车票编号；

②车票余值；

③车票有效期；

④车票进/出站状态；

⑤车票历史交易记录等。

便携式检票机可以根据设定的参数进行车票的更新,例如进出站更新、超时及超程更新等,并保存交易记录。由于便携式检票机工作时处于完全脱机的状态,基于安全性的考虑,便携式检票机不能进行加值、售票等安全性要求较高的交易。

## 复习与思考

1.什么是城市轨道交通 AFC 系统？AFC 系统涉及哪些信息技术和知识领域？

2.简述城市轨道交通 AFC 系统有哪几种结构形式？

3.简述非接触式 IC 卡应用了哪些关键技术？

4.简述自动检票机的主要结构组成。

5.简述自动售票机可实现哪些功能？

6.简述半自动售/补票机组成结构及其功能。

# 单元5

# 车站设备日常操作及应急

# 故障处理

### 教学目标

1. 掌握车站消防系统的组成,自动气体灭火系统的操作和 FAS 系统故障处理程序;

2. 掌握自动扶梯的开启和关闭程序和常见故障处理方法;

3. 掌握屏蔽门日常操作程序和故障处理程序;

4. 了解 AFC 设备常见故障种类,掌握各种故障处理方法。

### 建议学时

12 学时

# 5.1 车站日常消防设备的运用

## 一 车站消防系统的组成

### 1 车站消防系统

城市轨道交通中涉及消防方面的系统有：防灾报警系统（简称 FAS，Fire Alarm System）、自动气体灭火系统、机电设备监控系统、防排烟风机、给排水设备等。而本单元所述的消防系统是指防灾报警系统（FAS）及自动气体灭火系统。

防灾报警系统（FAS）的探测点分布在站厅、站台、一般设备用房和管理用房等处所，对保护区域进行火灾监视，起到早发现、早通报并发送火灾联动指令的作用。

自动气体灭火系统布置在重要的设备房，如变电所高低压室、通信设备室、环控电控室、信号设备室等，可实现对这些房间全天候的火灾监视及自动喷气灭火的功能。

### 2 防灾报警系统（FAS）的组成及主要功能

防灾报警系统（FAS）用来探测包括地铁车站、区间隧道、车辆段等与地铁运营有关的建筑和设施的火灾信息，并发出火灾报警，启动有关防火、灭火装置，目的是保障地铁正常有序的运营，避免或降低灾害情况下造成的人员和财产损失。

防灾报警系统（FAS）由火灾触发器件、火灾报警控制装置以及火灾联动控制装置组成。在地铁建筑物和设施发生火灾后，由火灾触发器件感知，传送信息到控制装置，控制装置启动相关警铃、闪光灯等报警设备，同时启动防排烟及灭火系统等设备，并联动控制卷帘门、门禁、广播、闭路监控等其他专业系统设备，启动各种消防装备，指挥人员疏散，控制火灾蔓延。

火灾触发器件包括自动和手动两种报警装置，自动报警装置通常指火灾探测器，常用的探测器有烟雾探测器（图 5-1）、温感探测器、火焰探测器等；手动报警装置主要是手动报警按钮，如果被监视现场发现火

图 5-1 烟雾探测器

情,可以通过手动报警按钮快捷、准确地向火灾报警控制器通报火警。

火灾报警控制装置(图5-2)是火灾自动报警系统的心脏,是系统运行的指挥中心,担负着整个系统监视、报警、控制、显示、信息记录和档案存储等功能。正常运行时,自动监视系统的运行状态和故障诊断报警;有火灾时,接受探测器、手动报警按钮的报警信号,并将其转换成声光报警信号,指示报警部位,记录报警信息,通过自动灭火控制装置启动自动灭火设备和消防联动控制设备。

图5-2 火灾报警控制装置

## 知识链接

### 火灾警报装置

火灾警报装置是火灾发生时以声、光、语音等形式给人以警示的一种消防设备,常用的有警铃、警笛、声报警器等,是用以对气体灭火设备、水消防设备、防排烟设备、防火卷帘门等消防设施进行联动控制的设备。

在地铁系统中,火灾报警系统一般为两级管理、三级控制模式。两级管理为在地铁中央控制中心设置消防指挥中心,在各车站、车辆段、主变电所等处设置防灾控制室作为车站级消防控制中心。三级控制为中央控制级、车站级及就地级消防控制。

## 二 各类灭火器的操作及使用

车站工作人员必须了解和掌握车站基本的移动消防设备和设施的使用方法,如消火栓、灭火器、防烟面具、空气呼吸器等,掌握其配置情况,熟悉其配置地点,以便能独立熟练操作。

**1 消火栓的使用**

消火栓是消防供水设施的终端,在灭火时提供较高压力的水源供直接灭火或为消防车供水。消火栓的使用方法如图 5-3 所示,其步骤如下:

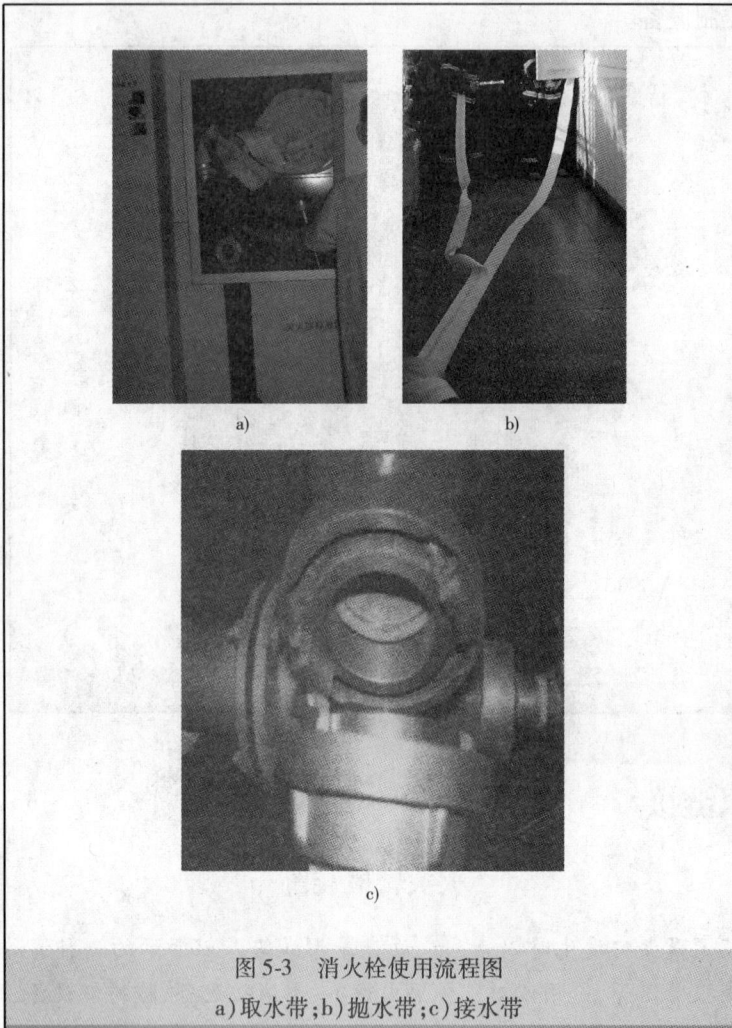

图 5-3　消火栓使用流程图
a)取水带;b)抛水带;c)接水带

(1)取水带。打开消火栓箱,取出水带。

(2)抛水带。如图 5-3a)所示,右手成虎口形握住水带的两个接头,用五指扣压水带外圈。同时,左手拇指和四指分别插入水带两头接口内,并握紧两个水带头,两手协力托住水带,用力向正前方抛出,左手握水带头向上抽拉,使水带向正前方摊开,如图 5-3b)所示。

(3)接水带。如图 5-3c)所示,右手将水带接头与消火栓接头对接,并顺时针转动至卡紧为止。

(4)接水枪,打开阀门,迅速拿起另一头水带接头,将水枪头接上水带接口,将消火栓消防阀轮按逆时针方向转动打开。

（5）灭火。射水时采取包围灭火战术，以阻火势和烟雾，使其向四周扩散，以便有效控制，直至将火扑灭。注意，用水灭火时如遇电气火灾，应先断电后灭火。

**② 灭火器的使用**

一般灭火器按照外形分，可分为手持式灭火器和车推式灭火器，如图 5-4 所示。

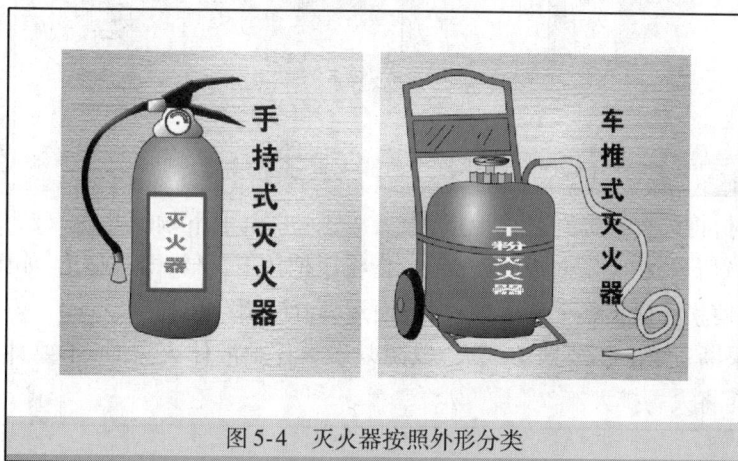

图 5-4　灭火器按照外形分类

按照灭火剂使用的种类划分，可分为干粉灭火器、1211 灭火器、二氧化碳灭火器和泡沫灭火器，如图 5-5 所示。

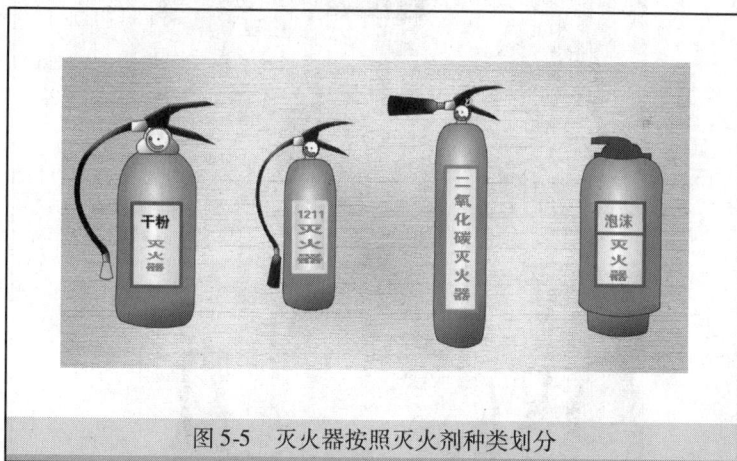

图 5-5　灭火器按照灭火剂种类划分

各个城市轨道交通企业配置的灭火器型号各不相同，但考虑到配置成本、通用性、维护及保养的方便性等因素，城市轨道交通车站的灭火器一般选择为：在设备区配置二氧化碳灭火器，在公共区配置干粉灭火器。以下介绍城市轨道交通车站常用的手持式干粉灭火器和手持式二氧化碳灭火器的使用方法以及保养和检查要求。

（1）手持式干粉灭火器

这种灭火器是以高压二氧化碳作为动力喷射干粉的灭火器材，主要用来扑救一般液体和气体火灾，如图 5-6 所示，尽量不用于扑救精密的电气设备着火，因为粉尘会损坏精密设备。

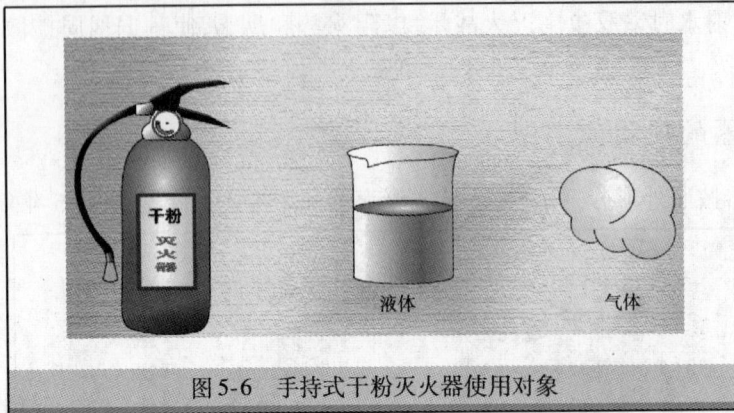

图5-6　手持式干粉灭火器使用对象

扑救火灾时,将灭火器提到起火地点,距火源3~4 m,上下颠倒几次,破铅封后,拔出保险销,如图5-7a)所示,将喷嘴对准火源,用拇指将压把按下,干粉即可喷出,如图5-7b)所示,迅速摇摆喷嘴,使粉雾横扫整个着火区,由近而远,向前推移灭火。

灭火时应果断、迅速,不要遗留残火,以防复燃。扑救液体火灾时,不要冲击液面,以防止因液体飞溅而将火场扩大。

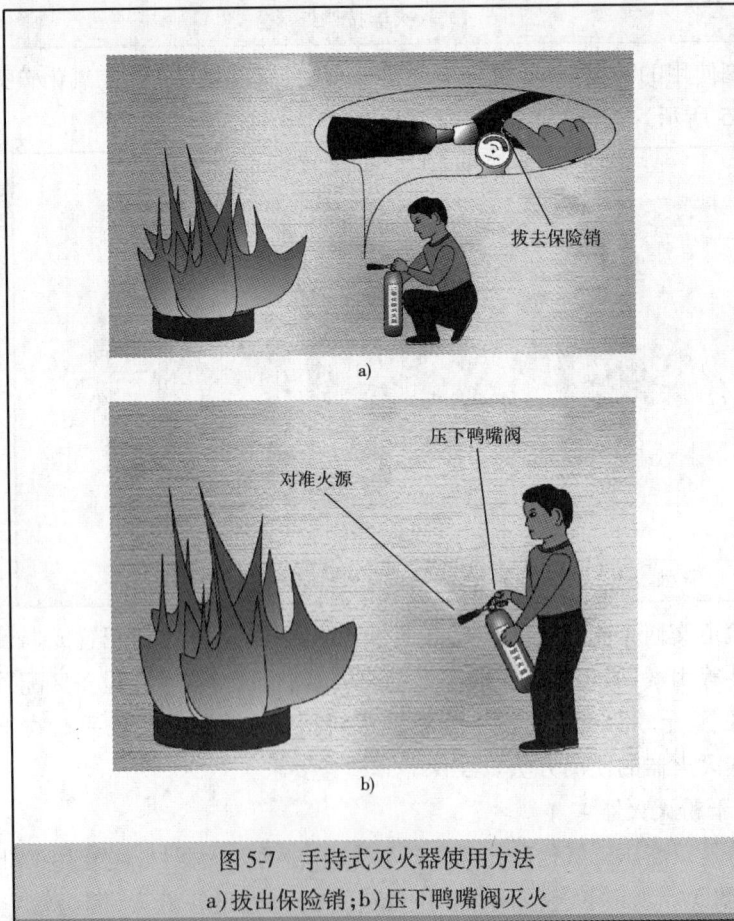

图5-7　手持式灭火器使用方法
a)拔出保险销;b)压下鸭嘴阀灭火

**小贴士**

### 干粉灭火器的存放与检查

干粉灭火器存放时应避免日照和高温,以防止钢瓶中的二氧化碳因温度升高而膨胀漏气。干粉灭火器的有效期一般为 5 年,检查时若发现指针指在红色区域或开启使用过时,表明已失效,应送修。

(2)手持式二氧化碳灭火器

这种灭火器特别适用于扑救车站设备区内的带电设备以及精密电气设备的初期起火,如图 5-8 所示。使用时,先将灭火器提到起火地点,破铅封,拔出保险销,将喷嘴对准火源,压下鸭嘴阀,二氧化碳即从喷嘴喷出。

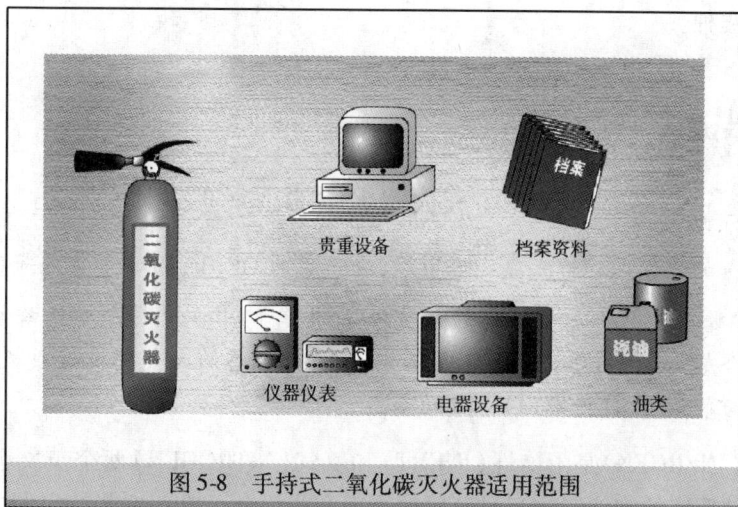

图 5-8　手持式二氧化碳灭火器适用范围

灭火器在喷射过程中应保持直立状态,切不可平放或颠倒使用;不要用手直接握喷筒或金属管,以防冻伤;在室外使用时应选择在上风方向喷射,在室外大风条件下使用时,因为喷射的二氧化碳气体易被风冲散,灭火效果很差;在狭小的室内使用时,灭火后操作者应迅速撤离,以防止因吸入二氧化碳引起窒息而发生意外;用二氧化碳扑救室内火灾后,应及时打开门窗通风。另外,二氧化碳灭火器喷射距离一般是 2 ~ 3m,使用时应尽量接近火源,动作迅速,以防止冻伤。

**小贴士**

### 二氧化碳灭火器的存放与检查

二氧化碳灭火器钢瓶内气体存量要按其说明书定期检查(称重),质量减少 1/10 时应补充灌装。二氧化碳灭火器不能放在高温和日照的地方,存放处温度不应超过 42℃。

# 三 自动气体灭火系统的操作及使用

## ① 自动气体灭火系统概述

城市轨道交通采用的自动气体灭火系统,主要有二氧化碳灭火系统、卤代烷灭火系统及烟烙烬气体灭火系统等。

二氧化碳自动灭火系统在本世纪初就开始得到了广泛地应用,也是一种至今仍在一些特定的场合大量使用的气体灭火系统,包括高压二氧化碳灭火系统和低压二氧化碳灭火系统。它主要是依靠高浓度的二氧化碳喷放至所保护的区域,使其中的氧气浓度急速下降(稀释)至一定程度,并产生窒息作用,使燃烧无法再继续进行下去。但此种灭火机理会严重影响停留在保护区域中的人员生命安全及健康。卤代烷灭火系统主要有 1211 灭火系统和 1301 灭火系统两种。

## 知识链接

### 1301 灭火器名字的由来

1301 灭火剂的化学名称为三氟一溴甲烷,分子式为 $CF_3Br$,因其中碳原子(C)的数量为 1、氟原子(F)的数量为 3、氯原子(Cl)的数量为 0、溴原子(Br)的数量为 1,故简称为卤代烷 1301,也称为"哈龙气体"。由于卤代烷破坏臭氧层,对人类的大气环境造成极大的破坏,故而在近年遭到世界各国(包括中国)一致的禁止。

"烟烙烬"(INERGEN)是由惰性(INERT)和氮气(NITROGEN)两个英文名称缩写而成的。它是由几种特定的惰性气体经过简单的物理方式混合而成。这些特定的惰性气体包括氮气、氩气和二氧化碳,其中氮气占 52%、氩气占 40%,其余 8% 为二氧化碳。医学实验证明,人体在 12.5% 的氧气浓度和 2% ~ 5% 的二氧化碳浓度的环境下呼吸,人脑所获得的氧量与在正常的大气环境(21% 的氧气浓度和 0.03% 的二氧化碳浓度)所获得的氧量是一致的。因此烟烙烬气体不会对人体造成直接伤害。

## 知识链接

### 烟烙烬自动气体灭火系统的优点

(1)灭火药剂由大气中的气体组成,符合环保要求。

(2)保障现场工作人员的生命安全。

(3)不会产生任何酸性化学分解物,对精密贵重的设备无任何腐蚀作用。

因此,该系统成为目前世界上最流行的气体灭火系统。

## ② 自动气体灭火系统的组成

自动气体灭火系统虽然有多种,但其主要组成部分都是相似的,均由管网系统及报警控制系统两大部分组成。下面以烟烙烬自动气体灭火系统为例加以说明,如图5-9所示。

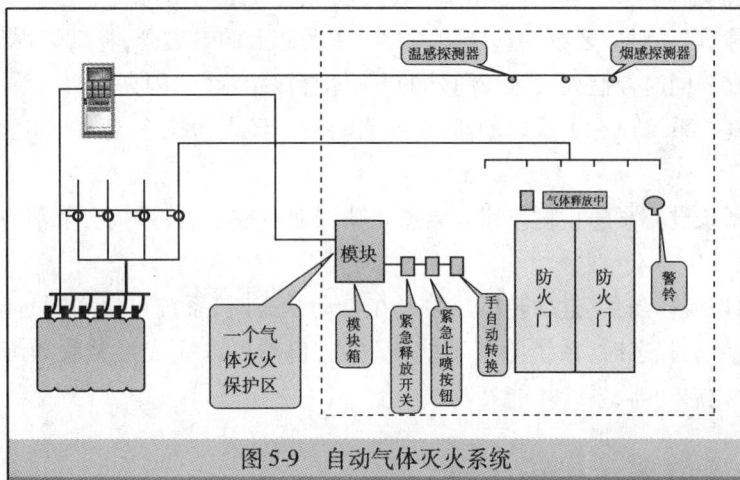

图5-9 自动气体灭火系统

(1)管网系统

管网系统由气体钢瓶及CV98瓶头阀、不锈钢启动软管、电磁阀、高压软管、集流管、放气阀、单向阀、减压装置、选择阀、压力开关、喷嘴和气体输送管道组成。瓶头阀和选择阀如图5-10所示。

(2)报警控制系统

报警控制系统由控制盘及外围辅助设备组成。控制柱是系统的核心部分,与外围设备一起实现系统的探测报警、自动喷气、手动喷气、止喷、手/自动切换等功能。图5-11为气体灭火控制盘面板图。报警控制系统的功能如下所述:

图5-10 瓶头阀(左)和选择阀(右)

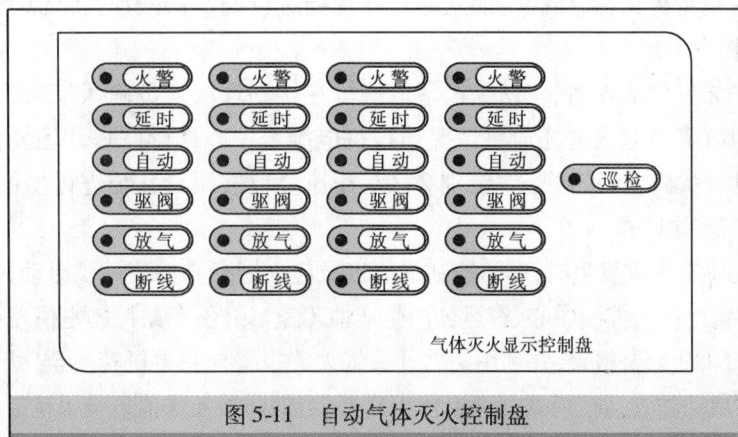

图5-11 自动气体灭火控制盘

①自动喷气。控制盘具有两个独立的区域探测回路。探测回路可以挂上普通火灾自动报警设备,如普通烟感、普通差定温感等。当某一路火灾报警时,控制盘启动联动设备(如关闭防火阀,关闭风机等),并同时控制警铃响,发出一级火灾报警信号给 FAS 系统。如另一路也报警时,控制盘鸣响蜂鸣器,发出二级火灾报警信号给 FAS 系统,经过 30s 延时后控制盘输出控制信号,启动对应区域的选择阀和对应主动瓶上的电磁阀,将烟烙烬气体释放到保护区内进行灭火。同时控制灭火区域门外的"气体释放指示灯"闪亮。

②手动喷气。系统设有手拉启动器,手拉启动器一经人为拉下,系统即时对相应的保护区域进行喷气。

③止喷。系统设有紧急止喷按钮。紧急止喷按钮被按下后,系统会取消自动喷气,但能阻止手动喷气。

④手/自动切换。当手/自动转换开关处在自动状态时,系统可以实现自动喷气的一整套程序;当处在手动状态时,系统除了不能喷气外,仍然可以完成报警联动等其他功能,此时,需要拉下手拉启动器,系统才能喷气。

## 四 FAS 系统报警及故障处理

FAS 系统是城市轨道交通重要的安全设施,它对地铁火灾的监控起到至关重要的作用。对系统出现的故障进行及时处理和排除方能有效地保证系统的实时性及可靠性。FAS 系统的故障按其性质可分为严重故障和一般故障两大类。对于前者,应立即进行紧急抢修,先通后复。以下就 FAS 系统控制主机出现的火灾报警、注意报警、故障报警、污垢报警和手动报警等几个方面办理规则进行详述。

### 1 火灾报警

当 FAS 系统控制主机出现火灾报警时,一般按照下列程序处理:

(1)按压主音响停止按钮进行消音处理。

(2)值班员携带灭火器、插孔电话立即赶赴现场进行确认,并及时将现场情况和处理结果通报车站综控室值班员。

(3)当现场未发生火灾时,车站综控室值班员在接到现场人员确认信息后,将情况报告控制中心,若因故障引起报警还应将情况通报机电维修中心进行检修,填记《FAS 运行登记簿》。利用钥匙开关将主机转换至"级别 2"位,按压复位按钮对系统进行复位,复位后将钥匙开关恢复至"级别 1"位。

(4)当现场确有火灾发生时,车站控制室值班员应立即通知值班站长启动火灾预案,组织救灾工作,并将情况报告控制中心、客运公司生产值班室、站区;车站控制室值班员应视现场火灾情况及时拨打 119 火警报警,并利用钥匙开关将火灾报警控制主机转换至"级别 2"位,按压联动停止按钮,启动防灾运行模式并开启防灾广播;当消防员要求值班员手动启动消防泵或中心命令手动启动消防泵时,值班员可通过按压联动控制台的消防泵按钮,手动启动消防泵。当火灾处理完后,按压联动停止按钮、复位按钮、消防泵按钮、广播按钮,对系统进行复位,利用钥匙开关将主机恢复至"级别1"位,并将火灾详细信息记录于《FAS运行登记簿》。

(5)在火灾处置完后,还应将信息记录在《防灾系统日记》内。

### ② 注意报警、故障报警和污垢报警

当 FAS 系统控制主机出现注意报警、故障报警和污垢报警时,一般按照下列程序处理:

(1)按压主音响停止按钮进行消音处理。

(2)值班员携带插孔电话、灭火器立即赶赴现场进行确认,并及时将现场情况和处理结果通报车站控制室值班员。

(3)对于注意报警,车站控制室值班员在接到现场人员确认信息后,将报警及处理结果报告控制中心并通知机电维修中心,填记《FAS运行登记簿》。

(4)对于污垢报警、故障报警,车站控制室值班员在接到现场人员确认信息后,将情况报告控制中心并通知机电维修中心进行检修,填记《FAS运行登记簿》。

### ③ 消防报警

当联动控制台出现消防泵报警时,一般按照下列程序处理:

(1)按压消音按钮进行消音。

(2)将情况报告控制中心并通知机电维修中心进行检修。

(3)将信息详细记录在《FAS运行登记簿》内。

### ④ 手动报警

当 FAS 系统控制主机出现手动报警时,一般按照下列程序处理:

(1)按压主音响停止按钮进行消音处理。

(2)值班员应携带灭火器、插孔电话立即赶赴现场进行确认,并及时将现场情况和处理结果通报控制室值班员。

(3)控制室值班员根据情况按相关规定进行处理,报告控制中心并将信息详细记录在《FAS运行登记簿》内。

(4)处理完后,利用钥匙开关将主机转换至"级别2"位,按压复位按钮对系统进行复位,复位后将钥匙开关恢复至"级别1"位。

### ⑤ FAS 系统故障原因与处理程序

(1)FAS 系统故障原因

FAS 系统故障的原因可归纳为两大类,一类是严重故障,另一类是一般故障。

严重故障包括:FAS 系统的站级功能全部丧失;FAS 系统有一个以上的探测回路丧失工作能力,导致车站有大片区域失去火灾监视功能;FAS 系统车站级计算机和控制盘显示 LCD 同时失效;气体灭火系统完全失去监视功能。气体灭火系统经常误报火警。

一般故障包括:FAS 系统丧失中央级监控功能,但车站级功能完好;FAS 系统线路故障,但不影响回路的监测功能,如接地等;个别烟感探测器报脏污,或个别模块损坏;消防电话故障;主机部分板号故障,但不影响整体的监视和控制功能;气体灭火系统部分辅助设备故障,如警铃等。

(2)FAS 系统故障处理程序

①建立完善的故障受理制度,可以迅速进行消防系统设备故障的处理和管理。

②消防系统检修人员从维修调度处受理消防系统故障或在检修过程中发现系统故障,故障受理要按要求填写故障受理表格。

③消防系统设备发生故障时,有关维修人员应及时准确地作出判断(判明故障位置、故障原因等),积极组织修复,缩短故障时间,把故障的影响控制在最小范围内。若无法维修,应及时上报。

④如果系统完全或部分丧失火灾监控功能,抢修也无法马上恢复的情况下,维修人员应立即通知车站值班站长,说明情况,使其安排加强车站的火灾巡视。

⑤消防系统设备维修人员在故障处理完成后,应对控制盘、模块箱等周围环境进行清理,并及时消点。

⑥故障维修完毕,及时填写故障处理登记簿,做好记录,归档备查。

⑦由消防系统维修班工班班长或专业工程师对维修情况及相关处理记录、登记薄作核查,确保维修质量。

⑧检修过程中,不能影响接口专业的运作,涉及接口的维修,应先与其他专业协调,并预先告知可能造成的影响,必要时在其他专业的监护下,进行检修。

⑨对于消防系统监控对象(防火卷帘门、防火阀等设备)故障而引起的消防系统功能障碍,维修时若需消防系统专业配合,消防系统维修人员应积极予以配合协作。

# 5.2 自动扶梯操作程序及故障处理

## 一 自动扶梯的开启与关闭程序

自动扶梯是带有循环运动梯路向上或向下倾斜输送乘客的固定电力驱动设备。按驱动装置位置可分为端部驱动自动扶梯与中间驱动自动扶梯。

自动扶梯主要由桁架、梯级、裙板、扶栏、驱动链、梯级链、减速机、电动机、主驱动轴、梯级链张紧装置、导轨、扶手带驱动装置、扶手带、梳齿板、控制系统、安全装置等组成,如图5-12所示。

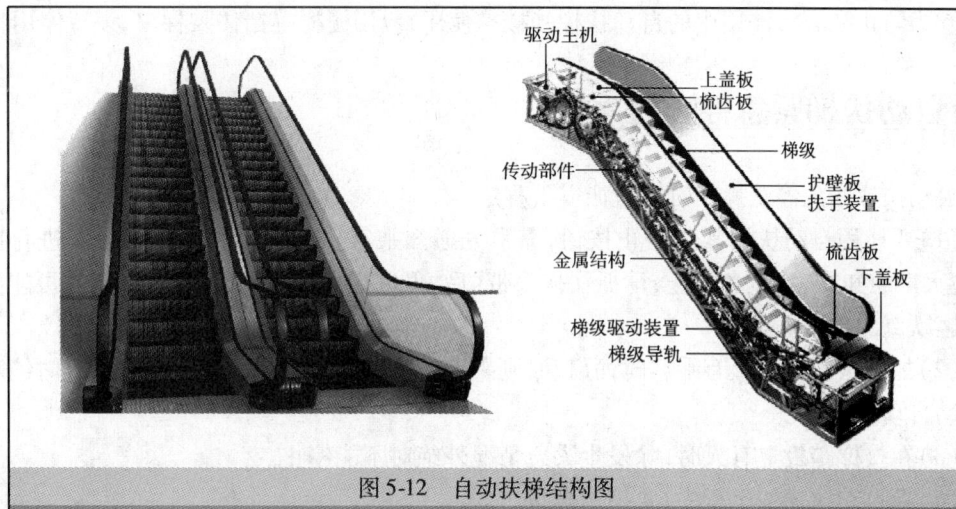

图 5-12　自动扶梯结构图

**1　自动扶梯的开启程序**

当开始运转或停止自动扶梯时,需按下列顺序进行操作,操作时应注意自动扶梯在上下两端各装有一个操作盘,任一操作盘都可以操作。

(1)开始运转之前应遵循的程序

①检查扶梯踏板、扶手带、梳齿板、裙板保护胶条(或毛刷),除去夹在里面的碎纸、小石子、口香糖等。

②用手感触,确认裙板及竖板的润滑剂是否充分。

③确认自动扶梯周围的安全设施(三角警示牌、防止进入的栅栏等)有无破损等异状。

(2)启动运转时应遵循的程序

①把钥匙插入报警开关鸣响警笛,发出信号,告诉附近的人们自动扶梯即将运转。

②确认自动扶梯周围或扶梯踏板上没人时,把钥匙插入启动开关后,向想要使用的运行方向(上或下)旋转,自动扶梯则开始工作。放开手则钥匙回到中立位置,把钥匙拔出来。

③启动后须确认扶梯踏板和扶手带是否正常工作。如万一有异常声响或振动时,要立即按动紧急停止按钮,停住自动扶梯。

④确认正常运转之后,再试运转 5 ~ 10min 左右。

⑤在试运转中按动紧急停止按钮,确认工作情况。

**2　自动扶梯停止运转的程序**

①在停止自动扶梯之前,需确认有无发生异常声音或振动。如有问题则使自动扶梯停止。

②鸣响警笛,通知乘客自动扶梯停止的警示。

③停止之前,不要让人进入自动扶梯的乘梯口。

④在确认自动扶梯附近或扶梯踏板上无人后再把钥匙插入停止开关进行操作,自动扶梯则停止。

⑤一天的运行结束后,要认真检查扶梯踏板、扶手带、梳齿板和保护裙板并清洁。

⑥为防止乘客将停用中的自动扶梯当楼梯使用,应用栅栏等挡住乘梯口,设置停用牌。

## 二 自动扶梯紧急停止程序

自动扶梯紧急停止操作时应遵循以下程序:

(1)要使用自动扶梯紧急停止按钮,需事先通知乘客。在紧急状态下不得不进行操作时,应大声通知乘客"紧急停止,请抓住扶手带"后,再进行操作。若莽撞从事,则有可能出现使乘客跌倒的危险。

(2)如在扶梯踏板上有乘客时而启动,则乘客有跌倒、受伤的危险,故在有乘客时绝对不能启动自动扶梯。

(3)在扶梯踏板上有人时,除发生紧急情况外绝对不能停止。

(4)在自动扶梯的运行中,要把钥匙拔出。

## 知识链接

### 自动扶梯钥匙管理注意事项

①操作时要用自动扶梯专用的钥匙。

②将钥匙装在钥匙厢内严格保管,除有关人员外不得借出。

(5)自动扶梯紧急停止时出现意外的处理方法:

①若在自动扶梯上发生乘客跌倒的紧急情况时,则站台工作人员用力按动乘梯口的紧急停止按钮。

②在重新开动扶梯之前,要确认造成紧急情况的原因,并予以排除。检查机器,如有异常及不明原因时,不得开梯,应及时通知维修人员进行维修。

## 三 地铁车站电梯常见故障处理

### ❶ 电梯故障处理原则

在运营期间对故障的处理要求"先修复后分析"。当维修人员接到故障报告后应在30min 内赶到现场并开始进行处理。当维修人员自身无法处理故障而需要技术人员处理时。技术人员接到通知后应在1h 内赶到现场协助处理。故障处理完毕后,维修人员回报维修调度消除故障号并填写故障处理记录。重大设备故障由技术人员进行分析并提供故障处理分析报告,以避免今后出现同类故障,同时制订故障处理工艺。故障分析报告存入资料档案。

## ② 电梯抢修组织流程

（1）车站系统设备故障发生后,由维修调度判断是否为重大故障,是否需要立即进行抢修。

（2）若为系统设备一般故障,在故障接报后,由工班长根据实际情况及当日的排班情况,派遣维修人员进行故障维修。若维修人员不能解决,工班长或技术人员必须到场协助解决。

（3）若为重大故障,维修调度通知上级生产调度进行抢修组织,生产调度接报后组织电、扶梯系统就近维修人员第一时间赶赴事故现场。同时通知维修工班长、专业工程师参加抢修。

（4）首先到场的专业维修人员应向控制中心维修调度申请进行抢险作业。

（5）原则上系统专业工程师或工班长为现场抢修负责人,抢修人员必须服从现场总指挥的命令,不得各自为政。

（6）抢险作业完成后,由现场抢修负责人报告抢修情况,同时向维修调度报告抢修结束。

## ③ 电梯典型故障的分析与处理(表 5-1)

**电梯典型故障分析与处理办法表**　　　　　　　　　　表 5-1

| | |
|---|---|
| **自动扶梯** | 现象:自动扶梯蛇形运行,相邻两梯级踏面防滑条不在同一直线 |
| | 原因:<br>(1)梯级链张紧力左右不一致;<br>(2)检查主机轴承温度,若过高,可能轴承损坏 |
| | 处理办法:<br>(1)按调整工艺要求,收紧或放松张力弹簧,使两边梯级链张力一致。<br>(2)更换主轴轴承,步骤如下:<br>①断开驱动链、梯级链及扶手带驱动链;<br>②拆除附加制动器装置;<br>③确认吊装主轴轴承的空间,若不够,需要先将主机座吊装出来,再更换主轴轴承 |
| **楼梯升降机** | 现象:楼梯升降机不能启动 |
| | 原因:<br>(1)检查钥匙开关是否处于正确位置,其他钥匙开关在"0"位拔出;<br>(2)急停开关是否动作;<br>(3)主开关是否处于正确位置;<br>(4)电源供给是否正常;<br>(5)检查操作控制器是否损坏 |
| | 处理办法:<br>(1)正确操作钥匙;<br>(2)旋转或恢复急停开关;<br>(3)打开主电源开关;<br>(4)合上熔断保险和保护开关;<br>(5)更换或修理 |

| 液压梯 | 现象:液压梯无法向上运行 |
| --- | --- |
| | 原因:<br>(1)油泵不运行;<br>(2)接触器未吸合或上行线圈未接、接错;<br>(3)安全开关动作;<br>(4)方向阀污染或堵塞;<br>(5)导向安全阀污染;<br>(6)导向控制过滤器污染或堵塞 |
| | 处理办法:<br>(1)检查控制器和接线;<br>(2)检查接线和电子板;<br>(3)检查安全回路并恢复;<br>(4)清洗方向阀;<br>(5)清洗安全阀;<br>(6)清洗过滤器 |
| 液压梯 | 现象:液压梯在行驶中突然停止 |
| | 原因:<br>(1)停电;<br>(2)电流过大,空气开关跳闸;<br>(3)安全回路开关动作;<br>(4)门刀撞门锁滚轮、门锁断开;<br>(5)平层感应器干簧管触点烧死,表现为一换速就停车;<br>(6)接触器或继电器本身发生故障 |
| | 处理办法:<br>(1)送电;<br>(2)查找原因,更换保险丝或重新合上空气开关;<br>(3)检查安全回路并恢复;<br>(4)调整门锁滚轮与门刀的间隙;<br>(5)更换干簧管;<br>(6)更换接触器或继电器 |

# 5.3 屏蔽门操作程序及故障处理

## 一 屏蔽门日常操作程序

### ❶ 屏蔽门系统控制模式

屏蔽门系统控制模式设置有系统级、站台级、手动操作三种正常控制模式。系统级控制即执行信号系统命令的控制模式;站台级控制即执行站台 PSL 操作盘发出命令的控制模式;手动操作即站台工作人员在站台侧用专用钥匙解锁或由乘客在轨道侧推动解锁装置打开滑动门。此外,屏蔽门系统设置有火灾控制模式,即在相应的火灾模式下,车站值班人员在车站控制室操作消防联动盘、操作屏蔽门紧急控制开关,配合打开滑动门,疏散乘客和配合环控系统排烟。上述模式的控制优先权从高到低依次为手动操作模式、火灾控制模式、站台级控制模式、系统级控制模式。

### ❷ 屏蔽门系统功能

屏蔽门系统具有障碍物检测功能,即滑动门关闭时检测到障碍物,会后退作短暂停止以释放夹到的障碍物,然后再关闭,从而避免夹伤乘客。

屏蔽门系统与车站机电设备监控系统(EMCS)之间或主控系统(MCS)之间设有通信接口,用于传送屏蔽门系统运行状态、故障诊断信息,便于车站控制室人员、维修人员监视屏蔽门状态。

在站台监控亭设有屏蔽门系统监控器(PSA),车站工作人员、屏蔽门维修人员可在此PSA 上监控屏蔽门系统运行状态,查看或下载屏蔽门系统运行历史记录,修改、上载屏蔽门系统控制程序、参数等。

### ❸ 屏蔽门系统设备运行操作程序

(1)屏蔽门系统启动与关闭
①屏蔽门系统的启动步骤。
a. 先后合闸为驱动不间断电源(UPS)供电以及为控制不间断电源(UPS)供电;

b. 先后按照驱动不间断电源(UPS)开机指引,启动驱动不间断电源(UPS)工作,按照控制不间断电源(UPS)开机指引,启动控制不间断电源(UPS)工作。

c. 在系统配电柜顺序闭合门单元供电、系统控制器供电开关,进入待机状态;启动屏蔽门监视器(PSA)的系统诊断软件(SMT)。

d. 确认在列车未进站时,所有门单元关闭并锁紧(必要时应试验站台就地控制盘 PSL 的开关门操作)。

②屏蔽门系统的停机步骤。

a. 确认所有门单元关闭并锁紧;操作屏蔽门监视器(PSA)退出屏蔽门系统诊断软件(SMT)和操作系统。

b. 在系统配电柜顺序分断系统控制器供电、门单元供电开关。

c. 先后按照不间断电源(UPS)停机指引,停止控制不间断电源(UPS)和驱动不间断电源(UPS)工作。

d. 先后断开控制不间断电源(UPS)供电和驱动不间断电源(UPS)供电。

(2)屏蔽门正常运行

屏蔽门系统正常运行时采用系统级控制,当需要站台级控制操作时,须遵守站台就地控制盘 PSL 操作方法。该方法操作程序为:

①将操作钥匙插入站台就地控制盘 PSL 的 OPERATION ENABLE 钥匙开关锁孔内(原始位置为 OFF)。

②开门时,顺时针转动钥匙打至 DOOR OPEN 位置并停留(不能拔下钥匙),此时滑动门开始打开,站台就地控制盘 PSL 上 DOOR OPEN 指示灯亮;滑动门完全打开后,站台就地控制盘 PSL 上 DOOR OPEN 指示灯灭,门头灯长亮,此时完成一次站台就地控制盘 PSL 开门操作。

③关门时,按前面操作,逆时针转动钥匙打至 DOOR CLOSE 位置并停留(不能拔下钥匙),此时滑动门开始关闭,站台就地控制盘 PSL 上 DOOR CLOSE 指示灯亮,门头灯闪亮;滑动门完全关闭后,站台就地控制盘 PSL 上 DOOR CLOSE 指示灯和门头灯灭,同时滑动门/应急门指示灯亮,此时完成一次站台就地控制盘 PSL 关门操作。

④关门操作完成后,继续逆时针转动钥匙打至 OFF 位置后,拔下钥匙,退出站台就地控制盘 PSL 操作。

(3)滑动门人工操作开门

①适用范围。当控制系统电源不能供电,或个别屏蔽门单元发生故障,或其他紧急需要时,由站台人员或乘客对屏蔽门进行操作。

②操作过程如下:

a. 站台工作人员在站台侧滑动门上,用菱形三角钥匙逆时针旋转操作滑动门人工解锁机构解开闸锁锁栓,并推开门扇;或乘客在轨道侧压住滑动门绿色锁把,并推开门扇打开屏蔽门。

b. 执行此操作时,屏蔽门系统监视器(PSA)上的"滑动门/应急门手动操作"状态指示灯点亮,并在屏蔽门系统监视器(PSA)的液晶显示器上反映出手动操作的具体位置及操作状态信息显示。手动操作打开滑动门后,如门单元正常且门控制单元(DCU)能正常工作,则在15s后自动关闭滑动门。

c. 手动操作打开滑动门后,如有需要,保持滑动门的打开状态,应断开该门单元的供电、隔离,并加强监控,防止人员跌入轨道。

(4)滑动门人工操作关门

①适用范围。当屏蔽门单元发生故障时,由站台人员对屏蔽门进行操作。

②操作过程如下:

a. 打开门单元前盖板,关闭该门单元的就地供电负荷开关。

b. 小心、慢速推动门扇至全关闭位置。

c. 由于关闭了门头电源,在屏蔽门系统监视器(PSA)上将有该门单元的报警显示。

(5)关于门单元门头模式开关的说明

①每个门单元有三种工作方式,即正常模式、隔离模式和测试模式,通过操作门头模式开关选择其中一种工作方式。

②当门单元无故障,处于正常运营工作状态时,选择正常模式。

③当门单元出现故障,无法正常工作时,选择隔离模式。

④测试模式由维修保养人员使用,在这种模式下,需要有门机内的测试开关配合使用。

(6)关于屏蔽门关门障碍物检测功能的说明

屏蔽门在关门过程中,遇有障碍物(如乘客或其他)阻挡关门时,如门控器检测到关门的阻力大于设定值,则门控器进入关门障碍物处理功能,即滑动门立即停止关闭,并反向打开50cm,解脱被夹的障碍物,稍作停留后,低速继续关门至原来检测到障碍物的位置,如障碍物已不存在,则以正常速度完成关门。如障碍物继续存在,则上述过程重复四次后,一直打开该滑动门(并发出报警)。

(7)屏蔽门火灾模式使用及其注意事项

①火灾模式的使用。屏蔽门火灾模式操作开关为钥匙开关,安装于各站车站控制室内的消防联动盘上,每侧站台分别设置一个操作开关,需要打开某一侧的屏蔽门时,采用专用钥匙插入对应的开关钥匙孔,顺时针方向拧转钥匙即可打开屏蔽门。打开后如把钥匙逆时针拧回(或取下钥匙),屏蔽门将不会自动关闭。

②屏蔽门火灾模式使用注意事项。

a. 屏蔽门火灾模式仅适应于火灾模式启动时使用。

b. 正常运营时,勿将专用的操作钥匙插入操作开关的钥匙孔,以免引起误操作,特别要避免在运营期间误操作而开门。

c. 屏蔽门火灾模式控制不设置关门功能,如需要关闭屏蔽门,可采用站台就地控制盘PSL关门。

# 二 屏蔽门故障处理程序

## ❶ 屏蔽门故障处理分析流程

(1)屏蔽门系统级故障分析流程如图 5-13 所示。

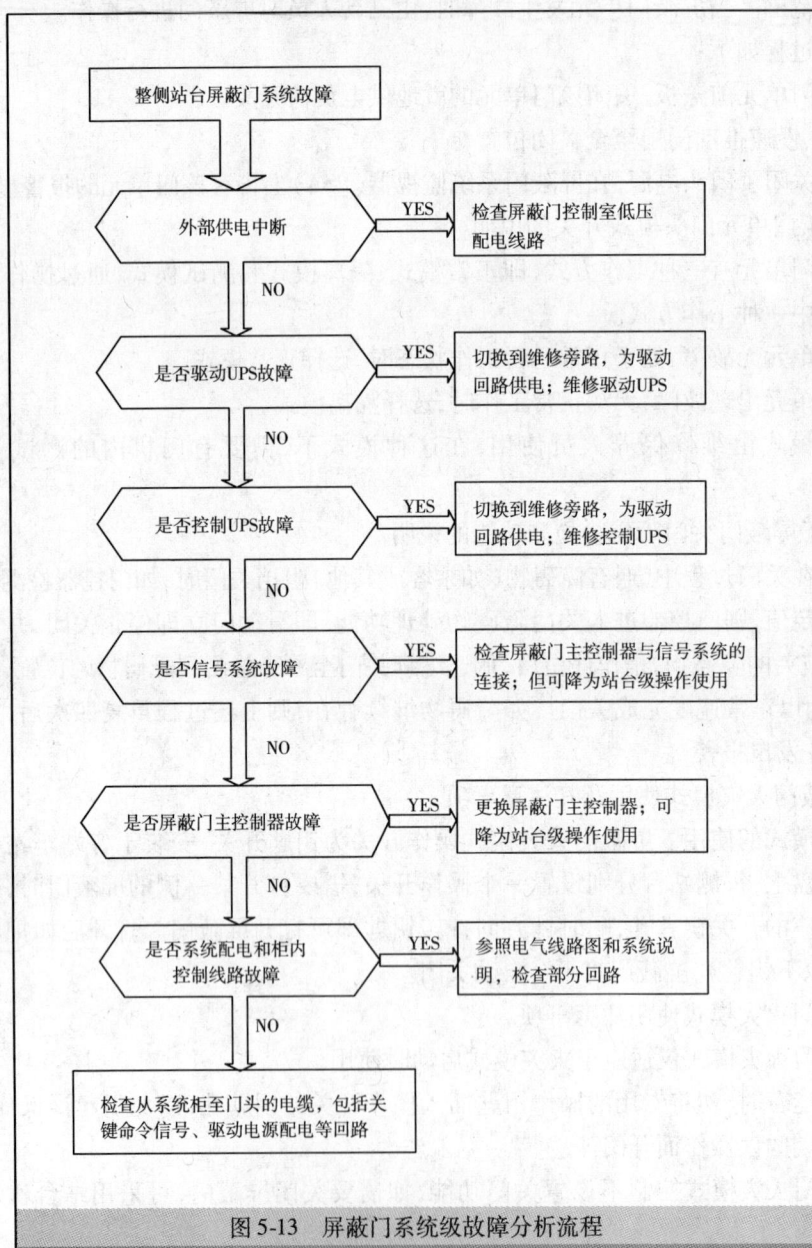

图 5-13　屏蔽门系统级故障分析流程

(2)屏蔽门站台级故障分析流程如图 5-14 所示。

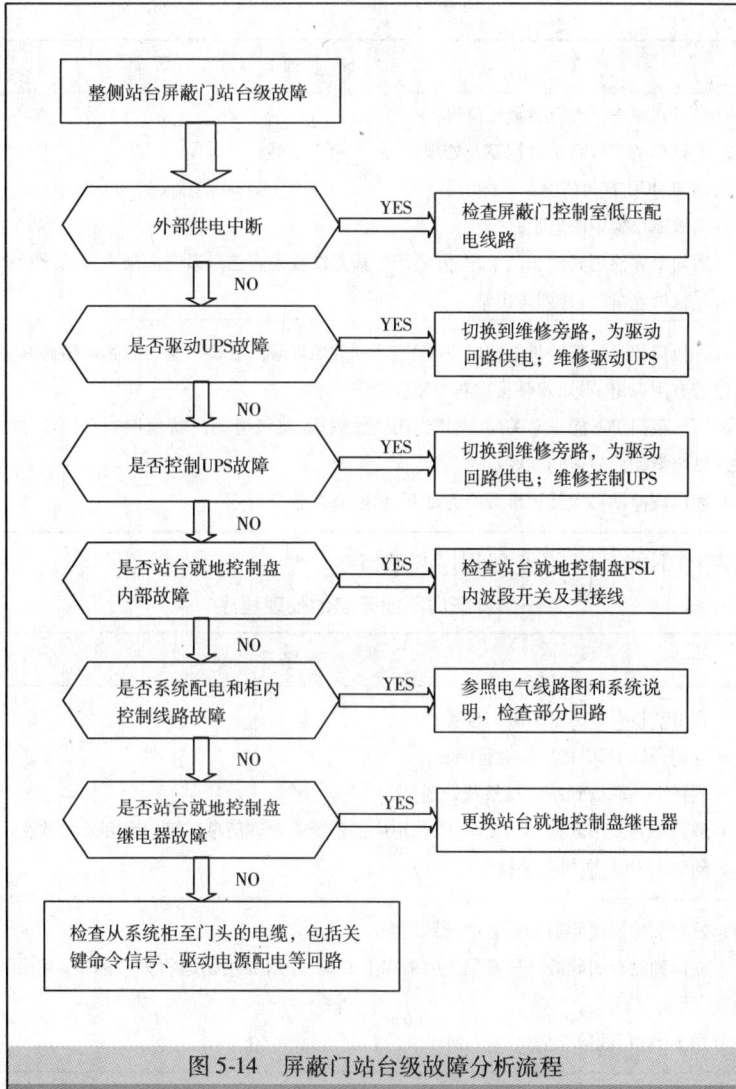

图 5-14　屏蔽门站台级故障分析流程

## ② 屏蔽门故障处理程序

（1）一扇屏蔽门不能关闭的处理程序见表 5-2。

一扇屏蔽门不能关闭的处理程序　　　　　　　　　表 5-2

| 负　责　人 | 处　理　程　序 |
|---|---|
| 列车驾驶员 | 1. 驾驶室未能接受屏蔽门关闭信号；<br>2. 通知 OCC，要求站务员到场处理；<br>3. 等待车站职员到站台处理及作出配合；<br>4. 必要时通知乘客并向乘客表示歉意；<br>5. 随时向 OCC 回报情况 |

| 负 责 人 | 处 理 程 序 |
|---|---|
| 值班站长 | 1. 在 IBP 检查并确定屏蔽门位置;<br>2. 安排车站职员到站台视察及处理;<br>3. 通知 OCC 有关情况;<br>4. 向故障报警中心通报;<br>5. 通知乘客使用其他车门上车,并利用广播系统或乘客信息系统向乘客表示歉意;<br>6. 尽快处理情况,让列车出站 |
| 站台站务员 | 1. 若故障信息是驾驶员关门时发现的,需到故障屏蔽门处确认是否有物体阻碍其关闭;<br>2. 若有则取出,告知驾驶员重新关闭屏蔽门;<br>3. 若屏蔽门仍不能正常关闭,则用专用钥匙隔离,将该滑动门就地控制盒(LCB)打到手动位,手动关闭该扇滑动门后通知驾驶员;<br>4. 客流高峰期可保持该屏蔽门为常开,但应有站务员留守 |

（2）一扇屏蔽门不能开启的处理程序见表5-3。

**一扇屏蔽门不能开启的处理程序**　　　　　　　　　　　　　　　　表5-3

| 负 责 人 | 处 理 程 序 |
|---|---|
| 值班站长 | 1. 在 IBP 检查并确定屏蔽门位置;<br>2. 立刻通知 OCC 和故障报警中心;<br>3. 安排车站职员到站台视察及处理;<br>4. 通知乘客使用其他车门上车,并利用广播系统或乘客信息系统向乘客表示歉意;<br>5. 随时向 OCC 回报现场情况 |
| 站台站务员 | 1. 发现故障或接到通知后立即赶到现场;<br>2. 立即到站台引导故障屏蔽门处的乘客上下车,并用专用钥匙将该故障滑动门就地控制盒(LCB)打到"手动"位;<br>3. 贴上"此门故障"告示 |

（3）多扇屏蔽门不能正常开启的处理程序见表5-4。

**多扇屏蔽门不能正常开启的处理程序**　　　　　　　　　　　　　　表5-4

| 负 责 人 | 处 理 程 序 |
|---|---|
| 站务员 | 1. 发现故障或接到通知后立即赶赴现场处理;<br>2. 手动打开部分门(确保没有连续不能开启的门即可)上下乘客,待驾驶员关闭车门、屏蔽门后,查看屏蔽门关闭情况,如无法关闭处理程序,按多对不能关闭程序处理 |
| 车站值班员 | 1. 接到值班站长屏蔽门故障的通知后,立刻到站台协助处理;<br>2. 手动打开部分门(确保没有连续不能开启的门即可)上下乘客 |
| 值班站长 | 1. 接到屏蔽门故障的信息后,及时通知巡视岗和车站督导员到站台处理;<br>2. 将信息报行车调度员和故障报警中心;<br>3. 跟进屏蔽门维修情况,并将屏蔽门的故障和修复情况报行车调度员 |

（4）多扇屏蔽门不能正常关闭的处理程序见表5-5。

**多扇屏蔽门不能正常关闭的处理程序**　　　　表 5-5

| 负 责 人 | 处 理 程 序 |
|---|---|
| 站务员 | 1. 收到故障信息后,在驾驶员关闭车门、屏蔽门后须逐个确认不能关闭的屏蔽门与列车间的空隙安全;<br>2. 按照"没有连续的不能开启的门"的原则切除部分屏蔽门上下乘客,加强对未关闭屏蔽门的监控,确保安全;<br>3. 维护好站台秩序,防止乘客落轨 |
| 车站值班员 | 1. 接到故障信息后,到站台处理;<br>2. 到故障侧头端操作屏蔽门站台就地控制盘(PSL)进行"互锁解除" |
| 值班站长 | 1. 将故障信息报行车调度员和故障报警中心;<br>2. 督促、跟进屏蔽门维修情况,并将屏蔽门的故障和修复情况报行车调度员;<br>3. 安排巡视岗监控处于打开状态,防止此处乘客跌入轨道 |

注:列车进站或停在车站时须停止对屏蔽门的维修。

# 5.4 AFC 设备操作与常见故障处理

## 一 自动检票机常见故障分析与处理

### 1 自动检票机开关机操作

在日常运作中,一般的自动检票机软件故障均可通过重启(开关机)设备进行处理,重启工作可由站务员完成。具体的操作顺序为:打开维修门→关闭配电盘的开关→打开通道维修门→打开配电盘的开关。

关机时,将钥匙沿顺时针方向转动,打开维修面板,输入操作员号(ID)和密码,将配电盘的开关关闭,如图5-15所示。

开机时,将钥匙插入并沿顺时针方向转动,向上、向外倾斜提起并打开维修门,将电源开关打向 ON 方向,将配电盘的开关打向 ON 方向。

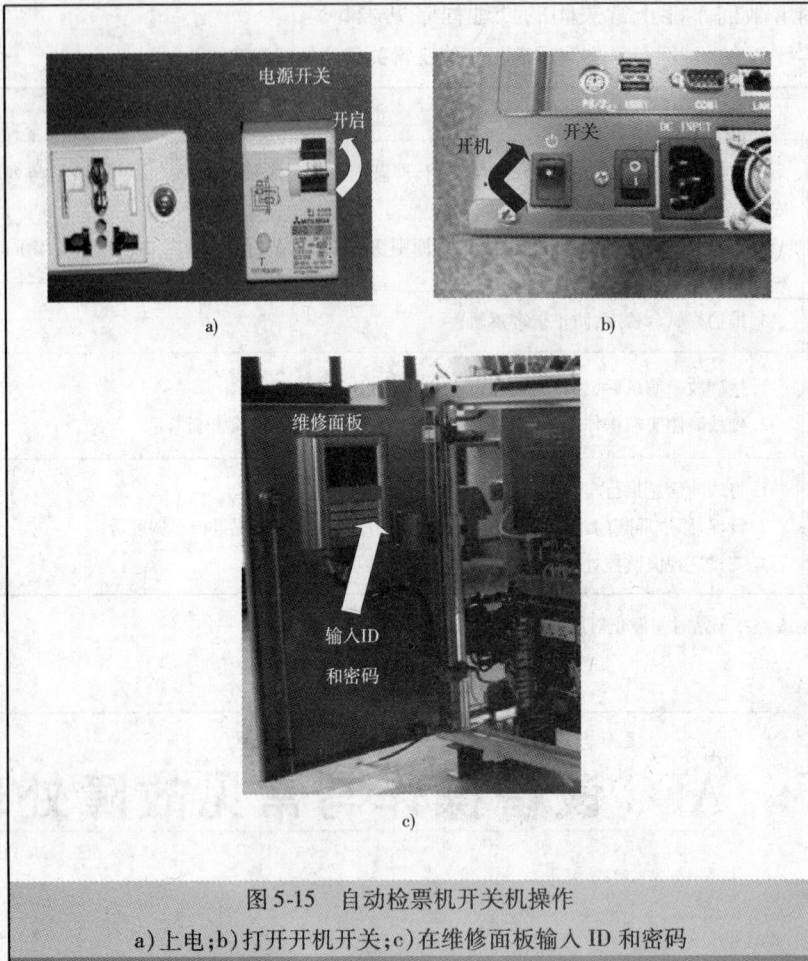

图 5-15　自动检票机开关机操作
a)上电；b)打开开机开关；c)在维修面板输入 ID 和密码

### ❷ 自动检票机更换票箱操作

出站自动检票机设有单程票回收系统,有效单程票通过出站自动检票机时,会被回收进自动检票机票箱内。由于票箱具有一定的容量,在票箱将满或已满时,自动检票机会发出报警提示,以提醒车站人员及时对票箱进行更换。如果没有及时更换,闸机将进入暂停服务模式。一般情况下,车站需在出站自动检票机票箱将满时或已满时进行更换,也可根据实际需要进行更换。

更换自动检票机票箱时,打开自动检票机的维修门后,按维修面板显示要求输入正确的操作员号(ID)和密码,验证成功登录后,选择运营服务中的更换票箱操作,在更换票箱操作中选择取下票箱,当票箱电动机完全降下后,双手取出票箱,如图5-16所示。拆卸票箱的工作过程如下,与安装方法一样要按顺序进行,在完成当前动作之前不能进入到下一个动作。

①接收来自上位机的票箱更换命令；
②托盘向下移动；

③检测车票的最高位置,当检测到车票的最高位置低于指定的位置时,停止移动托盘;

④关上顶盖;

⑤打开工作锁(顶盖被锁上);

⑥托盘被固定;

⑦拨动开关至"OFF";

⑧托盘移动机构下降;

⑨拆卸票箱。

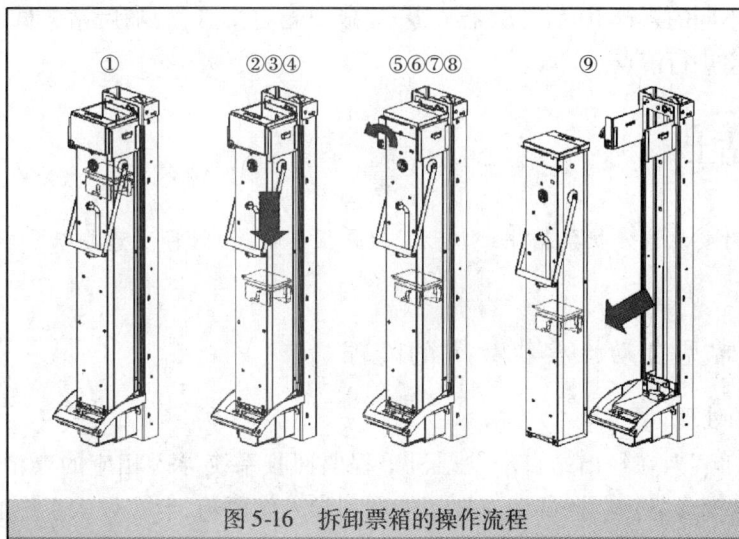

图 5-16　拆卸票箱的操作流程

将装满单程票的票箱拆卸下后,更换上空的票箱,如图 5-17 所示。安装票箱的工作过程如下,要按顺序进行,在完成当前动作之前不能进入到下一个动作。

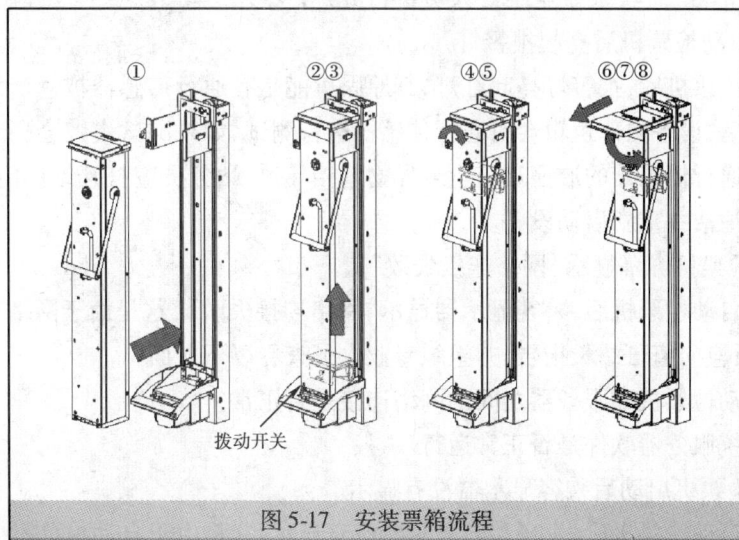

图 5-17　安装票箱流程

①安装票箱。利用票箱前面的把手,以水平方向把票箱小心地安装在 ID Connector 上。

②检测票箱安装到位(检查票箱 ID)。

③拨动开关到"ON"。

④托盘移动机构带动托盘向上移动。

⑤检测车票最高位置。当检测到车票最高位置到达指定的位置时,停止移动托盘。

⑥锁上工作锁(顶盖锁机构松开)。

⑦固定托盘的机构松开,打开顶盖。

⑧回收或发售模块初始化。

票箱安装完毕后,在维修面板中选择安装票箱,退出维修面板并注销,推进并关好维修门。设备读到不同的票箱 ID 后计数器清零,完成票箱更换工作,随后站务员将换出的票箱运回票务收益室进行清点。

## 小贴士

更换票箱时要注意爱护票箱,轻拿轻放,避免损坏票箱,同时注意要双手操作,以避免刮伤手。

### 3 几种常见自动检票机故障的处理

(1)卡票的处理

卡票是指单程票在经出站自动检票机单程票回收系统导入相应的票箱过程中,因车票问题,如边缘变形、过厚等,导致车票不能顺利导入储票箱,卡在导入系统的某个位置的现象。发生卡票故障后,自动检票机将不再接收单程票,但能正常处理储值票。处理卡票问题时,站务员应先查看投票口及单程票通道,将卡住的单程票取出,并重新启动自动检票机。若仍不正常,需联系专业维修人员进行处理。

(2)启动自动检票机后亮起报警灯

启动自动检票机后,报警灯亮起红灯,其原因可能是有通行传感器被遮挡住。在正常启动自动检票机后,设备内部逻辑会对通行传感器进行测试,如果测试失败会亮起报警灯。这种问题一般是通行传感器的透窗被灰尘或异物遮挡导致,站务员应打开维修门,并对通行传感器透窗进行清洁并重新启动设备。

(3)自动检票机屏幕显示"网络连接失败"

正常启动自动检票机后,乘客显示器显示"网络连接失败",这是由于网络出现故障造成的,通常站务员应向值班站长报告,并组织专业人员查看以下方面:

①检查自动检票机和服务器之间的网络连接是否正常;

②检查系统服务器软件是否正常运行。

(4)自动检票机启动后乘客显示器没有显示

正常启动自动检票机后,发现乘客显示器没有显示,这是由于自动检票机内部工控机没有开机或显示器处于关闭状态,站务员应打开维修门,查看工控机的电源开关是否打开,若工控机电源在打开状态,则查看显示器电源,并开启。

**知识链接**

### 自动检票机日常维护方法

为保证自动检票机能够长期安全有效地运行,应定期对机器进行维护。日常维护应注意:

①传感器透窗保持洁净,没有灰尘附着;

②检票口不可异物遮挡;

③不锈钢机壳表面定期进行清洁,应使用不锈钢保养油;

④机器表面塑料件防止硬物划伤,保持表面光洁,擦拭时应使用柔软清洁材料;

⑤电源插头防止氧化、玷污、损毁而漏电伤人;

⑥勿折网线,避免接头损伤;

⑦避免硬物撞击检票机;

⑧检票机在不使用时,应罩上防尘罩。

## 二 自动售票机常见故障分析与处理

站务员在日常工作中,需掌握对自动售票机各种状态、模式的识别,加强对自动售票机的巡视检查,确保自动售票机能正常提供服务;同时,对自动售票机乘客购票界面的操作也应熟练掌握,以便能为乘客购票提供准确指引。

### 1 自动售票机常见运营模式的识别

自动售票机可运行在多种模式下,这些模式可以通过车站计算机下达参数设置,也可以根据自动售票机模块的状态进行自动调整。运行模式主要有正常服务模式、停止服务模式和限制服务模式三种。自动售票机处于正常服务模式时,能提供所有设计要求的服务,单程票发售、储值票充值功能可用,支付方式不受限制,乘客信息显示器显示"正常服务"等字样。当自动售票机发生卡票等故障或运营结束后,或车站人为设置停止服务后,自动售票机进入停止服务模式,乘客信息显示器和触摸屏显示"暂停服务"字样。

当自动售票机内部各模块中任一模块状态不良而其他模块正常时,自动售票机会自动进入限制服务模式,只具备部分功能,一般包含只售单程票、只收硬币、只收纸币、不找零、只充值几个子模式。当自动售票机充值功能模块无法使用时,进入只售单程票模式,只能发售单程票,不充值,乘客信息显示器显示"只售单程票"字样,此时,站务员应引导需要充值的乘客去票处充值。

当纸币接收器和储值票模块无法使用时,进入只收硬币模式、不接收纸币购票,乘客信息显示器显示"只收硬币"字样,此时,站务员应及时报告值班员,对自动售票机补充硬币。当硬币接收器和储值票模块无法使用时,进入只收纸币模式,不接收硬币购票,乘客信息显示器显示"只收纸币"字样,如乘客没有携带相应币种的纸币时,站务员应主动引导乘客到票务处兑换相应纸币购票。

当找零模块发生故障时,进入不找零模式,购买单程票时不能找零,当投入金额超过应付金额时,多余金额给下一笔交易使用,乘客信息显示器显示"不找零"字样,此模式涉及乘客利益,国内城市轨道交通一般不使用该模式。当纸币接收器、硬币接收器、单程票发售模块和找零模块无法使用时,进入只充值模式,不能发售单程票,只接受充值业务,乘客信息显示器显示"只充值"字样。

② 自动售票机乘客操作界面的操作

自动售票机是自助型系统设备,城市轨道交通车站内会有部分乘客对该系统的操作不熟练,站务员应主动、热情地提供操作指引服务。因此,站务员应熟练掌握自动售票机的购票操作。指引乘客使用自动售票机购票、充值时,通过乘客操作界面实现点选操作。常见的自动售票机乘客操作界面如图5-18所示。

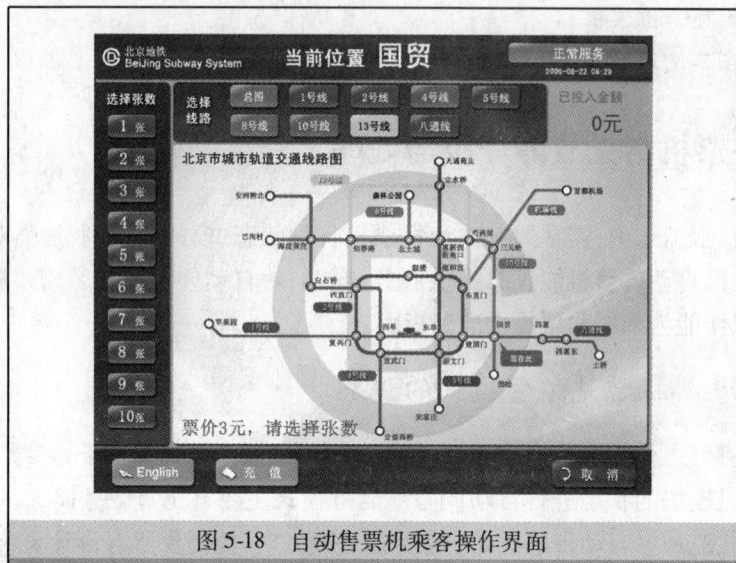

图5-18 自动售票机乘客操作界面

地图区域能清晰显示线网地图,能实现地图的缩小、扩大及水平移动,当乘客点击某车站时,以该车站为中心的附近几个车站会被放大显示,以便于乘客正确选择目的地站购票。

选择线路区域提供了按线路分类的按钮,当乘客点击选择要乘坐的线路时,该线路在地图区域放大,方便乘客快速、准确地点选目的地站。运营及票卡选择区域可以实现按票价直接购票,为熟悉轨道交通票价的乘客提供了便利。

时间区域能实时显示当前的日期与时间。功能选择区域提供了供乘客选择或确认的按钮,如中、英文切换按钮和充值操作按钮等,实现相应的功能选择。信息提示区域主要用于向乘客显示相应情况下的信息。状态区域显示了TVM当前运营状态的信息。

③ 自动售票机充值操作

乘客使用现金在自动售票机上进行储值票充值时,自动售票机通常可接收第四版50元和 100 元人民币以及第五版 20 元、50 元和 100 元人民币五种币种充值。具体操作流程大致分为：在主界面选择充值按钮→插入储值卡→支付储值票充值金额→设备对储值票充值→返还储值票等几个步骤，储值卡充值界面如图 5-19 所示。乘客从开始充值后至支付充值金额之前都可以取消交易，点击取消按钮或者一定时间内没有任何操作时返还投入的储值票并返回初始界面。

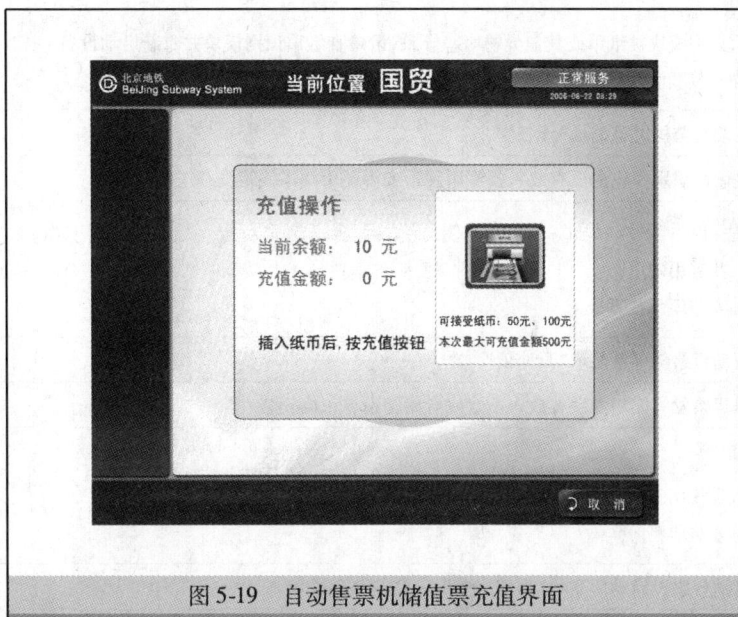

图 5-19　自动售票机储值票充值界面

## ❹ 几种常见自动售票机故障与处理(表 5-6)

几种常见自动售票机故障与处理　　　　　　表 5-6

| 序号 | 故障现象、原因及解决办法 |
|---|---|
| 1 | 现象：自动售票机启动后显示"只收纸币" |
| | 原因：硬币处理模块有卡币或者硬币箱没有正确安装 |
| | 解决办法：<br>(1)启动设备后机器内部逻辑会对硬币模块进行测试，如果测试失败会进入"只收纸币"状态，这种问题一般是有硬币识别模块被硬币或其他异物堵塞导致，应检查硬币识别模块并重新启动设备。<br>(2)正确安装硬币箱 |
| 2 | 现象：自动售票机屏幕显示"网络连接失败" |
| | 原因：是由于网络出现故障造成的 |
| | 解决办法：<br>(1)请检查自动售票机和服务器之间的网络连接是否正常<br>(2)请检查系统服务器软件是否正常运行 |

| 序号 | 故障现象、原因及解决办法 |
|---|---|
| 3 | 现象:自动售票机屏幕显示"只收硬币" |
| | 原因:是纸币识别模块有卡币或者纸币钱箱没有正确安装 |
| | 解决办法:<br>(1)纸币识别模块被纸币或其他异物堵塞导致,请检查纸币识别模块并重新启动设备。<br>(2)正确安装纸币钱箱 |
| 4 | 现象:自动售票机屏幕显示"无找零" |
| | 原因:是硬币识别模块内没有放入找零用硬币或者硬币找零钱箱没有正确安装 |
| | 解决办法:<br>(1)放入找零用硬币。<br>(2)正确安装硬币找零钱箱 |
| 5 | 现象:自动售票机屏幕显示"只充值" |
| | 原因:单程票发售模块内没有放入车票或者票箱没有正确安装 |
| | 解决办法:<br>(1)放入发售用车票。<br>(2)正确安装票箱 |
| 6 | 现象:自动售票机启动后显示"暂停服务",不能进入工作状态 |
| | 原因:可能是由于维修门没有关上 |
| | 解决办法:检查维修门并将维修门全部关紧上锁 |
| 7 | 现象:自动售票机屏幕显示"只发售" |
| | 原因:储值票读卡器有故障或连接错误 |
| | 解决办法:联系厂家更换储值票读卡器,或检查连接线缆 |
| 8 | 现象:自动售票机启动后乘客显示器没有显示 |
| | 原因:自动售票机内部工控机没有开机或显示器处于关闭状态 |
| | 解决办法:打开工控机电源或打开显示器电源 |

# 三 半自动售/补票机常见故障分析与处理

半自动售/补票机作为站务员发售车票、处理乘客事务的专用设备,主要用于出售车票、充值、分析车票状态、查询车票历史记录、对问题车票进行处理(如超程、超时车票,进出站次序错误车票等)。在日常工作中,站务员需熟练掌握对半自动售/补票机的操作,以便迅速、准确地为乘客提供车票发售、充值等服务。AFC 系统为每个操作员都设定了唯一的操作员号(ID)和密码,任何人使用设备时,必须首先使用 ID 和密码登录设备,才能进入设备的操作界面进行业务操作。

### ① 登录操作

打开半自动售/补票机电源,系统启动后,半自动售票机主程序自动以全屏方式运行。此时,操作界面中各功能模块(如"分析车票"和"数据查询"等)的功能按钮均处于未激活状态,需要点击"班次登录"按钮,输入班次操作员号(ID)和密码进入程序主界面后(图5-20),这些按钮才会根据该操作员的权限相应地被激活,操作员可开始系统允许的功能操作。

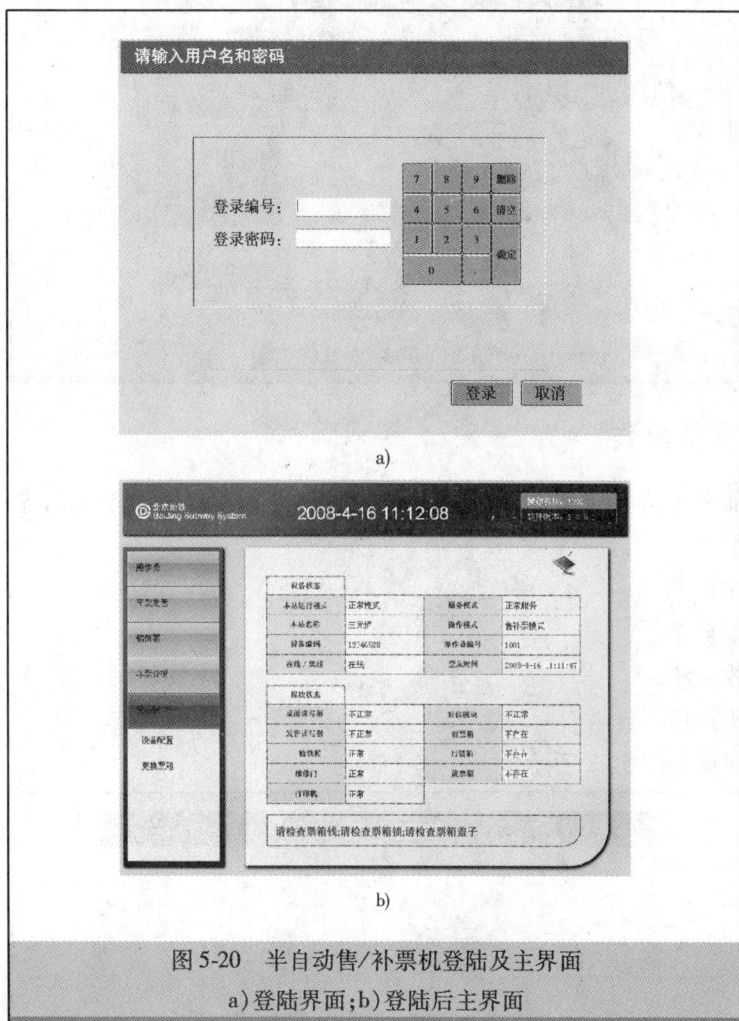

图 5-20　半自动售/补票机登陆及主界面

a)登陆界面;b)登陆后主界面

### ② 单程票发售操作

票务员登陆半自动售/补票机后,单击车票发售,进入车票发售单元的界面。发售单程车票流程如下:

①选择目的车站;

②选择售票张数;

③选择每张票的单价;

④输入实收金额；

⑤单击发售按钮。

单程票发售界面如图 5-21 所示。

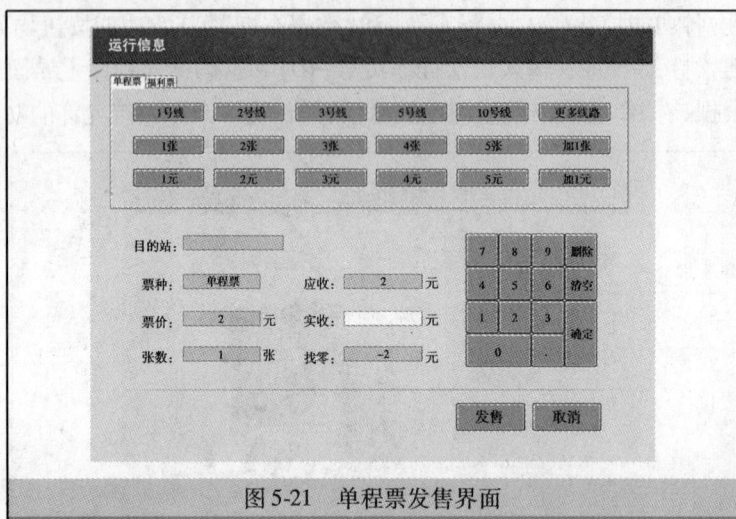

图 5-21　单程票发售界面

### ❸ 补出站票操作

票务员登陆半自动售/补票机后，单击车票发售，进入车票发售单元的界面。补出站单程车票流程如下：

①选择车站；

②输入补票金额；

③输入实收金额；

④单击发售按钮。

补出站票界面如图 5-22 所示。

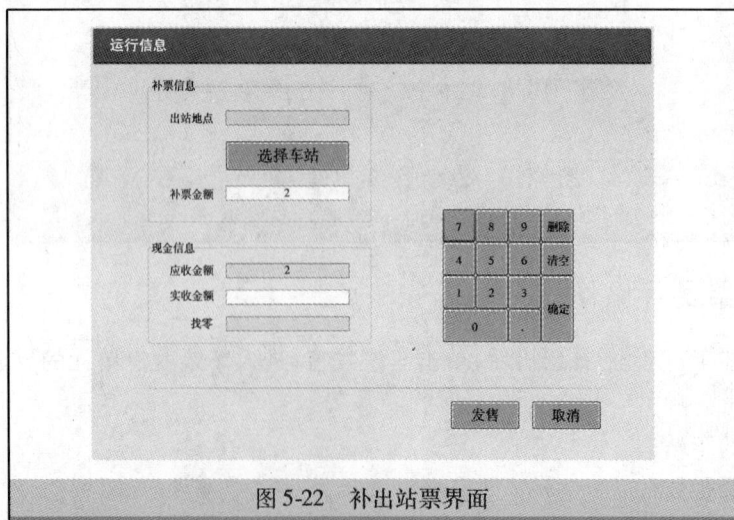

图 5-22　补出站票界面

**④ 储值票操作**

（1）储值票发售

储值票发售是指第一次发售充值，即储值票开卡。票务员将要发售的储值票放在储值票读卡区，单击主界面的储值票按钮，在储值票操作中单击储值票发卡，储值票发卡时，须向乘客收取20元押金。其具体操作流程如下：

①选择充入金额；

②输入实收金额；

③单击发卡按钮。

储值票发售界面如图5-23所示。

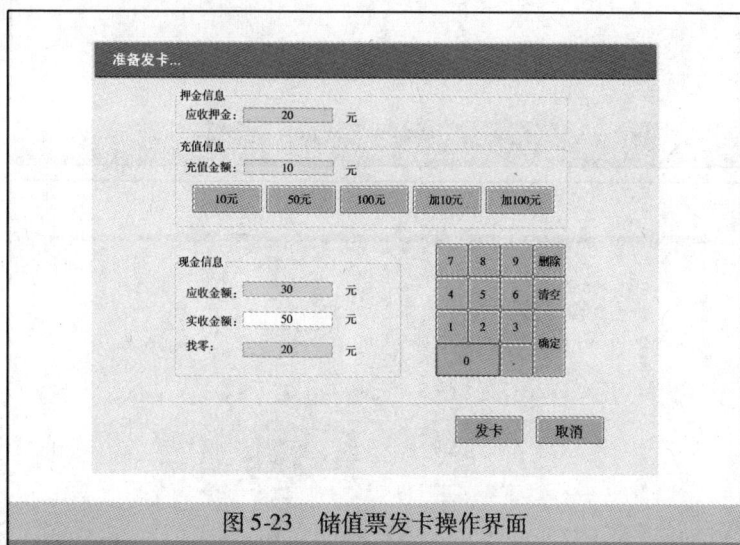

图5-23　储值票发卡操作界面

（2）储值票充值操作

票务员为乘客办理储值票充值时，将储值票放在读卡区，单击储值票按钮，进入储值票操作界面。储值票的充值流程如下：

①选择充入金额；

②输入实收金额；

③单击充值按钮。

储值票充值界面如图5-24所示。

（3）储值票退卡

乘客在将储值票退卡时，票务员将要退的储值票放在储值票读卡区，单击主界面的储值票按钮，在储值票操作中单击储值票退卡，储值票退卡时，在检查储值票完好后，须向乘客返还20元押金。其具体操作流程如下：

①输入实退金额；

②单击确定按钮。

储值票退卡界面如图5-25所示。

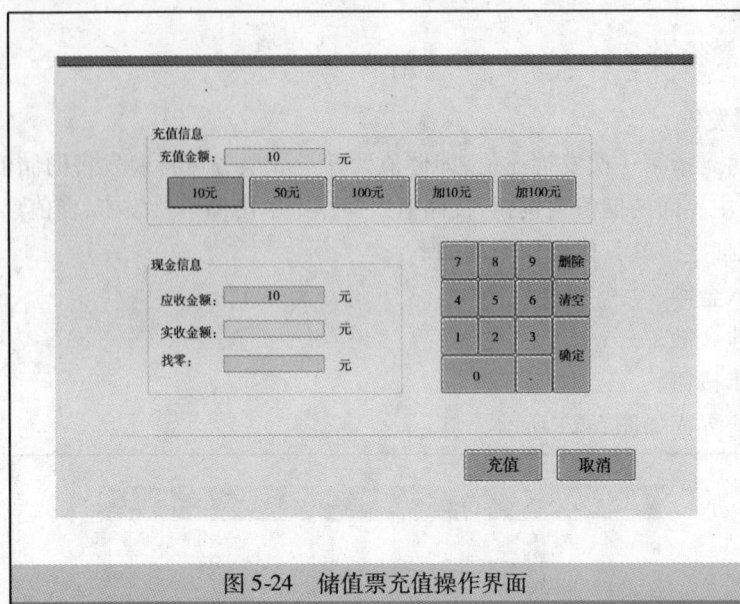

图 5-24　储值票充值操作界面

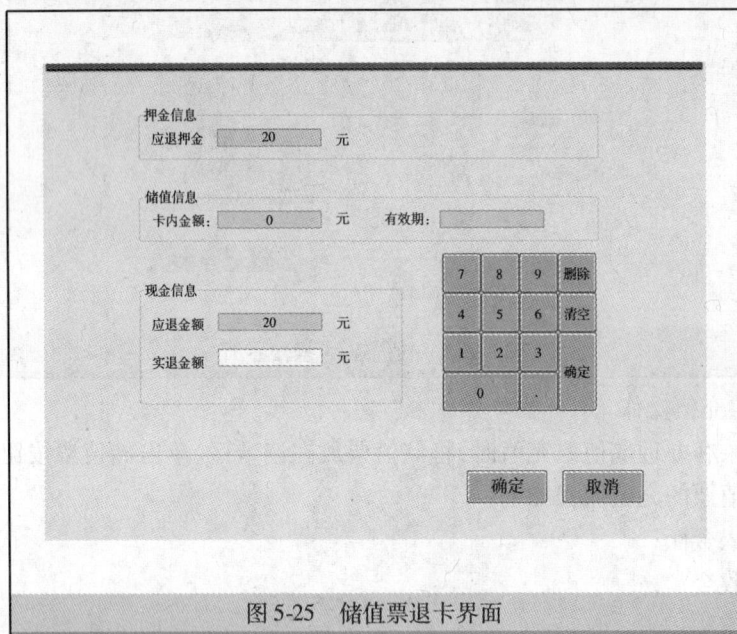

图 5-25　储值票退卡界面

## ⑤ 车票分析

　　车票分析是指通过半自动售/补票机分析车票的信息。票务员在接到乘客提供的车票后,首先必须进行车票分析,并根据分析结果进行后续处理。首先选择是付费区操作还是非付费区操作,将要分析的车票放在读卡区,点击"分析车票"按钮,就能在车票状态栏看到票卡当前的状态,如车票票卡号、种类、最近一次进出站的车站、进出站时间、车票余额等信息,同时在分析结果栏显示出系统对票卡状态进行分析的结果。车票分析界面如图5-26所示。

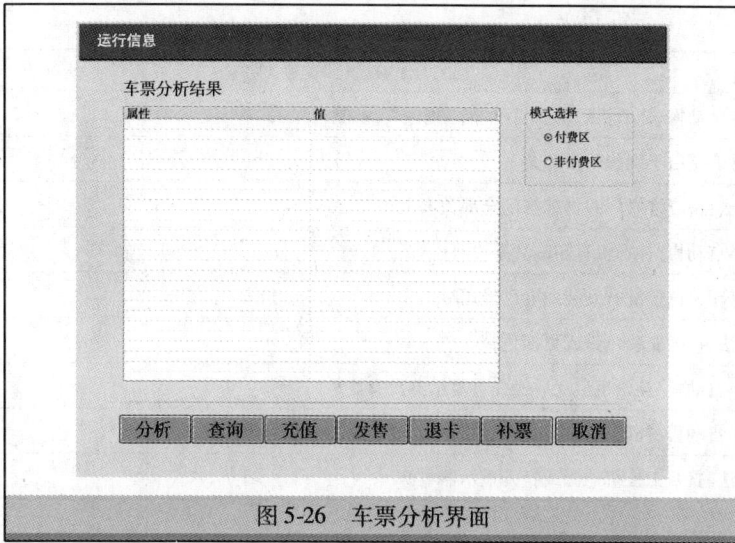

图 5-26　车票分析界面

## 6 几种常见半自动售/补票机故障与处理(表 5-7)

几种常见半自动售/补票机故障与处理　　　　　　　　　　　表 5-7

| 序号 | 故障现象、原因及解决办法 |
|---|---|
| 1 | 现象:半自动售/补票机无法正常充值 |
| | 原因:储值卡读卡器没有正确连接 |
| | 解决办法:<br>正确连接储值卡读卡器 |
| 2 | 现象:半自动售/补票机屏幕显示"网络连接失败" |
| | 原因:是由于网络出现故障造成的 |
| | 解决办法:<br>(1)请检查半自动售票机和服务器之间的网络连接是否正常;<br>(2)请检查系统服务器软件是否正常运行 |
| 3 | 现象:半自动售/补票机乘客显示器没有显示 |
| | 原因:可能是由于乘客显示器电源没有打开或者连接错误 |
| | 解决办法:打开乘客显示器电源或者检查线缆连接 |
| 4 | 现象:半自动售/补票机不能打印凭条 |
| | 原因:可能是由于打印机电源没有打开或者打印纸已经用尽 |
| | 解决办法:检查是否打开打印机电源或者正确安装打印纸 |
| 5 | 现象:半自动售/补票机无法发售单程票 |
| | 原因:单程票发售模块内没有放入车票或者票箱没有正确安装 |
| | 解决办法:<br>(1)放入发售用车票;<br>(2)正确安装票箱 |

| 序号 | 故障现象、原因及解决办法 |
|---|---|
| 6 | 现象:半自动售/补票机启动后显示"暂停服务",不能进入工作状态 |
|  | 原因:可能是由于维修门没有关上 |
|  | 解决办法:检查维修门并将维修门全部关紧上锁 |
| 7 | 现象:半自动售/补票机打印的凭条没有内容 |
|  | 原因:打印机色带没有安装或者已经用尽 |
|  | 解决办法:正确安装色带或更换色带 |
| 8 | 现象:半自动售/补票机启动后操作员显示器没有显示 |
|  | 原因:半自动售/补票机内部工控机没有开机或显示器处于关闭状态 |
|  | 解决办法:打开工控机电源或打开显示器电源 |

## 7 日常维护方法

为了保证半自动售/补票机能够长期安全有效地运行,应该定期对机器进行维护,在日常维护中应注意以下方面:

(1)触摸显示器保持洁净,没有灰尘或其他异物附着。

(2)出票口不可异物遮挡。

(3)不锈钢机壳表面定期进行清洁,应使用不锈钢保养油。

(4)机器表面防止硬物划伤,保持表面光洁,擦拭时应使用柔软清洁材料。

(5)电源插头防止氧化、玷污、损毁而漏电伤人。

(6)勿折网线,避免接头损伤。

(7)避免硬物撞击售票机。

## 复习与思考

1. 简述防灾报警系统(FAS)的组成及其功能。

2. 简述防灾报警系统在火灾报警情况下的处理程序。

3. 简述自动扶梯紧急停止程序。

4. 简述作为一名站台站务员,若站台屏蔽门多扇门打不开时,应如何处理?

5. 案例分析:上午 10 点 30 分,你所在车站北面站厅一部自动售票机冒烟并有火光闪出,烟雾迅速地从站厅扩散至其他地方,如站台、行人通道及出入口。乘客纷纷逃离现场,场面十分混乱。站台当时并没有列车停站。11 点 20 分恢复运营后,发现站内的自动售票机均显示网络连接故障。

请从车站站务员的角度分析事件处理程序。

# 单 元 6

# 城市轨道交通票务组织

## 📖 教学目标

1. 了解城市轨道交通票务系统的发展现状；
2. 掌握自动售检票系统运营管理的三种模式；
3. 了解城市轨道交通车票使用范围与管理流程；
4. 了解城市轨道交通票款管理流程；
5. 掌握票务作业的定义及其一般流程。

## ✔ 建议学时

8 学时

# 6.1 城市轨道交通票务系统

## 一 票务系统概述

城市轨道交通是承载城市客运的主干交通体系,它能有效解决大客流、远距离、快速准点等城市交通难点,提供"畅达、安全、舒适、清洁"的交通服务,具有人性化、捷运化、信息化和生态化等基本特征。其最典型的特点为:

(1)提供高效的中、远距离客运服务。

(2)适应频繁的瞬间大客流冲击。

(3)单项交易金额较小,但总交易量大,导致总交易金额巨大。

为适应城市轨道交通的特点,应建立相应的票务系统。

城市轨道交通票务系统是轨道交通运营方为乘客提供快捷、优惠的出行,有效进行票务收入管理,合理配置运营系统(运营设备、运营模式)资源而建立的一套满足轨道交通票务管理需求的系统。

## 知识链接

### 早期票务系统使用程序

早期票务系统使用程序如下:

①乘客花费一定的金额购买预付凭证;

②在出行时,出示预付凭证并通过有关设施;

③以预付凭证所记录的金额(票证金额)或使用次数为限,对符合使用状况的金额或使用次数进行减值操作;

④通过以上方法代替现金等支付手段,向乘客提供交通旅行服务。

早期使用的检票机见图6-1。

图6-1 早期使用的检票机

城市轨道交通票务系统主要是制定票价等运营策略,对车票制作、车票出售、入站检票、出站检票和补票、罚款等营收信息进行有效管理。随着系统功能外延的不断扩展,票务系统也承担起对营运状况进行监控管理的职责。合理的票务机制能有效培育客流和提高运营效益。建立路网自动售检票系统,有利于高效实施轨道交通票务系统管理,提高票务结算的公正性、公平性,同时提高乘客的出行效率。

原则上说,不管采用何种售检票方式,票务政策都是恒定的,所以说自动售检票系统只是票务系统的一种体现或实施方法。城市轨道交通线路的售检票系统对于不同车票介质,如塑质磁卡车票、纸质磁卡车票、IC卡车票和纸票(图6-2),均能进行运营收入的有效管理。不管城市轨道交通有何差异,都应建设一套符合自身需要的票务系统以便进行票务管理。

图6-2为北京地铁早期使用的纸质车票。

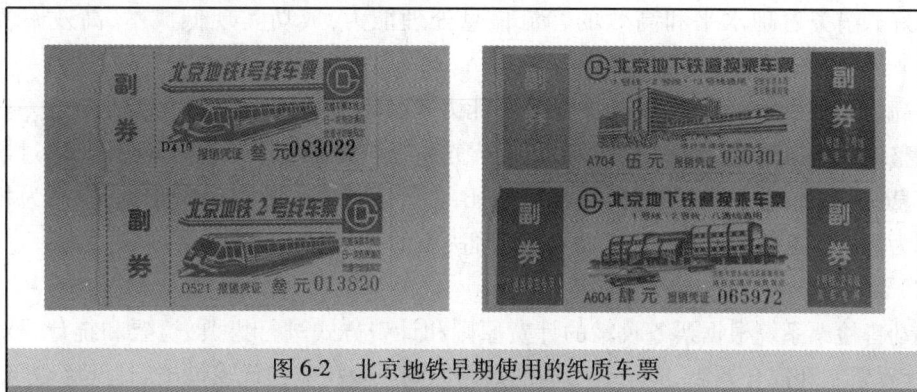

图6-2　北京地铁早期使用的纸质车票

## 二 票务系统的意义

城市轨道交通票务系统是轨道交通票务收入和结算的基础,只有通过安全、可靠和完备的自动售检票系统才能有效地实施票务的结算和清分。网络票务系统的统一规划,是实现线路之间换乘的基础条件。如果没有网络票务系统的统一规划,可能导致各条线路之间票务系统不兼容、车票介质不兼容,因而无法实现互联,不能实现信息的共享,也无法进行交易数据的清分。

快捷、方便是城市轨道交通的最大优点,也是基本要素。在设计票务系统时,应本着"以人为本"的宗旨,充分考虑以下因素:

(1)有利于提升城市轨道交通行业的社会形象和服务区域形象。

(2)有利于提高运营管理水平,保障票务收益。

(3)有利于管理责任落实,保证交易数据和票务信息的安全。

(4)有利于简化操作,方便出行,提高乘客的出行效率。

(5)有利于提供准确的客流及票务统计分析数据。

(6)有利于减少现金交易、人工记账及统计工作,提高准确率和效率。

## 三 城市轨道交通票务系统与 AFC 自动售检票系统的关系

城市轨道交通票务系统是 AFC 自动售检票系统实施的必要环境和基础;而自动售检票系统则是票务系统的实现手段之一,它能有效提高票务系统的管理水平和效益。城市轨道交通票务系统是城市轨道交通票务收入和结算的基础,只有通过安全、可靠和完备的售检票系统才能有效地实施票务的结算和清分。

自动售检票系统与票务策略的对应关系主要表现在客流、票制、统计与结算、票务处理等方面。

(1)客流

自动售检票系统可根据交易信息,为决策或规划提供客流信息。自动售检票系统可通过其良好的票务管理水平和高效的客流信息处理能力,成功实现低成本、高效率的系统运作。

提高信息利用率,增强系统的决策分析能力是自动售检票系统的发展方向之一。应强化系统整理分析原始数据和信息的能力,把票务系统与其他的信息管理相结合,通过票务系统的信息挖掘,可以进一步了解区域客流特征,为管理提供量化的决策依据,也可为相关的经济行为提供客流行为支持,提高服务或管理决策的针对性和准确性。

(2)票制

自动售检票系统根据票务政策的计费原则和计费方式进行售票、检票和统计。对单一票制、计程票制和混合票制,应结合不同的票制原则以及相应的优惠措施制订执行方案。

单一票制是根据乘车次数(即完成一个完整的进、出站检票过程计为一次)进行计费,与实际乘坐的距离长短无关。计程票制是经进、出站检票,严格按照实际乘坐距离长短(里程或乘坐车站数)并根据票价计费标准计算乘车费用。混合票制也称为分区(区间)计程制,即将运营线路总长度分为若干个区域(区间),根据票价计费标准,在各区域(区间)内采用同一票价。实际运营距离跨越一个或多个区域(区间)时,根据占用的区域(区间)数进行计费。

(3)统计与结算

票务统计与结算的基础是交易数据,线路每天的客流量是该线路各站的单程票、储值票及许可票的进站数及换乘至该线人数之和;各线日车票收入以单线各站的单程票发售收入与储值票的出站扣值及当天补票收入之和,减去退票款后,按乘客在各换乘线路乘坐的情况核算。

自动售检票系统可对客流量、票务收入以及单程票的使用进行统计和分析,并编制相应的报表。自动售检票系统对不同线路或不同的收益主体进行票务收入的清分,对路网系统与其他兼容系统进行清分,并可通过银行结算系统进行及时结算。

(4)车票处理

车票处理包括对单程票、储值票和许可票的处理。一般情况下,单程票是当日当站使用,通常要制定退票规则,包括是否允许退票、退票时间要求、手续费的收取等;储值票包含记名和不记名储值票,不记名票通常不挂失、不办理退票,当储值票不能正常使用时,由车站受理,交专门部门进行查询、分析和作出相应的处理。

## 6.2 自动售检票系统运营管理模式

### 一 自动售检票系统运营管理模式定义

自动售检票系统包括三种运营管理模式:正常运营模式、降级运营模式和紧急放行模式。

通常情况下,自动售检票系统在正常运营模式下自动运行。正常运行模式是系统默认模式,包括正常服务模式和关闭服务模式。正常服务模式下进行正常的售票、补票、检票等处理。关闭服务模式下,不对车票进行任何处理。

在运营过程中出现的特殊情况,为保证客运安全和运营收益,根据实际情况,经设定系统进入相应的降级运行模式。基本降级运行模式包括:列车故障运行模式;进站免检运行模式;出站免检运行模式;时间免检运行模式;日期免检运行模式;车费免检运行模式。

在运营过程中,当车站或列车发生火灾、爆炸等危及乘客和工作人员安全的紧急情况,需要乘客紧急撤离车站时,启用紧急放行模式。进入紧急放行模式后,闸机处于全开状态,乘客出站不检票。紧急放行模式具有最高级的模式执行优先权。车站紧急模式的设置可由车站防灾系统自动设定,亦可由综控室值班站长通过按压紧急按钮进行设定。

### 二 正常运营模式

在每日运营开始时,自动售检票系统可根据时间表设置,自动将各车站终端设备(如检票机、半自动售票机、自动售票机等)设置为正常服务状态;每日运营结束时,系统也同样按顺序关闭终端设备,将设备置于关闭状态。同样,运营操作人员可以通过车站计算机将车站终端设备设置为正常服务状态或关闭状态。

在正常服务状态下,当乘客持车票进站,进站检票机检验车票有效时,释放自动检票机闸门,让乘客通行;当进站检票机检验车票无效时,锁闭闸门,乘客显示器显示相关信息,引导乘客到服务点查询车票。

当乘客持车票出站,出站检票机检验车票有效时,释放闸门,让乘客通行,出站检票机根据预先设置回收规定类型车票;当出站检票机检验车票无效时,锁闭闸门,乘客显示器显示相关信息,引导乘客到服务点查询车票。

当设备由于钱箱满、票箱满、票箱空等原因,或设备门被非法打开时设置进入暂停服务状态,在此状态下终端设备不应对车票作任何处理。

# 三 紧急放行模式

在运营过程中,当车站或列车发生火灾、爆炸等危及乘客和工作人员安全的紧急情况,需要乘客紧急撤离车站时,启用紧急放行模式。

可通过中央计算机系统、车站计算机系统、车站控制室紧急按钮及检票机本机控制等多种方式实现,并做好相关记录,将车站终端设备设置为紧急放行模式。

(1)设备的表现

①中央计算机工作站上要明显地显示设置为该模式的车站名称,如字体或颜色闪烁等。以便进行监控。

②设置了该模式的车站计算机应在显著的位置,用明确的文字或符号显示所设置的模式,并用明确的文字或符号显示车站内的哪些设备已进入该模式。

③在收到车站计算机下达的命令后,车站终端设备按模式要求进入相应的状态,按模式要求对车票进行处理。

④半自动售票机可正常运作,但操作员显示器上显示紧急状态的信息。自动售票机应处于暂停服务的状态。

⑤检票机所有扇门处于打开状态,保证乘客无阻碍地离开付费区。同时,所有检票机(包括进、出站检票机)的乘客显示器显示紧急信息,所有面向付费区的导向指示器闪烁显示"通行"标志,所有面向非付费区的导向指示器闪烁显示"禁止通行"标志。

(2)对车票的处理

所有检票机不对车票进行写处理。如有车票放于读卡器上,不对车票进行写操作,城市轨道交通专用票不回收。

# 四 降级运行模式

## ❶ 运营故障模式

当出现运营故障,部分车站暂时中止运营服务时,暂停服务的车站需根据相关规定设置运营故障模式。

可通过中央计算机系统、车站计算机系统将车站终端设备设置为运营故障模式,并做好相关记录,以后设的为优先。

（1）设备的表现

①中央计算机系统工作站上要明显地显示该车站名称及模式,如字体或颜色闪烁等,以便进行监控。

②设置了该模式的车站计算机系统应在显著的位置,用明确的文字或符号显示所设置的模式,并用明确的文字或符号显示车站内的哪些设备已进入该模式。

③在收到车站计算机系统下达的命令后,车站终端设备按模式要求进入相应的状态,按模式要求对车票进行处理。

（2）对车票的处理

①设置运营故障模式的出站检票机应根据车票的票种及进站地点作不同处理。

a. 对本站进站的单程票及乘次票不扣除车费或乘次,单程票不回收,并写入此模式的标志信息。

b. 对本站进站的其他车票不扣任何车费,并写入出站码和此模式的标志信息。

c. 对其他车站进站的单程票及乘次票不扣除车费或乘次,单程票不回收,并写入此模式的标志信息。

d. 其他车站进站的其他类型车票不扣车费,写入出站码和此模式的标志信息。

②模式结束后,所有车站的自动检票机对车票进行处理。

a. 若单程票或乘次票具有列车故障模式标志信息,并在规定时间段内（系统设置）,则允许任何车站进站使用。出站时根据实际车费进行检查,车费不足应到半自动售补票机进行超程更新处理。

b. 储值票等其他车票正常使用和扣费。

### ② 进站免检模式

出现下列情况之一时,车站可设定为进站免检模式:

（1）售票设备全部故障,无法发售车票时。

（2）进站及双向检票设备全部故障时。

（3）客流集中进站,致使售检票能力严重不足,危及乘客安全时。

在进站免检模式下,乘客不需检票直接进站。其他车站对于无进站信息车票视同模式站进站,乘客可持车票正常检票出站,出站时出站检票机自动补全车票信息,回收回收类车票。

### ③ 出站免检模式

出现下列情况之一时,车站可设定为出站免检模式:

（1）出站及双向检票设备全部故障。

（2）客流集中出站,检票设备能力严重不足,危及乘客安全时。

在出站免检模式下,乘客出站不需检票直接出站。持非回收类车票的乘客在规定日期内再次进站时,进站检票机依据车票内进站信息和模式信息扣除上次乘车费用后按照正常检票进站。回收类车票作废不可再次使用。

### ④ 时间免检模式

由于列车延误、时钟错误或其他原因导致大量持票乘客超时无法出站,应及时设置时间免检模式。

可通过中央计算机系统和车站计算机系统,将车站终端设备设置为时间免检模式,并做好相关记录,以后设的为优先。

（1）设备的表现

①中央计算机工作站上要明显地显示设置为该模式的车站名称,如字体或颜色闪烁等,以便进行监控。

②设置了该模式的车站计算机应在显著的位置,用明确的文字或符号显示所设置的模式,并用明确的文字或符号显示车站内的哪些设备已进入该模式。

③在收到车站计算机下达的命令后,车站终端设备按模式要求进入相应的状态,并按模式要求对车票进行处理。

（2）对车票的处理

设置此模式车站的出站检票机对所有车票不检查车票上次的进站时间,但是仍检查车票的票值、进站码、日期等,所有车票按正常票价扣费。

### ⑤ 日期免检模式

若由于轨道交通运营的原因,导致车票过期,根据运营工作的需要及相关规定的要求设置日期免检模式。若终端设备时钟出现故障,系统能自动避免对车票时间及日期方面的检查,而不需设置时间及日期的免检模式。

可通过中央计算机系统和车站计算机系统,将车站终端设备设置为日期免检模式,并做好相关记录,以后设的为优先。

（1）设备的表现

中央计算机工作站上要明显地显示设置为日期免检模式的车站名称,如字体或颜色闪烁等,以便进行监控。

①设置了该模式的车站计算机应在显著的位置,用明确的文字或符号显示所设置的模式,并用明确的文字或符号显示车站内的哪些设备已进入该模式。

②在收到车站计算机下达的命令后,车站终端设备按模式要求进入相应的状态,对车票进行处理。

（2）对车票的处理

设置此模式的出站检票机对所有车票不检查车票上的有效日期,但是仍检查车票的其他信息,如进站码、车票票值等,所有车票按正常票价扣费。

### ⑥ 超程免检模式

由于某个车站因为事故或者故障而关闭,导致列车越过该站后才停车,可根据相关规定的要求设置超程免检模式。

可通过中央计算机系统和车站计算机系统,将车站终端设备设置为超程免检模式,并做好相关记录,以后设的为优先。

(1)设备的表现

①中央计算机工作站上要明显地显示设置为该模式的车站名称,如字体或颜色闪烁等,以便进行监控。

②设置了该模式的车站计算机应在显著的位置,用明确的文字或符号显示所设置的模式,并用明确的文字或符号显示车站内的哪些设备已进入该模式。

③在收到车站计算机下达的命令后,车站终端设备按模式要求进入相应的状态,按模式要求对车票进行处理。

(2)对车票的处理

设置此模式的出站检票机不检查车票的余值,但检查车票的其他信息,如车票的进站码、时间、日期等,储值票扣最低票价,乘次票扣一个乘次,轨道交通专用票回收。

# 6.3　车票的使用范围与管理

## 一　车票的使用范围

在城市轨道交通系统中,所使用的车票种类较多,可回收类的车票包括单程票、福利票和出站票,非可回收类的车票包括纪念票、储值票、员工卡和车站工作票等。上述车票的适用范围如表 6-1 所示。

车票适用范围　　　　　　　　　　　　　表 6-1

| 类别 | 票种 | 介质 | 提供单位 | 使用方法 | 备　注 |
|---|---|---|---|---|---|
| 可回收车票 | 单程票 | 非接触式IC卡 | ACC | 进站刷卡,出站回收 | 当日一次乘车使用 |
| | 福利票 | | | | 适用于持可免票证件的乘客在半自动售/补票设备换取的车票,使用方式同单程票 |
| | 出站票 | | | 出站回收 | 用于乘客在付费区补票出站。仅限发售出站票的车站当日出站时使用 |

续上表

| 类别 | 票种 | 介质 | 提供单位 | 使用方法 | 备注 |
|---|---|---|---|---|---|
| 非可回收车票 | 定值纪念票 | 非接触式IC卡 | ACC | 进站刷卡,出站经回收、扣费后原处退还给乘客 | 已限定票值总额,在有效期内,每次一人使用有效 |
| | 车站工作票 | | | 进、出站均刷卡 | 由车站工作人员持有,仅限指定车站使用,不检查进出站次序 |
| | 其他预留票种 | | | — | 带行李单程票、往返票、一日票、区段票、计次纪念票、定期纪念票、员工票、储值票 |
| | 普通储值卡 | | 一卡通公司 | 进、出站均刷卡 | 1.有效期内限单人使用。收取押金、可充值。 2.异形卡的使用方法与普通卡相同,以一卡通公司提供的样式为准 |
| | 学生卡 | | | | |
| | 纪念卡 | | | | |
| | 员工卡 | | | | 只限系统内部员工使用,每次扣除次数一次 |
| | 其他预留卡种 | | | — | 定期卡、计次卡等 |
| 应急纸票 | 单程票 | 纸质车票 | 运营企业 | 进站经人工检票,出站无需验票 | 根据ACC相关规定,满足应急启动条件时使用 |

## 二 车票管理流程

车站是城市轨道交通企业的车票出售、流通中心,车票配送部门将车票配发到车站后,由车站负责对车票的安全管理。

(1)车票的管理流程

在自动售检票模式下,车票通过一系列自动售检票设备进行流通、周转,实现系统内的循环使用。车站需要定时将一定数量的单程票补充进自动售票机的票箱内,以供乘客自行在自动售票机上购买;另外,车站还需要将一定数量的单程票、储值票配发到票务处,由站务员在半自动售票机上操作发售。乘客持车票进闸机乘车,出闸机时单程票由出站闸机回收,供车站循环使用,储值票闸机不回收,可供乘客重复使用,车票有异常问题时可到票务处进行处理。当乘客在购买单程票或储值票后,因特殊原因需要退票时,可到票亭办理,站务员退还乘客购票金额,并回收乘客车票。车票的管理流程如图6-3所示。

(2)车票的安全管理规定

因车票自身制作成本及所赋予的价值,均属于城市轨道交通企业财产的重要部分,其安

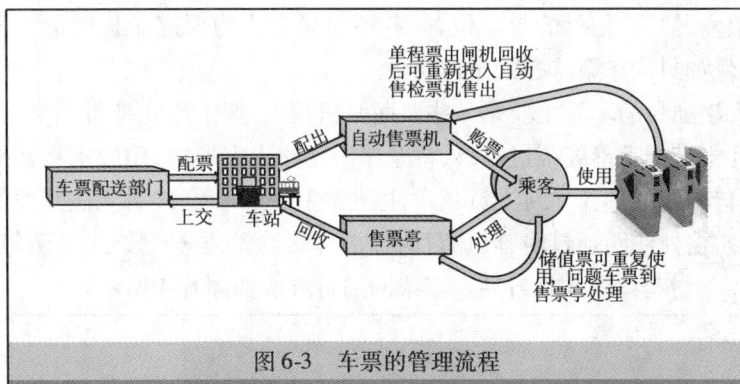

图6-3　车票的管理流程

全管理直接影响企业收益安全。为保证车票的安全,原则上车票只能存放于专门的安全管理区域,主要包括点钞室(通常设置在车站设备区内,专门用于保管车站现金、车票及结算票款的工作间)、售票亭、临时售票亭、自动售票机、半自动售票机、出站闸机以及车票回收箱等。

车站需根据车票的性质、票种在点钞室内划分区域,对车票实行分类存放,建立专门的台账对车票的分类存放、配发、回收等流通情况进行记录,并定期安排专人对各类车票进行全面盘点,以确保台账记录情况与实际清点情况相符。点钞室内存放车票的票柜、保险柜在无人值班时应处于锁闭状态。票务员在售票亭处理车票时,应将车票放在乘客接触不到的地方,尤其存放于临时售票亭的车票须做好防盗工作。

## 知识链接

### 日常运送车票注意事项

日常运送车票时,须将车票放在上锁的售票盒、票箱或上锁的手推车中,并由两名站务员负责运送途中的安全,防止运送过程中发生遗失、损坏等异常情况。同时,车站在使用及保管车票时,要注意防折曲、刻画、腐蚀以及防水、重压和高温。

(3)车票的交接要求

为保证车票在各岗位之间交接过程中的安全,车站在进行车票交接时,需建立车票的交接凭证和统计台账,交接人员依据交接凭证办理交接手续并做好书面交接记录,详细记录交接车票的种类、数量、状态、信息等;交接时若发现车票数量或信息有误,交接双方需及时核查更正;对于不能及时查明原因的,应按实际数量进行签收,车站在交接记录本上记录相关情况,并将情况立即报告上级组织调查。

(4)车票的加封

为避免车票零散存放而导致遗失、混淆和重复劳动等问题,车票在经相关工作人员清点并确认数量后,可按一定数量进行加封保管,以保证车票保管的安全、准确。同时,车站日常进行车票交接时,可直接在加封状态下进行交接,在一定范围内优化车票的交接流程,提高车站票务工作的效率。车票加封时,可用扎把带直接加封或将车票装进票盒、钱袋、信封后用扎把带加封票盒、钱袋、信封的封口位置,各种加封方式均须遵循扎把带一经破封无法复原的原则,以确保加封的车票状态处于控制中。

用扎把带直接加封的车票主要是一些票面面积较大、便于用扎把带缠绕的车票,如纸票等。加封时将扎把带十字形缠绕过车票,将车票固定在十字形内,用胶水将扎把带末端粘贴住,并在粘贴封口骑缝处加盖加封人员私章,以达到扎把带一经破封无法复原的目的。加封时,需在扎把带空白处注明加封内容(加封内容指车票类型、票种、数量、金额等,预制票尚需注明售出期限)、加封车站和加封日期。车票的加封方法如图 6-4 所示。

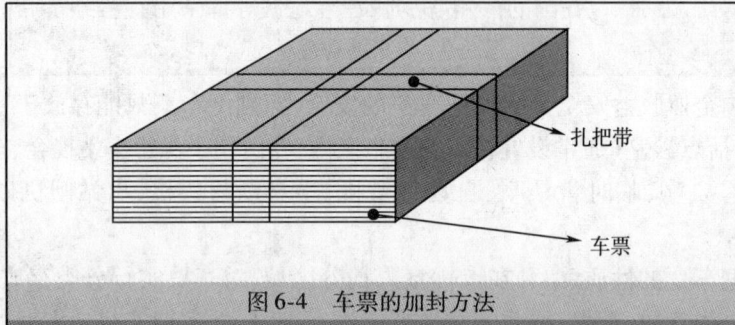

图 6-4　车票的加封方法

用票盒加封时,将车票放入票盒后,用扎把带在票盒中间部位一字形缠绕后加封,在扎把带粘贴封口骑缝处加盖加封人员私章,并在扎把带空白处注明加封内容、加封车站和加封日期。用钱袋加封时,把车票放入钱袋后,将钱袋口用绳子缠绕扎紧后再用扎把带缠绕加封,在扎把带粘贴封口骑缝处加盖加封人员私章,并在扎把带空白处注明加封内容、加封车站和加封日期。用信封加封时,把车票放入信封后,将信封口封住,再用扎把带将信封背面的接缝处封住,在信封的正面注明加封内容、加封车站、加封人和加封日期,并在信封背面扎把带骑缝处加盖加封人员私章。

# 6.4 票款管理

## 一 票价策略与计价方式

目前,在城市轨道交通行业采用的票价制式主要有单一票价制和计程票价制。单一票价制是指不论乘客乘坐里程长短或站点数多少都实行一种价格的票价制度。计程票价制又分为按区间分段计价和按里程计价两种。按区间分段计价是指按乘客乘坐的车站区间数量实行多级票价,根据设定的基本起步价、起价区间、每个计价段所包含的区间数、每一计价段价格等进行票价的计算。按里程分段计价是指按乘客乘坐的运营里程长短实行多级票价,根据设定的基本起步价、起价里程、每个计价段所包含的里程数、每一计价段价格等进行票价的计算。

目前,国际上采用单一票价制和计程票价制的轨道交通大体各占一半。国内的北京地铁和天津地铁分别建于20世纪60年代和70年代,限于当时的历史条件和技术经济能力,都采用了单一票价制。但世界上几乎所有新建的地下轨道,如韩国的首尔,新加坡,日本的仙台,委内瑞拉的加拉加斯,我国的广州、深圳、香港地铁等都采用计程票价制。两种票价制度的优缺点见表6-2所示。

各城市轨道交通企业根据相应的票价制式,结合自身特点和实际情况,制定具体的票价,不同城市轨道交通企业的具体票价也各不相同。

单一票价制与计程票价制优缺点　　　　　　　　　表6-2

| 分类 | 单一票价制 | 计程票价制 | |
| --- | --- | --- | --- |
| | | 按区间分段计价 | 按里程分段计价 |
| 优点 | 票制单一,易于管理和操作,服务人员相对较少 | 考虑了长、短途客流的需求,票价相对合理,乘客可根据乘坐的区间数计算票价 | 充分考虑长、短途客流的不同需求,按乘坐里程与票价的关系制定合理的票价,适用于站间距有较大差异的线网 |
| 缺点 | 长、短途客流费用支出不合理,无法充分体现企业的经济效益 | 不适用于站间距有较大差异的线网 | 管理难度较大,对自动售检票系统提出更高要求 |

## 知识链接

北京地铁采用单一票价制,票价为2元;广州地铁采取按里程分段计价,起步4km以内2元,4～12km范围内每递增4km加1元,12～24km范围内每递增6km加1元,24km以后每递增8km加1元。

制定票价时需要因地制宜,根据各个城市的居民收入和消费水平、轨道交通定位等多种因素综合考虑确定。一般制定票价时需要考虑城市公共交通现状、轨道交通运营实际人公里成本、与其他公共交通的合理比价及当地消费者的承受能力等几个因素。

## 二 票款管理流程

轨道交通车站现金来源主要有两类,即备用金和票款。备用金指由上级部门配发给车站,专用于给乘客兑零、找零、自动售票机补币、与银行兑零等用途的周转资金。票款指车站通过自动售票机、半自动售票机或临时票务处人工向乘客发售车票及办理票卡充值、更新等售、补票业务过程中收取的现金。由车站具体负责对备用金及票款的安全管理。

（1）现金的管理流程

备用金配发到车站后，主要供车站流通使用。自动售票机及票务处的票款经车站清点后，需及时存入企业在银行的专用账户。现金管理流程如图6-5所示。

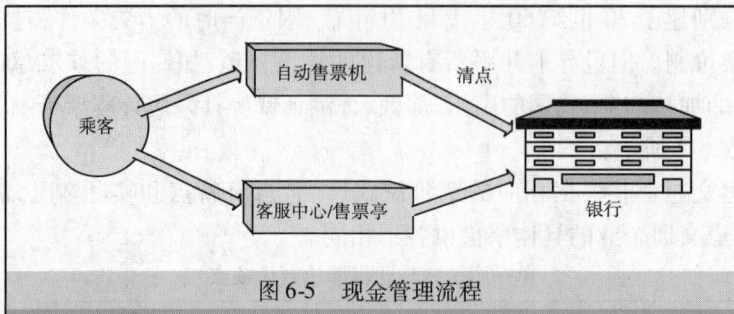

图6-5　现金管理流程

（2）现金的安全管理规定

车站备用金及票款收入作为城市轨道交通企业现金收益的重要部分，其安全管理直接影响企业收益安全。以保证现金安全为目的，原则上车站现金只能存放于专门的安全管理区域，主要包括票务收益室、客服中心和自动售票机。

票务收益室、客服中心应设有防盗门，并随时保持锁闭状态，门钥匙由专人保管及使用。室内应配置监视设备，能对所有现金操作环节进行实时监视和实时录像，并留存一定时间段的录像可供回放查看。除车站当班票务工作人员及其他指定票务工作人员外，其他人员不得随意进入票务收益室、客服中心，确需进入时，必须得到当班值班站长或以上级别人员的许可，并由当班值班员陪同方可进入。车站需设立台账，记录批准人员和进入人员姓名、进入原因、进入时间以及离开时间等，当班值班员离开点钞室或站务员离开票务处时，票务收益室、客服中心内所有人员必须随同离开，不得逗留。除现金交接、钱箱清点之外，其他时间票务收益室内的所有现金只能保管在保险柜、补币箱或待清点钱箱内，站务员在处理现金时，应将现金放在乘客接触不到的地方。

## 知识链接

### 日常运送现金的注意事项

日常运送现金时，必须将现金放入锁闭的钱箱、票盒或上锁的手推车中，并由两名车站站务员负责运送，以确保运送途中的安全。同时，车站需每月定期对车站备用金的库存情况进行盘点，做到账实相符。

（3）现金的交接

为保证备用金、票款在各岗位之间交接过程中的安全，车站在进行备用金、票款交接时，需建立交接凭证和统计台账，交接人员依据交接凭证办理交接手续并做好书面交接记录；交接时若发现实点金额与交接凭证有误,交接双方需及时核查更正。对于不能及时查明原因的,应按实点金额进行签收,车站在交接记录本上记录相关情况,并将情况立即报告上级组织调查。

（4）现金的加封

为保证车站现金管理的安全、有序,车站现金应加封进行保管,可用扎把带直接加封,或采取将现金装进钱袋、信封后用扎把带加封钱袋、信封的方式进行加封。为确保车站收益安全,所有现金的加封均需由双人负责,且加封后必须保证扎把带一经破封无法复原。

直接用扎把带加封只适用于纸币的加封。一般情况下,车站清点纸币时,按各面额分类清点,各面额清点满 100 张时加封一次,直接用扎把带加封。加封前,在扎把带上注明加封金额、加封车站、加封人和加封日期。加封时,用扎把带缠绕经归整后的纸币,并在其中部加封,用胶水将扎把带末端粘贴,并在粘贴封口骑缝处加盖加封人员私章,达到扎把带一经破封无法复原的目的,纸币的加封方法如图 6-6 所示。

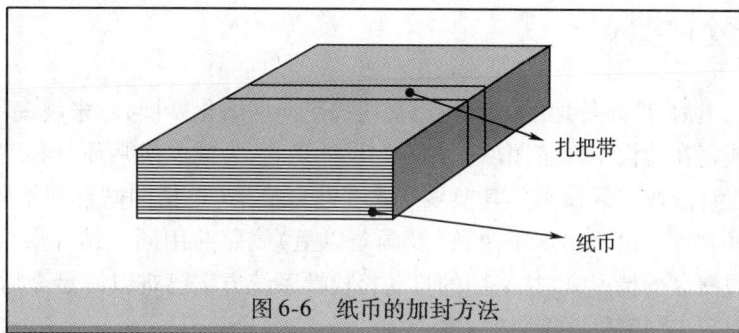

图 6-6　纸币的加封方法

钱袋加封通常用于对硬币的加封。加封前,先在扎把带上注明加封金额、加封车站、加封人和加封日期。加封时,将钱袋口用绳子缠绕扎紧后再用扎把带缠绕加封,并在扎把带粘贴封口骑缝处加盖加封人员私章。纸币需用钱袋加封时,应先用扎把带直接加封或用信封加封后再放入钱袋内加封。

信封加封一般用于对少于 100 张的零散纸币的加封,加封前,先在信封的正面注明加封金额、加封车站、加封人和加封日期,然后将纸币按面额大小归整后放入信封,将信封口封住,用扎把带将信封背面的接缝处封住,并在信封背面扎把带骑缝处加盖加封人员私章。

（5）备用硬币的管理

票务收益室负责各车站备用硬币数量的测算和兑换工作的协调,车站负责备用硬币的管理。车站备用硬币应严格执行财务制度,遵循专款专用的原则。

车站须在每周定期以邮件形式向票务收益室提交下周的备用硬币兑换计划。收益管理员接收到车站上传的《车站备用硬币兑换申请及配发计划单》后,填写《各站备用硬币兑换申请及配发计划汇总表》,将车站硬币使用申请通知财务部;如发现申请数量不合理,需与车站协商调整。收益管理员根据财务部确定的硬币实配数量,完成《车站备用硬币兑换申请及配发计划单》的填写,并以邮件形式通知车站。《车站备用硬币兑换申请及配发计划单》左半部分由申请车站负责填写,右半部分由票务收益室负责填写。

在车站硬币兑换计划确定后,票务收益室将本表单打印存档。车站硬币库存的安全范围为车站库存基数到库存基数×80%之间,车站库存基数是指车站维持运营的基本硬币保有量,为本站单日最高硬币用量×3。

车站发现备用硬币数量接近或低于阈值时,应及时向票务收益室申请兑换。例如:车站硬币库存基数设置为10 000枚,当库存接近或低于8 000枚时,车站需要及时申请兑换。车站在兑换备用硬币时,填写《车站与银行硬币兑换单》。《车站与银行硬币兑换单》为五联式凭证,第一联为财务部对账凭证,第二联为车站记账凭证,第三联为银行记账凭证,第四联为票务收益室对账凭证,第五联作为车站台账。

票务收益室定期组织车站进行备用硬币盘点。当发现硬币数量损失并在误差允许范围内时,车站应及时向票务收益室申请补足。当发现硬币损失量超出误差允许范围时,地铁运营公司将成立由站务室、财务部、票务收益室等相关部门组成的联合调查组,对硬币损失情况进行专项调查并最终提出处理意见。

## 三 票款清分管理

目前,北京、上海、广州等地的城市轨道交通线正向网络化发展,越来越多不同形式的换乘车站已建成或正在建设中。按照以人为本的设计理念,为减少换乘环节和缩短换乘距离,换乘站都力图设计成收费区换乘。其换乘形式有站台换乘(包括同站台和不同站台)、站厅层换乘和通道换乘等。由于出现了两条(及两条以上)线路共用同一站厅层(或站台层)或通过通道连接收费区的情况,以往采用的自动售检票系统方案已难以满足今后的运营要求。因此,有必要制订与之相适应的系统方案。

如果乘客旅行过程中设计多条运营线路的话,则中央计算机系统的清分子系统必须对换乘交易的数据进行专门的统计,需要时应对交易费用进行清分结算。在清分处理中,可以根据起、止站预定的换乘路径进行清分,也可以根据积累的换乘规律和算法进行。换乘票务的清分一般包括票款清分和交易清分,其中交易清分需参照预定或积累的换乘路径进行,可以用于运载量的输入信息;而票款的清分不一定需参照预定或积累的换乘路径进行。

换乘票务清分的目的就是依据清分规则,对票务收入进行及时、公平的清分,使各运营公司能够及时地将运营收入入账,同时可提高各收益主体的资金效益。通过清分清算,可以充分、客观地反映城市轨道交通路网的客流情况,特别是各线路、各车站、各断面和各方向路径的客流情况。

根据不同的换乘方式,清分算法也不同。

### ① 无标记换乘的清分

在路网中,乘客从进站到出站,经过的路径和运营线路有多种选择。由于路径的不确定性,清分时可以采用路径算法、数理统计法或者模糊算法等,确定各运营线路的票款收益。

### ② 有标记换乘的清分

乘客在换乘时记录了乘客的进站交易数据、出站交易数据、路径数据,在自动售检票系统中可以获得换乘交易的一条完整的路径数据,根据路径数据,清分系统能够精确地清分各运营线路的收益,但在换乘站必须在车票上留有换乘标志信息,并经过车站计算机上传给有关系统集中处理。

## 6.5 票务作业

### 一 票务作业种类

票务作业作为车站日常工作的重要组成部分,是城市轨道交通企业向乘客提供优质售检票服务、完成收益结算及实现财务管理的重要环节。票务员为完成票务工作,需要较好地掌握票务政策、售检票模式、车票和现金管理等票务基础知识,以及售检票作业、报表填写和AFC设备操作等基本业务技能,以便在上岗期间能为乘客提供优质的票务服务。

一般情况下的票务作业包括:人工售票和充值,福利票换领,发票、报销凭证换领,车票分析,补票,发售出站票,单程票批处理,单程票注销,退票,行政处理,车票激活,故障票卡回收,退卡,退资,一票通票异常情况处理和一卡通卡异常情况处理等。

### 二 票务作业定义及其作业程序

#### ① 人工售票和充值作业

人工售票和充值作业的定义与程序见表6-3。

**人工售票和充值作业定义与程序**　　　　　　　　　　表6-3

| | 作业定义 | 作业程序 |
|---|---|---|
| 人工售票和充值 | 人工售票和充值指车站工作人员使用BOM发售单程票、一卡通卡以及为一卡通卡充值的业务 | 1. 一卡通卡发售押金为20元/张,同时须进行充值,最低20元;充值额为10元的整数倍;单次充值额不得大于500元;卡内余额不得大于1 000元。<br>2. 作业人员应严格遵守售票/充值作业程序,不得拒收硬币及破旧能用的纸币。<br>3. 车站工作人员进行作业时须使用相关设备辨别钞票真伪,如发现假钞或无法确认真伪的钞票时,应立即将钱币退予乘客更换。<br>4. 车站售票人员换岗前,应将全部单程票售出,未售出的车票须进行注销 |

## ② 福利票换领作业

福利票换领作业的定义与程序见表6-4。

**福利票换领作业定义与程序**　　　　　　　　　表6-4

| 福利票换领 | 作业定义 | 作业程序 |
|---|---|---|
| | 福利票换领指车站工作人员使用BOM,为符合免费乘车条件的乘客发放福利票的业务 | 1. 根据北京市政府相关规定,离休干部持《离休证》、残疾军人持《残疾军人证》、伤残人民警察持《伤残人民警察证》、现役士兵(含武警士兵)持《士兵证》可免费乘坐地铁。盲人持《残疾证》及其一名陪同人员可免费乘坐地铁。以上人员可持证换领福利票。其他可换领福利票的人员及所持证件,以票务收益室通知为准。<br>2. 在为乘客换领福利票时,车站工作人员须遵守下列规定:①核对乘客所持有的免费证件是否有效;②如实填写《福利票换领记录》;③如遇持《残疾证》(视力残疾)的盲人乘客,须向其1名陪同人员发放福利票。<br>3. 车站售票人员换岗时,不得留有已发行但未向乘客发放的福利票 |

## ③ 补票

补票作业的定义与程序见表6-5。

**补票作业定义与程序**　　　　　　　　　表6-5

| 补票 | 作业定义 | 作业程序 |
|---|---|---|
| | 补票指当乘客由于票卡超时、进出站次序错误等原因无法正常进站或出站时,车站工作人员使用BOM对票卡进行补齐记录、扣费等处理,使之能够正常使用的业务 | 1. 车站工作人员在进行补票前须确认所用BOM的费区设置是否正确。<br>2. 车站工作人员不得随意修改补票费用 |

## ④ 发票、报销凭证换领

发票、报销凭证换领作业的定义与程序见表6-6。

**发票、报销凭证换领作业定义与程序**　　　　　　　　　表6-6

| 发票、报销凭证换领 | 作业定义 | 作业程序 |
|---|---|---|
| | 发票、报销凭证换领指车站工作人员为购票或充值后有报销需求的乘客发放一卡通发票与一票通报销凭证的业务 | 1. 车站工作人员须凭乘客出具的储值卡(一卡通)售卡、充值机打印单据向乘客发放发票或报销凭证。<br>2. 车站工作人员根据售卡、充值金额如实开具发票,不得虚开发票,在交与乘客发票的同时在机打水单上注明"已开发票"。<br>3. 车站工作人员应妥善保管储值卡(一卡通)发票存根 |

## 5 单程票批处理

单程票批处理作业的定义与程序见表6-7。

**单程票批处理作业定义与程序**　　　　　表6-7

| | 作 业 定 义 | 作 业 程 序 |
|---|---|---|
| 单程票批处理 | 单程票批处理指为应对大量购票乘客集中到达或其他特殊情况,车站工作人员使用BOM提前批量发售单程票的业务 | 1. 车站工作人员进行一次批处理的单程票数量不得超过20张。<br>2. 车站售票人员换岗前,应将全部批处理单程票售出,未售出的车票须进行注销。<br>3. 车站工作人员应根据需要进行单程票批处理,避免车票发售过多。<br>4. 一般情况下,不允许批处理福利票 |

## 6 票卡注销

票卡注销作业的定义与程序见表6-8。

**票卡注销作业定义与程序**　　　　　表6-8

| | 作 业 定 义 | 作 业 程 序 |
|---|---|---|
| 票卡注销 | 票卡注销指车站或票务收益室工作人员使用BOM或E/S对已发行或预赋值但未售出的单程票或预赋值单程票进行注销的业务 | 1. 单程票注销须于当日在发行该车票的BOM上进行。<br>2. 预赋值单程票注销须于规定时间内在发行该车票的E/S上进行。<br>3. 出现下列情形之一时,允许进行注销业务:①操作失误导致错误发售的单程票;②当日本岗进行批处理业务后未售出的单程票;③未能在预定日期内售卖完毕的预赋值单程票。<br>4. 对于已向乘客售出的车票,不允许进行注销 |

## 复习与思考

1. 简述自动售检票系统与票务策略的对应关系主要表现在哪些方面?
2. 简述自动售检票系统三种运营模式的定义。
3. 简述自动售检票系统在紧急放行模式下,对设备和车票作何处理?
4. 简述单一票制和计程票价值的优缺点。
5. 简述一般情况下有哪些票务作业?
6. 简述单程票批处理作业程序。

# 单元 7

## 城市轨道交通车站客流组织

### 教学目标

1. 了解客流的概念及其影响因素；
2. 掌握车站大客流的组织办法；
3. 掌握车站疏散程序中站务人员作业程序；
4. 掌握车站清客程序中站务人员作业程序。

### 建议学时

8 学时

城市轨道交通主要通过合理的客运组织来完成其大容量的客运任务。城市轨道交通客运组织是指通过合理布置客运有关设备、设施,对客流采取有效的分流或引导措施来组织客流运送的过程。

# 7.1 城市轨道交通客流概述

客流是规划城市轨道交通线网及线路走向、选择轨道交通制式及车辆类型、安排轨道交通项目建设顺序、设计车站规模和确定车站设备容量、进行项目经济评价的依据,也是轨道交通安排运力、编制开行计划、组织日常行车和分析运营效果的基础。

## 一　客流的概念

客流是指在单位时间内,轨道交通线路上乘客流动人数和流动方向的总和。客流的概念既表明了乘客在空间上的位移及其数量,又强调了这种位移带有方向性和具有起讫位置。客流可以是预测客流,也可以是实际客流。

根据客流的时间分布特征,轨道交通客流可分为全日客流、全日分时客流和高峰小时客流。全日客流是指每日轨道交通线路输送的客流量。全日分时客流是指一天内轨道交通线路各小时输送的客流量。高峰小时客流一般指轨道交通线路早、晚高峰及节假日高峰小时内输送的客流。

根据客流的空间分布特征,轨道交通客流可分为断面客流和车站客流。断面客流是指通过轨道交通线路各区间的客流,车站客流是指在轨道交通车站上、下车和换乘的客流。

根据客流的来源,轨道交通客流可分为基本客流、转移客流和诱增客流。基本客流是指轨道交通线路既有客流加上按正常增长率增加的客流。转移客流是指由于轨道交通具有快速、准时、舒适等优点,使原来经常由常规公交和自行车出行转移到经由轨道交通出行的这部分客流。诱增客流是指轨道交通线路投入运营后,促进沿线土地开发、住宅区形成规模、商业活动繁荣所诱发的新增客流。

### ① 断面客流量

在单位时间内(一小时或全日),通过轨道交通线路某一地点的客流量为断面客流量。

显然,通过某一断面的客流量就是通过该断面所在区间的客流量。断面客流量分为上行断面客流量和下行断面客流量,计算公式如下:

$$P_{i+1} = P_i - P_下 + P_上$$

式中:$P_{i+1}$——第 $i+1$ 个断面的客流量(人);

$P_i$——第 $i$ 个断面的客流量(人);

$P_下$——在车站下车人数(人);

$P_上$——在车站上车人数(人)。

## ❷ 最大断面客流量

在单位时间内,通过轨道交通线路各个断面的客流一般是不相等的,其中的峰值称为最大断面客流量。轨道交通线路上、下行方向的最大断面客流量一般不在同一个断面上。

## ❸ 高峰小时最大断面客流量

在以小时为时间单位计算断面客流量的情况下,全日分时最大断面客流量一般是不相等的,其中的峰值称为高峰小时最大断面客流量。轨道交通的高峰小时一般出现在早晨和傍晚,称为早高峰小时和晚高峰小时。从图7-1北京市轨道交通部分线路早高峰断面客流示意图可清楚地看出,各条线路、各个车站在早高峰期间客流量存在着明显的差异。高峰小时最大断面客流量是决策修建轨道交通类型、确定车辆形式、列车编组、行车密度、运用车配置数和站台长度等的基本依据。

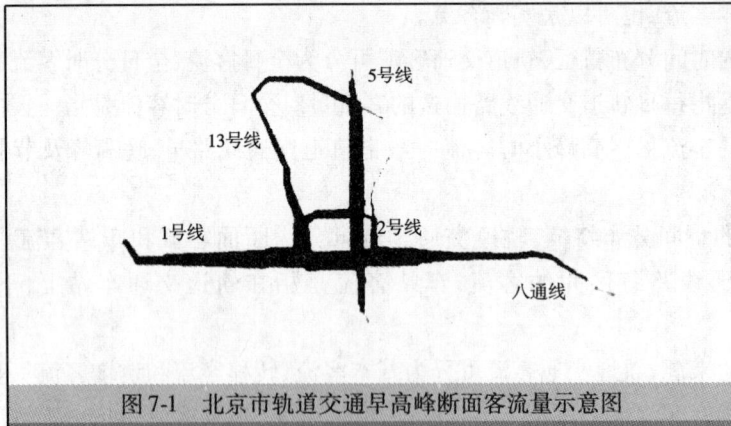

图7-1 北京市轨道交通早高峰断面客流量示意图

## ❹ 车站客流量

车站客流量是指在轨道交通车站上、下车和换乘的客流量,可细分为全日车站客流量、高峰小时车站客流量和超高峰期车站客流量。超高峰期是指在高峰小时内存在一个约为 15～20min 左右的上、下车客流特别集中的时间段。车站高峰小时和超高峰期客流量决定了车站设计规模,是确定站台宽度、售检票设备数量、自动扶梯数量,楼梯与通道宽度,出入口数量等车站设备容量或能力的基本依据。

## 二 影响客流的因素

### 1 轨道交通沿线土地利用情况

土地利用涉及城市各个区域的功能定位、地上建筑物的类型、用地上社会经济活动类型等多个方面。轨道交通沿线土地利用情况与客流的关系是"源"与"流"的关系。沿线土地利用对轨道交通客流规模存在着举足轻重的影响,如果轨道交通线路行经的区域能将城市的主要居住区和商务区覆盖,那么其客流就有了基础的保障。在香港,大约 50% 的居民和约 55% 的职业岗位距离轨道交通车站约 10min 的步行距离,强有力的客流支撑是其获得收益、成功运营的一个重要原因。

### 2 城市布局发展模式

土地利用规划对城市布局发展模式有着重要的影响,在城市由单中心布局发展到单中心加卫星城镇布局,又进一步发展到多中心布局的过程,通常伴随着客流的大幅增长。1997 年,上海轨道交通 1 号线火车站——莘庄段贯通运营,但 1997 年、1998 年的客流增长幅度并不大,主要原因是 1 号线锦江乐园至莘庄段沿线地区的房地产开发刚刚开始。到 2000 年以后,市民纷纷迁入新建成的住宅区,商业、餐饮业也发展起来,1 号线客流也快速增长,2001 年的客流增长率达到 38.1%,远远高于 2000 年的客流增长率 0.5%。

## 知识链接

### 车站周边土地开发对客流的影响

城市轨道交通的建设可以带动沿线土地的开发强度,而轨道交通车站周边的土地开发又反过来影响轨道交通的客流。美国曾对地铁站周边房地产开发增加量与地铁客流增加量作过一项研究,研究结果显示,在地铁车站附近每增加 $92.9m^2$ 的楼地板面积,地铁将每天额外增加 60 个乘客的客流量。

北京地铁 13 号线自 2002 年开通运营以来,极大地促进了沿线房地产业的发展,以一条城市轨道交通线路带动了北京市城北大片土地的开发利用。特别是住宅建设的开发,对缓解市区住房紧张,改变北京市土地利用结构和城市形态变化起到了积极的推动作用。其中回龙观站周边经济适用住宅小区的规划和开发,使土地的使用性质发生了巨大的变化。普通住宅及配套设施的建设拉动了整个区域的经济发展,为地铁 13 号线输送了稳定的客流。图 7-2 为北京地铁 13 号线开通运营以来历年的客运量变化情况。

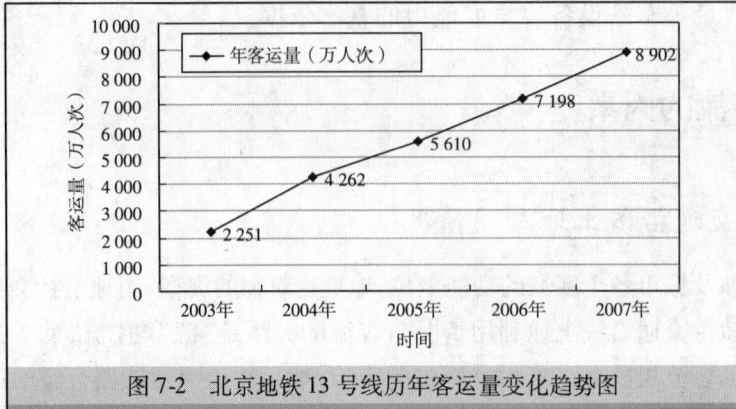

图 7-2　北京地铁 13 号线历年客运量变化趋势图

### ③ 城市人口规模与出行率

城市中的出行量与人口规模、出行率存在密切的关系,因此,除了分析常住人口、暂住人口和流动人口的数量外,还应分析人口的年龄、职业、出行目的、居住区域等特征。根据出行车调查资料显示,不同人群的出行率存在差异,一般规律是:常住人口中,中青年人群的出行率高于幼年与老年人群的出行率;上班、上学人群的出行率高于退休人群的出行率;市区人口的出行率高于郊区人口的出行率。暂住人口、流动人口中,旅游人群的出行率高于民工人群的出行率,流动人口的出行率高于常住人口的出行率。

### ④ 票价

票价是影响客流的重要因素,票价的变动会对沿线客流数量和运营公司的票务收入产生综合影响。票价与市民的消费能力与收入水平直接相关,轨道交通的客源主要来自中、低收入人群,而中、低收入人群对票价变动比较敏感,低收入、高票价的组合对客流的吸引最为不利。当轨道交通票价支出占收入水平的比例较大时,选择轨道交通方式出行的客流量就会下降。

## 案例分析

### 北京地铁票价对客流的影响

事实证明,北京地铁票价的每次上涨都会导致其客流量的下降。1987~1995 年间,北京地铁票价为 0.5 元,客运量增长较快,年增长率一般在 4%~15%。1996 年、2000 年客运量两次大幅下跌都是由于车票涨价引起的。1996 年 1 月,地铁票价由 0.5 元调整为 2 元,当年的客运量减少 1.18 亿人次,折合每天减少乘客 32.3 万人次,降幅为 21%,如果考虑客流的自然增长,实际下降的幅度为 26%。1999 年 12 月地铁票价由 2 元调整为 3 元,2000 年的客运量又减少了 6 千万人次,折合每天减少乘客 16.4 万人次,降幅为 12.2%。2000 年到 2004 年之间北京地铁票价一直维持在 3 元,其客流量没有明显增长,2003 年客流量与 1999 年相当。2008 年为迎接北京奥运会的召开,北京地铁相继开通了 3 条线路,票价由 3 元调整为 2 元,客流出现大幅度增长。

北京市轨道交通历年客流量变化趋势图如图 7-3 所示。

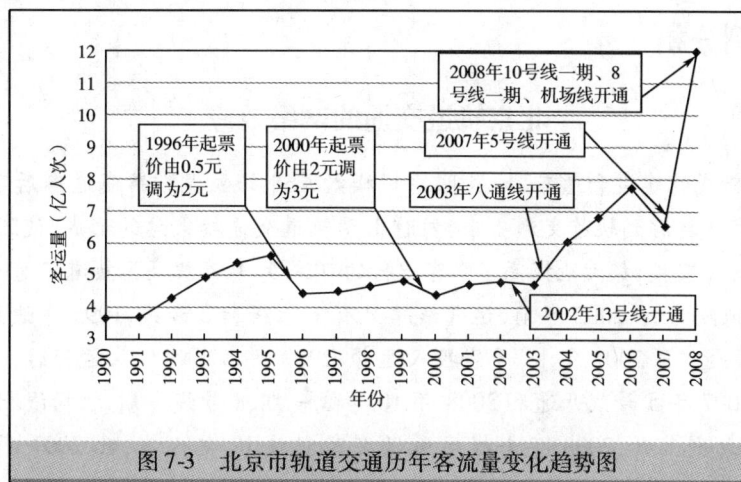

图 7-3　北京市轨道交通历年客流量变化趋势图

在收入水平一定的情况下,只有在轨道交通的性价比高于其他出行方式或替代服务的性价比时,轨道交通才具有吸引客流的优势。

### 5 服务水平

随着市民收入水平的提高,可选择的出行方式也逐渐增多。城市轨道交通服务的安全性、舒适性、经济性、换乘便利性以及列车的运行间隔、运送速度、正点率等多项指标也逐渐成为市民选择出行方式时考虑的因素。城市轨道交通运营企业的服务水平已成为影响客流及潜在客运需求的关键因素。

### 6 政府的交通运输政策

大城市确立以公共交通为主、个体交通为辅的交通运输政策,优先发展公共交通、大力发展轨道交通、控制私人汽车的发展,对引导市民出行利用公共交通与轨道交通具有重要意义。而要实现这一交通运输政策,首先是加快公共交通设施的建设,如提高轨道交通线网的密度、建成大型换乘枢纽等;其次是优化现有交通资源的利用,如完善轨道交通与常规公交、自行车、私人汽车的衔接换乘,减少与轨道交通线路走向重复的常规公交线路等。2001 年,上海因打浦路过江隧道能力饱和,取消了几条经隧道开往浦东的常规公交线路,为引导乘客乘坐轨道交通 2 号线过江,推出了在黄浦江两侧乘坐地铁 4 站以内,优惠票价为 1 元的调控措施,2 号线客流得到大幅度的增加。

### 7 交通网的规模与布局

多层次的轨道交通线网、合理的线路布局及走向和功能完善的换乘枢纽对实现城市中心区域 45min 交通圈、增大轨道交通对出行者的吸引力、提高轨道交通在公共交通中的运量分担比例有着重要的作用。

## 案例分析

### 北京轨道交通的网络效应

随着地铁新线的建设和通车，地铁网络规模效应开始显现。新线通车后不仅将沿线客流由其他交通方式转移到轨道交通上来，同时由于轨道交通换乘站的形成，使线路相互连通，线路之间发生客流交换，极大地提高了乘客出行的可达性，从而提高了轨道交通的服务质量。

以北京市地铁为例，2002 年前，运营线路只有 1 号线和 2 号线，1995 年达到最大年客运量为 5.58 亿人次。自 2002 年 13 号线投入运营、2003 年八通线投入运营后，年客流量稳步增长，尤其在 2007 年 5 号线开通和 2008 年 10 号线一期、8 号线一期、机场线相继开通后，全线网年客流量急剧上升，2008 年全线网运送乘客突破 12 亿人次，比 2007 年提高了 75% 以上。

随着北京地铁建设的加速，不断有新线建成通车，北京地铁的网络效应日益明显，在其他条件不变的情况下北京地铁的客流也将稳步增加。

### 8 私人交通工具的拥有量

在客运需求一定的情况下，利用私人交通工具出行越多，则通过公共交通出行的人数就越少。在发展个体交通，还是发展公共交通的问题上，国外的经验教训值得借鉴。西方国家大城市过去曾对私人汽车的发展不加控制，结果在破坏城市生态环境的同时，出现了严重的道路拥挤和出行难问题，最后不得不又转向发展公共交通和轨道交通的道路上来。因此，从优化出行方式结构、提高公共交通的客运比例出发，应有序控制私人汽车的发展。在出行的快捷、方便和舒适方面，私人汽车出行无疑优于公共交通出行，但私人汽车的发展应考虑道路网能力是否适应，不能以降低大部分市民的快捷、方便和舒适为代价。对私人汽车的使用应通过经济杠杆进行适度控制，鼓励并创造条件让私人汽车使用者以停车—换乘方式进入城市中心区。

## 7.2 城市轨道交通客流分析

轨道交通的客流是动态的，它的分布与变化因时因地而不同，但这种不同归根结底是城市社会经济活动与生活方式以及轨道交通本身特征的反映，因此客流的分布与变化是有规律的。对客流的分布特征与动态变化进行实时跟踪和系统分析,掌握客流现状与变化规律,有助于经济、合理地进行线网规划、运力安排与设备配置,对搞好日常行车组织与运营管理工作具有重要意义。在轨道交通的运营实践中,客流分析的对象既可以是预测客流,也可以是实际客流,客流分析的重点是客流在时间与空间上的分布特征、动态变化规律以及客流与行车组织、客运组织能力配备的关系。

# 一 客流的时间分布特征分析

## ① 一日内小时客流分布特征

轨道交通一日内小时客流随人们的生活节奏和出行特点而变化,在一日内呈起伏波状图形。通常夜间客流量较少,早晨渐增,上班或上学时间达到高峰,午间稍减,至下班或放学时间又出现第二个高峰,进入晚间客流又逐渐减少。因此,轨道交通一日内小时客流通常是双峰型,这种规律在国内外的轨道交通线路上几乎都是一样,只是程度不同而已。

## ② 一周内全日客流分布特征

由于人们的工作与休息是以周为循环周期进行的,这种活动规律性必然要反映到一周内全日客流的变化上来。在以通勤、通学客流为主的线路上,双休日的客流会有所减少;而在连接商业网点、旅游景点的轨道交通线路上,双休日的客流又往往会有所增加。与工作日的早、晚高峰出现时间比较,双休日早高峰出现时间往往推迟,而晚高峰出现时间又往往提前。另外,周一与节假日后的早高峰小时客流,周五与节假日前晚高峰小时客流,会比其他工作日的早、晚高峰小时客流要大。

根据全日客流在一周内分布的不均衡和有规律的变化,轨道交通运营企业在一周内实行不同的全日行车计划和列车运行图,以适应不同的客运需求,提高运营的经济性。

## ③ 季节性或短期性客流变化

在一年内,客流还存在季节性的变化,如南方的梅雨季节,市民出行率降低,轨道交通的客流会随之减少;但在旅游旺季,城市中流动人口的增加又会使轨道交通线路的客流增加。图 7-4 为香港铁路公司 2009 年月客流量统计图,每年 12 月圣诞打折季的到来,给香港地铁

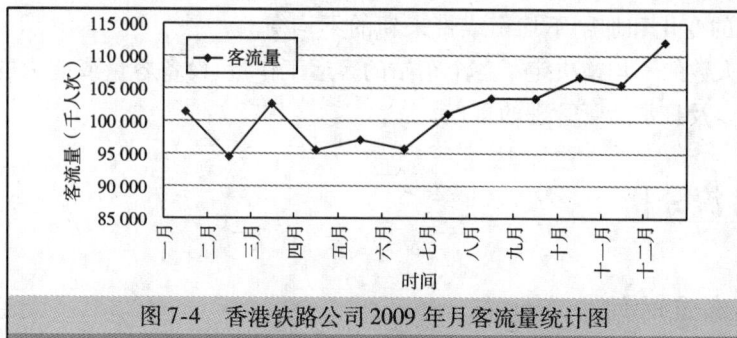

图 7-4 香港铁路公司 2009 年月客流量统计图

客流带来不少的拉动效应。对季节性的客流变化,可采用实施不同列车运行图的措施来缓和运输能力紧张的情况。短期性客流激增通常发生在举办重大活动或遇到天气骤然变化的时候。当客流在短期内增加幅度较大时,运营部门应及时执行大客流应急疏导方案,确保乘客安全、有序地乘车。

# 二 客流的空间分布特征分析

## ① 各条线路客流分布特征

沿线土地利用状况的不同是各条线路客流不均衡的决定因素,而轨道交通线网与其他交通工具接驳的现状也是各条线路客流不均衡的影响因素。各条线路客流的不均衡包括现状客流分布的不均衡和客流增长的不均衡两个方面,它们构成了整个轨道交通线网客流分布的不均衡。

## ② 上下行方向客流分布特征

由于客流的流向原因,轨道交通线路上下行方向的最大断面客流通常是不均衡的。在放射状的轨道交通线路上,早、晚高峰小时上下行方向的最大断面客流不均衡尤为明显。

## ③ 线路断面客流分布特征

在轨道交通线路上,由于各个车站乘降人数的不同,线路上各区间的断面客流通常各不相同,甚至相差悬殊。断面客流分布通常是阶梯形与凸字形两种情形,前者是指线路上各区间的断面客流为一头大、一头小;后者是指线路上各区间的断面客流为中间大、两头小。

## ④ 各个车站乘降客流分布特征

轨道交通各个车站的乘降人数不均衡,甚至相差悬殊的情况并不少见。在不少线路上,全线各站乘降量总和的大部分往往集中在少数几个车站上。此外,车站乘降客流是动态变化的,新的居民住宅区形成规模,新的轨道交通线路建成通车,既有轨道交通线路延伸使一些车站由中间站变为换乘站,或由终点站变为中间站,列车共线运营等,都会使车站乘降量发生较大的变化和加剧不均衡或带来新的不均衡。

车站乘降人数的不均衡决定了各个车站的客运工作量、设备容量或能力的配置、客运作业人员的配备以及日常运营管理的重点。

# 三 车站客流分析

## ① 车站客流时间分布特征

城市轨道交通的运能、线路走向、所处交通走廊的特点以及车站所处区位的用地性质,使轨道交通车站客流在一天内随时间变化而不断起伏,可简要归纳出以下五种车站客流日分布曲线类型。

(1)单向峰型。当城市轨道交通线路所处的交通走廊具有明显的潮汐特征,或车站周边地区用地功能性质单一时,车站客流分布集中,有早晚错开的一个上车高峰、一个下车高峰[图7-5a)]。

(2)双向峰型。车站位于综合功能用地区,客流分布与其他交通方式的客流分布一致,有两个配对的早晚上下车高峰[图7-5b)]。

(3)全峰型。城市轨道线路位于用地已高度开发的交通走廊,或车站位于公共建筑和公用设施高度集中的 CBD 地区,客流分布无明显的低谷,双向上下客流全天都很大[图7-5c)]。

(4)突峰型。车站位于体育场、影剧院等大型公用设施附近,演出节目或比赛结束时,有一个持续时间较短的突变的上车高峰。一段时间后,其他部分车站可能有一个突变的下车高峰[图7-5d)]。

(5)无峰型。当城市轨道交通本身运能较小,或车站位于用地未完全开发地区时,客流无明显上下车高峰,双向上下车客流全天较小[图7-5e)]。

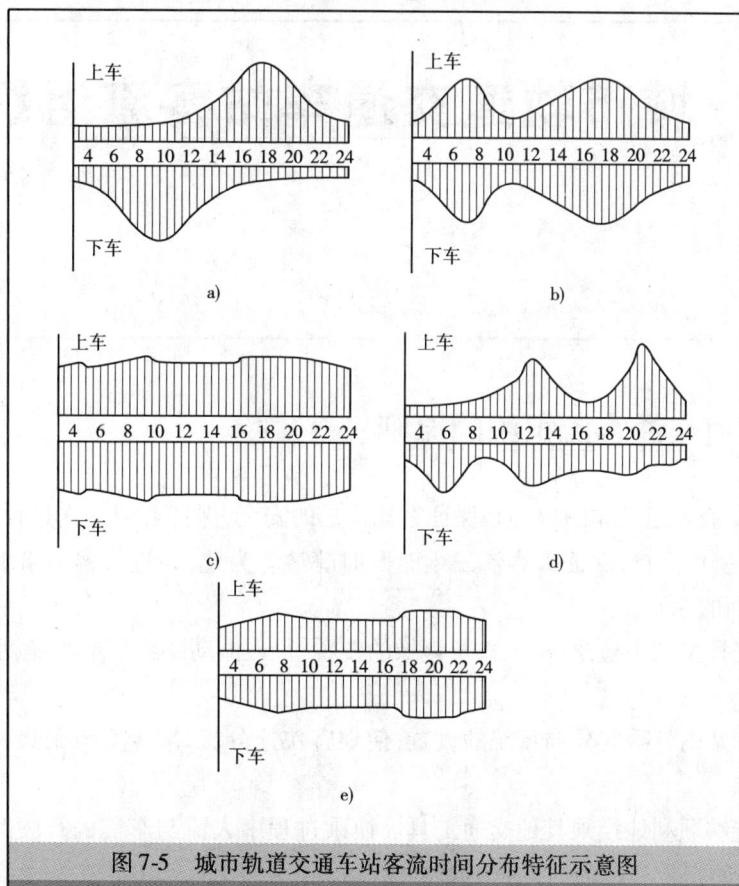

图 7-5　城市轨道交通车站客流时间分布特征示意图

**② 车站客流空间分布特征**

城市轨道交通的建设规模、线路布设形式和走向以及首末车站所处区位,是影响其沿线客流分布的主要影响因素。纵观不同类型城市轨道交通线路,可归纳出以下四种沿线空间分布特征。

(1)均等型。当城市轨道交通线路成环线布置,或沿线用地已高度开发成熟时,各车站上下车客流接近相等,沿线客流基本一致,不存在客流明显突增路段。

(2)两端萎缩型。当城市轨道交通线路两端伸入还未完全开发的城市边缘地区或郊区时,线路两端路段的客流小于中间路段的客流。

(3)中间突增型。当城市轨道交通线路途经大型对外交通枢纽、高密度开发地区或者车站利用周边常规公交线路辐射吸引范围广阔时,位于该区位车站的上下车客流明显偏大,线路客流存在突增的路段。

(4)逐渐缩小型。当城市轨道交通线路首末车站位于大型对外交通枢纽附近或城市中心 CBD 地区时,随着线路向外延伸,线路客流逐渐缩小。

## 7.3 城市轨道交通车站客流组织

## 一 城市轨道交通客流组织的原则

城市轨道交通客运工作的核心是保证客流运送的安全,保持客流运送过程的畅通,减少乘客出行时间,避免拥挤,保证大客流发生时及时疏散。为此,在进行客运组织时应特别考虑以下几个方面的原则:

(1)合理安排车站售检票、出入口及楼梯的位置,行人流动路线简单明确,尽量减少客流交叉、对流。

(2)完善车站内外乘客导向系统的设置,使乘客快速分流,减少客流聚集和过分拥挤的现象。

(3)乘客能够顺利地换乘其他交通工具。换乘过程中人流与车流的行驶路线要严格分开,以保证行人的安全和车辆的行驶不受干扰。

(4)满足换乘客流方便、安全、舒适的基本要求。如适宜的换乘步行距离、恶劣天气下的保护、全天候的连廊系统,对残疾人专门设计无障碍通道;又如适宜的照明、开阔的视野以及突发事件应急系统等。

### 知识链接

#### 香港地铁人性化的换乘设计

香港的地铁系统与其他 11 个繁忙的都市轨道交通系统相比,在各方面均保持着领先的地位,做到了给予老百姓"多点时间、多点生活"的体验。在香港轨道交通系统中,处处可见同台换乘、无缝交通枢纽以及独特的全天候、人性化行人连廊,使香港的轨道交通系统历年被市民评为公众最满意的交通工具,真正成为广大老百姓生活的重要组成部分。香港地铁的设计,无论是站型选择、车站建筑设计,还是车站装修设计,自始至终都贯穿"以人为本、简洁实用"的原则。为了吸引客流,方便市民出行,缩短出行时间,提高运营效率,港铁在设计上大量采用了同台换乘、地铁与其他交通工具综合换乘、人行接驳系统等方案。没有完善的乘客可达设施,就不能达到吸引和方便乘客的要求。在香港地铁现有的车站中,80% 以上的车站设置了人行接驳系统,并不断扩大全天候的连廊系统。如此的规划和设计,无疑既方便了乘客,又促进了站内外商业的发展,增加了客流,使轨道交通系统内部的设施成为香港市民生活设施的一部分。

## 二 城市轨道交通车站客流组织的内容

城市轨道交通车站客流组织的主要内容包括:车站售检票位置的设置、车站引导标志的设置、车站自动扶梯、隔离栏杆、车站广播导向等设备设施的设置、各种设备数量及工作人员的配备、应急措施的制订与实施等。

影响车站客运组织的因素较多,不同类型的车站其客运组织的内容有着较大的区别,中小车站的客运组织比较简单,而大车站、换乘站因客流较大、客流方向比较复杂,其客流组织也比较复杂。侧式站台的车站相对于岛式站台的车站容易将不同方向的客流分开,但不利于乘客的换乘,且售检票位置设置较分散,不利于车站管理。无论是何种形式的车站,乘客进出站路线图如图 7-6 所示。

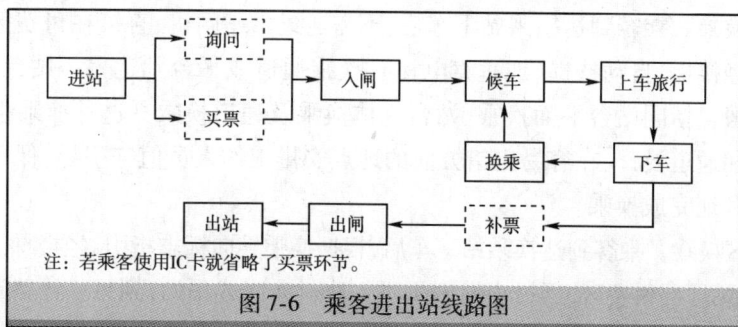

注:若乘客使用IC卡就省略了买票环节。

图 7-6　乘客进出站线路图

# 三 车站日常客流组织办法

车站日常客流组织主要由进站客流组织、出站客流组织、换乘客流组织三部分组成。

## 1 进站客流组织

按照进站客流的路线流程进行组织,有下列几种方式:

(1)组织引导客流经出入口、楼梯、自动扶梯(或垂直电梯),通过通道进入车站站厅层非付费区。

(2)组织引导部分乘客在自动售票机、客服中心或临时售票亭购票后检票通过进站闸机进入付费区,引导部分持储值票、月票等不用购票的乘客直接检票通过进站闸机进入付费区。

(3)乘客入闸检票或人工检票进入站厅付费区后,组织引导乘客再通过楼梯、自动扶梯(或垂直电梯)进入站台层候车。

(4)乘客到达站台,应组织引导乘客站在黄线内候车,通过导向标识和乘客咨询系统选择乘车方向和了解列车到发时刻。

(5)列车到站停稳开门后,引导乘客按先下后上的顺序乘车,站台工作人员要注意做好引导工作,防止乘客因抢上抢下导致安全和纠纷问题的产生。

## 2 出站客流组织

按照出站客流的流动过程进行客流组织,有下列几种方式:

(1)乘客下车到达车站站台,组织引导其经楼梯、自动扶梯(或垂直电梯)进入站厅层付费区。

(2)通过出站闸机(单程票出闸时将被收回)或人工验票,进入站厅层非付费区后,组织引导乘客(通过导向标志)找到相应的出入口,经通道、出入口出站。

(3)组织引导车票车资不足(无效车票)或无票乘车的乘客到客服中心办理相关补票事宜后,方可出站。

## 3 换乘客流组织

(1)按照换乘地点的不同,客流换乘形式主要有两种,即付费区换乘和非付费区换乘。

①付费区换乘。乘客到达换乘站下车后,不需通过出站闸机,直接在付费区内根据换乘导向标志指引经楼梯、自动扶梯(或垂直电梯)、换乘通道或平台到达另一站台层换乘候车。付费区换乘一般包括同站台平面换乘、站台立体换乘及通道换乘。这种换乘组织要求有良好的引导标志和通道设计,在容易走错方向的地点安排工作人员值守引导,保证乘客尤其是初乘者安全顺利地完成换乘。

②非付费区换乘。乘客到达换乘站下车后,根据换乘导向标志指引,经楼梯、自动扶梯(或垂直电梯)到达站厅层付费区,通过出站闸机进入非付费区或出站,到另一线路重新进入付费区或进站进行换乘。这种换乘组织需要最大限度缩短乘客的走行距离,具有良好的衔接引导

标志,并且要避免换乘客流与其他进、出站客流的交叉干扰。

（2）换乘方式。换乘方式首先决定于轨道交通两条线路的走向和相互交织形式。一般常见的有垂直交叉、斜交、平行交织等多种线路交织形式。轨道交通不同线路间的换乘方式主要有站台换乘、站厅换乘、通道换乘、站外换乘和组合式换乘几种类型,如图7-7所示。

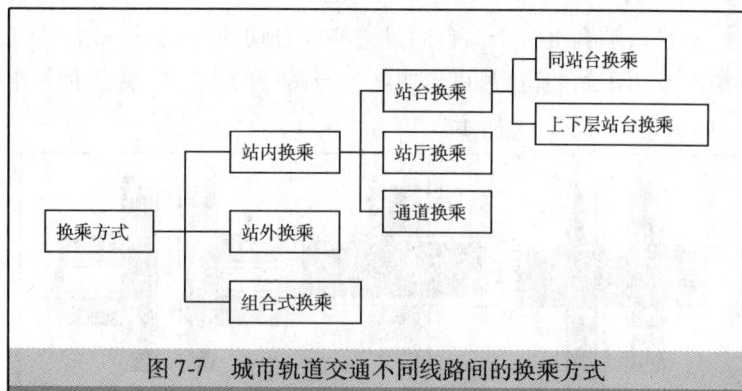

图 7-7　城市轨道交通不同线路间的换乘方式

①站台直接换乘。站台直接换乘有两种方式,同站台换乘和上下层站台换乘。

同站台换乘一般适用于两条平行交织的线路,且采用岛式站台的设计,两条不同线路的车辆分别停靠同一站台的两侧,乘客换乘时,由岛式站台的一侧下车,穿越站台至另一侧上车,即完成了转线换乘,换乘极为方便。同站台换乘要求站台能够满足换乘高峰客流量的需要,乘客无需换乘行走,换乘时间最短,但换乘方向受限。双岛式站台通过同一个站厅能实现四个方向的换乘,单岛式站台每一层只能实现两个方向的换乘,其余换乘方向的乘客仍然要通过站厅或自动扶梯、楼梯进行换乘,换乘时间相应增加。在所有换乘方式中同站台换乘的换乘能力最大,适用于优势方向换乘客流较大的情形。这种换乘方式的主要制约因素是站台的宽度和列车的行车间隔,前者关系到站台的容量,后者关系到站台出清速度的快慢。

北京城市轨道交通网络中的第一个同站台换乘站——国家图书馆站,是北京地铁 4 号线与北京地铁 9 号线（建设中）的换乘站,4 号线与 9 号线站台位于同一层面,为地下双岛式车站,如图 7-8 所示。

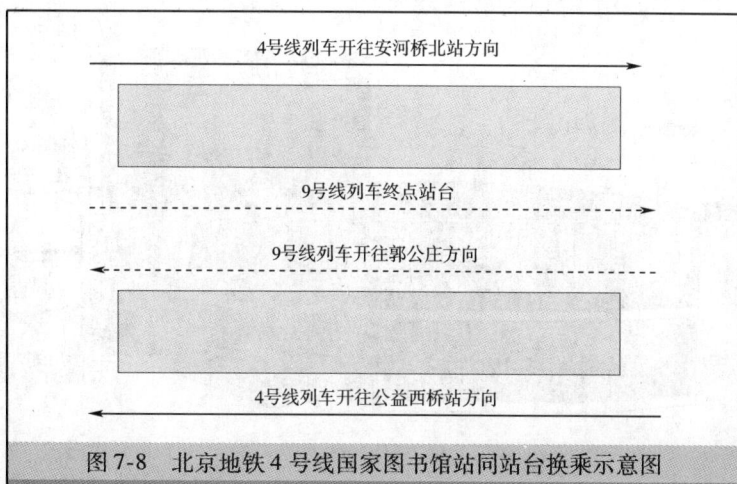

图 7-8　北京地铁 4 号线国家图书馆站同站台换乘示意图

想一想

国家图书馆站有几个换乘方向?

上下层站台换乘是指乘客由一个站台通过楼梯或自动扶梯到另一站台直接换乘。根据地铁线路交叉的情况及两车站的位置,可形成站台与站台的十字换乘、T形换乘、L形换乘和平行换乘的模式,如图7-9~图7-11所示。

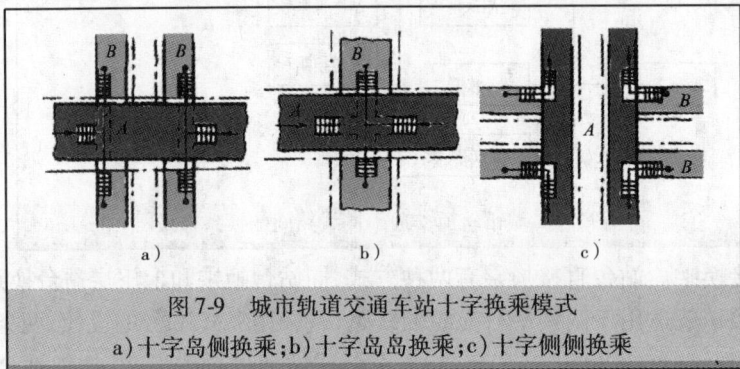

图7-9　城市轨道交通车站十字换乘模式

a)十字岛侧换乘;b)十字岛岛换乘;c)十字侧侧换乘

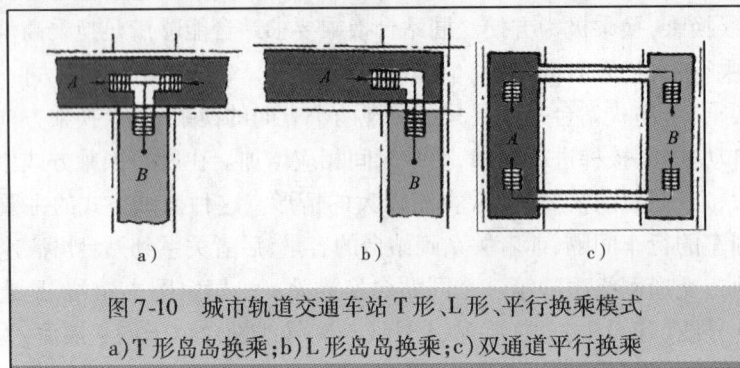

图7-10　城市轨道交通车站T形、L形、平行换乘模式

a)T形岛岛换乘;b)L形岛岛换乘;c)双通道平行换乘

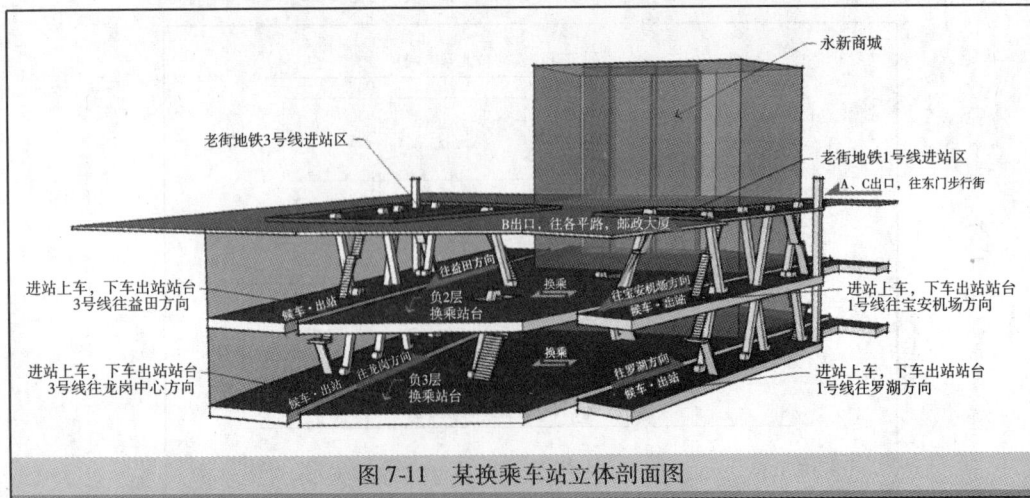

图7-11　某换乘车站立体剖面图

上下层站台换乘方式的关键在于楼梯或自动扶梯的宽度,该宽度往往受岛式站台总宽度的限制,使其通行能力不能满足乘客流量的需要。这种换乘方式要求换乘楼梯或自动扶梯应有足够的宽度,以免高峰客流时发生乘客堆积和拥挤。在所有换乘方式中,这种换乘方式的换乘能力最小,其制约因素是自动扶梯(楼梯)的运量。在上下层站台配置的组合中,线路的交叉点越少,则换乘能力越小。实践中,通过增加站台宽度以扩大交叉处面积,是提高上下层站台换乘能力的基本途径。

### 想一想

图 7-11 中的车站采用了哪几种换乘方式? 有几种换乘方向?

②站厅换乘。站厅换乘一般用于相交车站的换乘,设置两线或多线的共用站厅,或相互连通形成统一的换乘大厅。乘客下车后,无论是出站还是换乘,都必须经过站厅,再根据导向标志出站或进入另一个站台继续乘车。由于下车客流到站厅分流,减少了站台上人流交织,乘客行进速度快,在站台上的滞留时间减少,但换乘距离比站台直接换乘要长。若换乘过程中需要进出收费区,检票口的能力可能成为限制因素。

站厅换乘方式中,乘客换乘线路必须先上(或下),再下(或上),换乘总高度落差大。若是站台与站厅之间是自动扶梯连接,可改善换乘条件。这种换乘方式有利于各条线路分期修建、后期形成。

③通道换乘。通道换乘是指在两个或几个单独设置车站之间设置联络通道等换乘设施,方便乘客完成换乘。通道可直接连接两个站台,这种方式换乘距离较近,换乘时间较短;通道还可连接两个站厅收费区,换乘距离相对较远,换乘时间较长。一般情况下,换乘通道长度不宜超过 100m,换乘通道的宽度可根据客流状况加宽。这种换乘方式最有利于两条线路工程分期实施,预留工程最少,后期线路位置调节有较大的灵活性。图 7-12 所示为香港地铁鲗鱼涌站的换乘通道。

图 7-12　香港地铁鲗鱼涌站换乘通道

④站外换乘。是指乘客在车站付费区以外进行换乘。此种换乘方式往往是客观条件不允许或设计不当造成的。乘客换乘路线可分割为出站行走、站外行走和进站行走,在所有换乘方式中站外换乘所需的换乘时间和换乘距离最长,给乘客的换乘带来很大不便,应尽量避免。对轨道交通自身而言,站外换乘是缺乏线网规划造成的一种后遗症。

⑤组合式换乘。在换乘方式的实际应用中,往往采用两种或几种换乘方式组合,以便使所有换乘方向的乘客均能实现换乘。同时组合式换乘可改善换乘条件,方便乘客的使用。例如:同站台换乘方式辅以站厅或通道换乘方式,可使所有的换乘方向都能换乘;站厅换乘方式辅以通道换乘方式,可以减少预留的工程量。组合式换乘可进一步提升换乘通过能力,同时还具有比较大的灵活性,工程实施比较方便。

# 四 车站大客流的组织

城市轨道交通线路的走向一般都是客流集中的交通走廊,连接着重要的客流集散点,如铁路车站、汽车客运站、航空港、航运港等交通枢纽,大型商业经济活动中心、体育场、博览会、大剧院等重要文体活动中心,以及规模较大的住宅区等。正因为如此,某些特殊车站会不定期遇到大客流。为了保证乘客的安全和正常的运营秩序,这些车站在客流组织方面应备有完善的运营组织方案和措施。在一定程度上这些方案、措施补救了硬件设施的缺陷。

## 1 大客流的定义

大客流是指车站在某一时段集中到达的,客流量超过车站正常客运设施或客运组织措施所能承担的流量时的客流。

一般来说大客流出现的时间具有规律性,如每天由于通勤原因引起的早晚高峰:大城市上班高峰大约在 7:30 ~ 9:30;下班高峰大约在 4:30 ~ 6:30。同时还应预见外界因素引起的大客流,如:节假日伴随的旅游高峰期;举办重大活动(大型体育赛事、文艺表演等);风、雨、雪等恶劣天气情况,都可引起客流的大幅增加。

## 案例分析

我国"五一"、"十一"黄金周和其他节假日期间,各大城市轨道交通的客流量都会在短期内急剧上升。如广州地铁 2004 年上半年客运量大约日均 45 万人次,而 5 月 1 日的客运量为 82.6 万人次,约为平时的 2 倍,线路单向高峰小时的最大断面客流量是平常的数倍。2005 年元旦,投入运营的深圳地铁由于客流量大大超过预计数量,致使 1 号线暂停运营 42min。2009 年"十一"期间,到天安门广场参观的客流不断暴涨,临近天安门广场的地铁王府井站、西单站、和平门站客流大幅增加。10 月 2 日至 10 月 4 日三天,地铁王府井站进出站客流最高增幅达 719%,西单站最高增幅为 281%,和平门站最高增幅为 607%。

由此可见,大客流虽然持续时间不长,但在大客流冲击情况下,往往对客流组织形成较大甚至很大的压力,城市轨道交通运营公司必须在保证疏散客流安全的前提下,尽快地疏散客流。

一般情况下,大客流出现的地点主要有:

①与其他交通方式相连接的地铁站,如与火车站、大型汽车站相连接;

②地铁换乘站;

③与地铁沿线景点和商业中心相连接的车站。

### 2 大客流的分类

根据大客流产生的影响和后果不同,可分为一级大客流和二级大客流。

(1)一级大客流。一级大客流的判定标准:各车站根据本站的正常乘客数量进行比较,站台聚集人数达到或大于站台有效区域的80%,并且持续时间大于实际行车时间间隔。这种情况会给乘客及轨道交通运营安全造成影响,存在明显的安全隐患。

(2)二级大客流。二级大客流判定标准:各车站根据本站的正常乘客数量进行比较,站台聚集人数达到站台有效区域的70%,并有持续不断上升的趋势。这种情况下,乘客的正常出行和轨道交通所提供的服务水平受到一定程度的影响,车站比较拥挤,乘客感觉比较压抑,但尚未对乘客及轨道交通运营安全造成影响。

### 3 车站大客流组织的影响因素

城市轨道交通运营企业会根据每个车站的具体位置、站台形式、设备配置方式、客流特点等因素,有针对性地编制该车站的客流组织方案。车站大客流的组织主要考虑下列影响因素:

(1)车站出入口及通道的设置。车站出入口及通道的数量、规模和位置在设计之初已经确定,一般不能再改变。车站大客流组织应根据车站进出客流的方向和数量,灵活选择关闭或开放车站出入口的数量和位置,同时可改变或限定通道内乘客流动的方向,达到限制乘客进站数量和流动速度的目的。从运输安全和消防疏散的角度考虑,每个车站必须保持开通两个以上出入口及通道。

(2)站厅的面积。根据城市轨道交通客流组织经验,站厅容纳率一般为 $2 \sim 3$ 人/$m^2$。

(3)站台的面积。站台主要供列车停靠时乘客上下车使用,站台的设计应满足远期预测客流的需要,且站台的宽度应满足高峰小时客流量的需要。根据实际客流组织的经验,站台容纳率一般为 $2 \sim 3$ 人/$m^2$。

(4)楼梯与通道的通过能力。楼梯与通道的设计参数见表7-1。

**楼梯与通道设计参数**　　　　　　　　　　　　　　　　表 7-1

| 名　　称 | | 每小时通过人数(人) |
| --- | --- | --- |
| 1m 宽通道 | 单向通行 | 5 000 |
| | 双向通行 | 4 000 |

| 名　　称 | | 每小时通过人数(人) |
|---|---|---|
| 1m 宽楼梯 | 单向下楼 | 4 200 |
| | 单向上楼 | 3 700 |
| | 双向混行 | 3 200 |
| 1m 宽自动扶梯 | | 8 100 |
| 1m 宽自动人行道 | | 9 600 |

根据地铁设计规范规定,为保证一定的通过能力,楼梯的宽度不小于 1.8m,通道的最小宽度不应小于 2.5m。单向行走时楼梯的通过能力一般按 70 人/min(下行)、63 人/min(上行)及 53 人/min(混行)计算。若采用自动扶梯,通行能力可达 100~120 人/min。通道的通行能力则按每米 88 人/min(单向)、70 人/min(双向)计算。

(5)自动售检票设备的通过能力。以天津地铁的自动售票机及检票设备为例,每台自动售票机及检票设备的通过能力见表 7-2。

天津地铁每台自动售检票设备通过能力(单位:人/min)　　　　表 7-2

| 条　　件 | 自动售票机 | 进站闸机 | 出站闸机 |
|---|---|---|---|
| 引导充分时 | 3~4 | 12~15 | 12~15 |
| 乘客自助时 | 1~2 | 8~9 | 8~10 |

(6)列车输送能力。列车输送能力是车站大客流组织的主要影响因素,而影响列车输送能力的两大因素则是行车间隔和车辆荷载。列车行车间隔越小,车辆满载率越高,对车站客流组织的压力越大。

综上所述,车站大客流的组织主要受出入口通道、站厅站台面积、车站楼梯(自动扶梯)、自动售检票设备通过能力以及列车输送能力等的影响。根据实际运营经验,车站大客流组织的瓶颈主要体现在出入口、进出站闸机以及由站厅转到站台的自动扶梯口等处。在车站客流组织过程中,只要控制好这些车站设备中的薄弱环节,就能做好车站的客流组织工作。

### ❹ 车站大客流的组织原则

车站大客流组织基本原则如下:

(1)地铁控制中心(OCC)负责地铁线路的客流组织工作,车站的客流组织由值班站长负责。

(2)在大客流的情况下,车站应采取有效措施对车站人流进行控制。客流控制应遵循由内至外,由下至上的原则。

(3)如站台乘客数量大于站台容积能力,必须进行入闸机控制点的客流控制,控制乘客前往站台的数量。

(4)如果站台乘客数量大于站台容积能力,站厅乘客数量大于站厅容积能力,就必须对出入口控制点进行控制,临时限制或者不允许乘客进站。

### 5 车站大客流的组织措施

(1)增加列车运能。可根据预测客流量,提前编制针对大客流的特殊情况下的列车运行图,从运能上保证大客流的运营组织。在大客流发生时,根据大客流的方向,利用就近的折返线、存车线组织列车运行方案,增开临时列车,从而保证大客流的疏散。增加列车的运能是大客流组织的关键。

(2)增加售检票能力。售检票能力是大客流疏散的主要障碍,车站在设置售检票位置时应考虑提供疏散大客流的通道。当可预见大客流情况发生时,可事先做好相应的票务服务准备工作。

①售检票设备的准备。在大客流发生前,设备维护人员应事先对车站全部售检票设备进行维护、检修,确保在大客流发生时售检票设备能正常使用。

②车票和零钞的准备。车站应根据客流预测和以往大客流所消耗的车票及零钞数,在大客流发生前,向票务部门申领和储备充足的车票和零钞。

③临时售票厅的准备。车站根据大客流的进出方向,选择在进站客流较集中的位置,设置临时售票亭。

(3)做好进站客流组织工作。可根据站台是否还能容纳和承受更大的客流,分两种情况来进行进站客流组织工作。

①当站台还能容纳和承受更大客流时,可采取以下措施:

a.增加售检票能力。准备好足够的车票、零钞;在地面、站厅增设临时售票点,增设临时售检票位置或增加自动售票设备的投入。

b.加开进站方向的闸机。

c.加开通往站台方向的扶手电梯。

d.适当延长列车停站时间。在站台上做好乘客上下车的引导工作,在保障安全的前提下,争取让更多的乘客上车,增加本次列车的运能。

②当站台不能容纳和承受更大客流时,可采取以下措施:

a.暂停或减缓售票速度,关闭部分自动售票机。

b.暂时关闭局部或全部进站方向闸机。

c.更改扶手电梯方向,将部分或全部扶手电梯调整为向站厅层及出入口方向运行,延缓乘客进站速度。

d.适当延长列车停站时间,尽可能让更多乘客上车。

e.采取进出分流导向措施,将部分出入口设置成只能出不能进,限制乘客进入,延长站台层大客流的疏散时间。可在公安人员的配合下关闭出入口,暂停客运服务,安排人员到出入口做好乘客服务解释工作,并张贴车站关闭的通告。

(4)做好出站客流组织工作。出站客流组织工作的指导思想是保证乘客出站线路的畅通,加快出站速度,使其安全、快速、有序地离开车站。站务人员可采取以下措施:

①更改扶手电梯方向,将部分或全部扶手电梯方向调整为向站厅层及出口方向运行。

②将部分或全部进站闸机更改为出站闸机。

③紧急情况时,可采取票务应急处理模式。如采用进站免检模式、AFC 紧急放行模式等。

(5)采取临时疏导措施。在大客流组织中,临时合理的疏导是一项很重要的组织措施。主要包括车站出入口、站厅层的疏导,电动扶梯以及站台层的疏导。车站出入口、站厅层的疏导主要是根据临时售检票位置的设置,引导、限制客流的方向。临时售检票位置宜设置在站外、站厅层较空旷的位置,应为排队购票的乘客留出充分的空间,确保通道的畅通和出入口、站厅客流的秩序。电动扶梯以及站台层的疏导主要是为了尽量保证客流均匀上下扶梯和尽快上下列车,保证站台候车的安全。站务人员应在靠近楼梯、扶梯处站岗并分散在站台前、中、后部疏导乘客。采取的疏导措施主要有设置临时导向标志、设置警戒绳或隔离栏杆、采用人工引导及通过广播宣传引导等。

(6)特大客流应急措施。当车站遭遇特大客流时,应遵循由下至上、由内至外的人潮控制原则。采取站台客流控制、站厅付费区客流控制、出入口(站厅非付费区)客流控制三级客流控制方法。

第一级控制站台客流,控制点可设在站厅与站台的楼梯(或电扶梯)口处,站务人员应分散在站台的各部,维持候车、出站秩序,协助驾驶员开关车门,确保乘客安全上下车。第二级控制付费区客流,控制点在进站闸机处,站务人员确保有序、快捷的进站秩序,及时处理票务问题。第三级控制非付费区客流,控制点在车站出入口处,可在站外设置迂回的限流隔离栏杆,延长进站时间,最大限度缓解站台层客流压力。只要严格按照上述三级客流控制方法,遭遇特大客流时,是能确保乘客安全和车站秩序的。

## 6 车站大客流组织应急预案

各城市轨道交通运营企业制订的大客流组织应急预案各不相同,大致内容及程序如下:

(1)值班站长及时报告行车调度员,行车调度员通过监控系统加强对车站客流情况的监控。

(2)车站应加强现场的疏导工作,增加工作人员,利用隔离带、铁马做好秩序维护和服务组织工作。

(3)车站应在适当位置增设临时售票点,出售预制票,避免 TVM 前乘客排长队购票的情况出现。

(4)车站根据现场情况,利用告示牌、临时导向标志、车站控制室广播设备、手提广播,适时做好乘客的宣传、引导工作。

(5)车站行车值班员应通过监控系统,加强对现场情况的监控工作。

(6)车站应加强对出入口、站厅、站台客流的监控及疏导,避免站厅非付费区内人员过度拥挤或流通不畅。

(7)车站应根据客流情况,实行楼梯和自动扶梯、闸机、出入口三级控制。

（8）当站台发生拥挤时，车站应采取关闭部分自动售票机、进站闸机的措施，以减缓乘客购票进站速度，控制进站客流，或在某些出入口实行单向疏导方式，缓解站内客流压力。

（9）站台保安应密切注意站台和列车情况，一旦发生列车上乘客拥挤，乘客上车有困难时，车站应立即向控制指挥中心请求加开列车。

（10）列车驾驶员发现有乘客上不了车或影响车门、屏蔽门关闭时，应及时报告行车调度员，并通过广播引导乘客有序上车。

# 7.4 城市轨道交通突发事件客流组织办法

突发事件是指在没有任何征兆的情况下，在城市轨道交通车站内、列车上或其他设备设施内突然发生的危及人身安全的事件，如地震、投毒、爆炸恐吓、设备故障失火等事故。突发事件发生时在车站内或列车上的客流均称为突发事件客流。各车站应根据本站具体情况建立切实可行的突发事件客流组织预案，合理安排各岗位和地点的具体工作，迅速疏散客流，避免意外发生、扩大和蔓延。

当突发事件发生时，车站可根据实际情况采用不同的客流组织办法对乘客进行疏导。主要有疏散、清客、隔离三种办法。

## 一 疏散

疏散是指在紧急情况下，利用一切通道和出入口迅速将乘客从危险区域全部转移到安全区域，按照疏散地点可分为车站疏散和隧道疏散，车站可因火警、列车事故、炸弹恐吓、气体泄漏、水淹等多种原因而进行紧急疏散。

车站疏散需要轨道交通运营企业各个部门的高度配合，力争在最短的时间内完成客流的转移。对于城市轨道交通运营企业而言，这种疏散办法应定期进行现场模拟演练，让每位员工充分了解自己的岗位职责及作业程序，只有这样才能保证在突发事件发生时疏散工作井然有序，乘客得到安全、快速的转移。以下简要介绍车站疏散程序（表7-3、表7-4）及隧道疏散组织办法。

### 1 车站疏散程序

（1）行车调度员的行动，见表7-3。

**车站疏散——行车调度员行动表**　　　　　　　　　　表 7-3

| 步骤 | 行　动 |
|---|---|
| 1 | 根据情况需要召唤 110、119、120 等紧急服务,协助疏散车站及相邻车站 |
| 2 | 通知有关车站实施车站疏散,并告知其相关的行车安排、清客安排 |
| 3 | 指示环控调度员,值班站长接管环控系统控制权,以便在车站进行控制 |
| 4 | 根据情况需要关断有关区段的电力供应 |
| 5 | 指示驾驶员驶过疏散车站时不要停车 |

（2）车站员工的行动,见表 7-4。

**车站疏散——车站员工行动表**　　　　　　　　　　表 7-4

| 步骤 | 负责人员 | | 行　动 |
|---|---|---|---|
| 1 | 值班站长 | 确定事故的种类及地点 | ①通过 CCTV 查看事故现场;<br>②派站务人员前往现场,调查事故原因;<br>③上报行车调度员及通知所有车站员工;<br>④确定是否执行紧急疏散程序 |
| | | 指挥抢险,进行疏散 | ①通过 PA/PIS 宣布疏散车站（注意:避免引起乘客恐慌）;<br>②在上级领导未到达前担任现场指挥 |
| | | | 如乘客被困站台,要求行车调度员安排一列空车前往站台 |
| | | | 通知车站内其他人员,如:承包人、施工人员、商铺租户等离开车站并前往集合地点报到 |
| | | | 命令车站员工执行车站紧急疏散计划,组织乘客撤离车站 |
| | | | 视情况需要:<br>①要求行车调度员召唤 119、110、120 等紧急服务;<br>②如需救援人员支持,安排一名站务人员到紧急出入口引导救援人员进站;<br>③要求行车调度员不要放车进站 |
| | | | 若车站内有火警或冒烟而需作出紧急通风安排,则要取得环境系统控制权,并操作环境系统控制设备 |
| | | 指挥撤离 | ①疏散完毕后,检查是否还有乘客滞留,安排员工关闭车站出入口;<br>②如灾害危及车站员工安全,组织员工到紧急出入口集合 |

续上表

| 步骤 | 负责人员 | | 行　　　动 |
|---|---|---|---|
| 2 | 车站员工 | 组织乘客疏散 | ①在车站 IBP 盘上操作 AFC 紧急放行模式,使闸机扇门全部打开;<br>②将 TVM 设为暂停服务 |
| | | | 开启相应的环控模式 |
| | | | ①组织乘客撤离,需要时用扬声器疏散乘客;<br>②按停扶手电梯或转用适当的运行模式;<br>③为伤残人士提供协助 |
| | | 关闭车站 | 完成疏散后:<br>①检查所有乘客是否已离开车站;<br>②张贴车站关闭的通告;<br>③前往集合地点报到 |
| 3 | 值班站长 | 恢复服务 | ①当事故处理完毕后,确认线路出清;<br>②上报行车调度员,得到确认后恢复正常运营;<br>③通过 PA 系统通知乘客服务恢复正常 |

**2 隧道疏散**

(1)车站值班站长在上级领导未到达前担任临时现场指挥。

(2)接到行车调度员或列车驾驶员需要隧道疏散的通知后,通知各岗位员工执行车站疏散程序。

(3)开启隧道灯,需要时开启隧道风机进行排烟(或由环控调度员开启)。

(4)带领车站员工,穿好荧光服,携带应急灯、无线对讲机等设备前往隧道疏散现场,负责引导乘客前往车站站台疏散。

(5)疏散完毕,在确认乘客全部离开和线路出清后,报告行车调度员,关闭车站。

(6)消防、公安人员到达车站后,告知有关情况,协助其参加抢险应急工作。

# 二 清客

清客是指当车站或列车出现异常时,需要将乘客从某一区域全部转移到另一区域。清客可分为非紧急/紧急情况清客、设备故障清客、列车失火或冒烟清客、清客至站台、清客至轨道等多种情况,以下以非紧急情况下清客至轨道、列车发生火警单端清客至轨道为例,简要介绍清客的组织程序及内容。

## ① 清客的规则

各城市轨道交通运营企业制订的清客程序、人员分工都有所不同,但大致遵循下列清客规则:

(1)清客前必须获得行车调度员的授权,除非在危及乘客安全或与 OCC 的通信中断等紧急情况下,列车驾驶员或车站值班站长才可未经授权进行清客。

(2)列车驾驶员应尽可能将列车驶至下一站或在指定的站台清客,避免在两站之间清客。

(3)清客期间,以下轨道不得行车:乘客下车后途经的轨道,乘客可由隧道门或交叉口进入的轨道。直至完成清客,证实所有乘客已撤离轨道后,上述轨道才可解除行车限制。

(4)一般情况下,若没有车站员工的协助不得清客,除非发生了极度紧急、严重威胁乘客生命安全的情况,方可由列车驾驶员单独组织清客。

(5)为防止乘客偏离清客路线或被障碍物绊倒,必须安排员工在道岔、交叉口、隧道口及其他有潜在危险的地方驻守。协助清客的员工应携带手提灯、扩音器、无线电对讲机等设备,同时应特别注意疏散过程中伤残人士的安排。

(6)任何员工或乘客进入轨道前,必须亮起隧道灯。

(7)凡是清客至轨道的情况,都必须关断牵引电流。

(8)列车完成在轨道清客的程序后,必须安排车站员工巡查所有下车乘客可能经过的轨段,确保区间内已无任何乘客或障碍物,然后才可恢复正常行车。

(9)实施清客时,应召唤公安、消防等应急救援人员协助。

## ② 非紧急情况下清客

非紧急情况是指:清客工作按照正常的途径得到授权,有充裕时间做好相关准备工作。以下介绍非紧急情况——两站之间清客至轨道的一般处理程序,见表7-5 ~ 表7-7。

(1)行车调度员的行动,见表7-5。

非紧急情况下清客——行车调度员行动表 表 7-5

| 步骤 | | 行　　动 |
|---|---|---|
| 1 | 停止相关轨道上的所有行车 | ①即将清客的轨道需停止;<br>②乘客离开车厢后可能途经的轨道需停止 |
| 2 | 指示列车驾驶员做好清客前的准备 | ①停止所有列车运作,只维持无线电正常操作;<br>②前往即将清客的一端候命;<br>③待车站员工抵达后即可清客 |
| 3 | 通知环控调度员 | 关断牵引电流,做好防护措施 |
| 4 | 命令受影响区域的值班站长执行清客程序 | ①亮起隧道灯,关掉鼓风扇,采取相关保护措施;<br>②向有关值班站长查证:列车停止的正确位置,指示其在何处清客,在列车哪一端清客 |

续上表

| 步骤 | | 行　动 |
|---|---|---|
| 5 | 确认清客已结束 | 与驾驶员确定：<br>①所有乘客已离开车厢；<br>②是否有伤残人士还留在车上 |
| | | 与值班站长确定：<br>①所有乘客已撤离车厢及轨道；<br>②要求值班站长派员工步行巡视各轨段，并确定轨段已畅通无阻 |
| 6 | 恢复正常运作 | 接获值班站长通知轨道已畅通后，指示：<br>①牵引电流送电；<br>②驾驶员限速将列车驶往下一站；<br>③根据情况，部分或全部恢复正常运作 |

（2）值班站长的行动，见表7-6。

值班站长接获行车调度员通知执行清客程序后，须按表7-6所示程序执行。

非紧急情况下清客——值班站长行动表　　　　　　表7-6

| 步骤 | | 行　动 |
|---|---|---|
| 1 | 与行车调度员确定清客事宜 | ①ATS控制台显示所有被停止的列车的正确位置；<br>②清客的位置，在列车的哪一端清客；<br>③牵引电流已关闭，安全保护措施已做好 |
| 2 | 接管环控系统操作权 | 视情况需要，关掉鼓风扇、亮起隧道灯 |
| 3 | 安排车站员工执行隧道清客程序 | ①指派1名车站员工负责执行清客程序；<br>②至少再派1名员工陪同其前往列车现场 |
| | | 根据情况需要，加派员工前往：<br>①任何有潜在危险的位置，提醒乘客注意安全；<br>②在清客范围内协助引领乘客；<br>③引导离开车厢的乘客经站台两端的楼梯前往车站 |
| 4 | 清客结束后，向行车调度员报告 | 向执行清客程序的车站员工确认：所有员工和乘客已离开轨道 |
| 5 | 安排车站员工进行轨道巡查 | ①接获行车调度员通知：要求进行轨道巡查；<br>②安排两名车站员工步行前往下一个车站，确定该区间畅通无阻；<br>③每确定一段指定轨道畅通无阻后，向行车调度员汇报 |
| 6 | 恢复列车正常运作 | 接获行车调度员通知后，恢复正常运作 |

（3）负责清客的车站员工的行动，见表7-7。

**非紧急情况下清客——车站员工行动表** 表7-7

| 步骤 | 行　　动 | |
|---|---|---|
| 1 | 前往清客现场 | ①带上手提灯、无线电对讲机等应急物品；<br>②确保隧道灯已亮起，牵引电流已关断，保护措施已做好 |
| 2 | 抵达现场开始清客 | ①至少两名车站员工共同前往列车现场，抵达现场后立即开始清客；<br>②指示同行的车站员工：带领乘客前往指定车站，引领乘客使用站台两端的楼梯，以加快疏散速度；<br>③协助驾驶员清客；<br>④乘客中若有伤残人士，安排车站员工或自愿协助的乘客陪同；<br>⑤确定车上乘客已全部撤离后，收回逃生踏板 |
| 3 | 返回车站，沿途巡查轨道 | ①沿途巡视轨道，确保轨道上没有遗留乘客或障碍物，安全保护措施已拆除；<br>②抵达车站后，向值班站长报到 |

### ❸ 列车发生火警——单端清客至轨道

列车因为发生火警停在隧道内，产生烟雾或刺激性气味的浓烟时，必须立即进行清客。若火警发生在车头，清客的位置须在车尾；反之，火警发生在车尾，清客的位置须在车头；若火警发生在列车中部，则需进行双端清客。以下介绍列车因失火或冒烟停在隧道内——单端清客至轨道的一般处理程序，见表7-8、表7-9。

（1）行车调度员的行动，见表7-8。

**列车火警单端清客至轨道——行车调度员行动表** 表7-8

| 步骤 | 行　　动 | |
|---|---|---|
| 1 | 阻截列车进入火警范围 | ①阻截任何其他列车进入受影响的轨道范围；<br>②停止以下轨道上的所有行车：事发列车所在轨道相邻的轨道，乘客离开车厢后可能途经的轨道 |
| 2 | 与列车驾驶员沟通清客事宜 | ①确定清客方向；<br>②向驾驶员证实轨道安全，可以开始清客 |
| 3 | 通知环控调度员，做好防护安排 | ①关闭牵引电流；<br>②确定导烟的方向；<br>③执行相关火灾模式 |
| 4 | 命令受影响区域的值班站长执行清客程序 | ①亮起隧道灯，关掉鼓风扇，做好相关保护措施；<br>②向有关的值班站长查证：停下列车的正确位置，指示其在何处清客，在列车哪一端清客 |
| 5 | 召唤紧急服务 | 召唤119、110、120等紧急服务支持 |
| 6 | 下达清客命令 | 通知受影响列车的驾驶员开始清客 |

| 步骤 | 行　动 | |
|---|---|---|
| 7 | 进行导烟、排烟工作 | 联络需要导烟的车站,指示其值班站长:<br>①亮起隧道灯;<br>②监视环控系统的操作状况 |
| 8 | | 联络需要排烟的车站,指示其值班站长:<br>①亮起隧道灯;<br>②做好准备,一旦浓烟进入站台范围,立即疏散车站 |
| 9 | 维持受影响范围内的列车运作 | 最大限度维持与受影响轨道相邻隧道内的行车 |

（2）值班站长的行动,见表 7-9。

值班站长接获行车调度员通知执行清客程序后,须按表 7-9 所示程序执行。

列车火警单端清客至轨道——值班站长行动　　　　　　　　　　　　表 7-9

| 步骤 | 行　动 |
|---|---|
| 1 | 按情况需要,亮起隧道灯 |
| 2 | ①烟雾若冲入站台范围,疏散车站;<br>②烟雾未冲入站台范围,派人到区间协助清客,引领乘客到站台 |
| 3 | 紧密监视环控系统的操作 |

# 三 隔离

隔离是指采用某种方式或设备人为地隔开人群或封闭某个区域。根据造成隔离的原因,隔离的组织方法有以下三种。

## 1 非接触纠纷隔离

乘客发生口头纠纷时,离现场最近的工作人员要立即上前调节,必要时要把纠纷双方分别带到人少的地方(或带到车站会议室),进行劝说和调解。如有其他乘客围观,应及时劝离现场,维持好车站正常秩序。

## 2 接触式纠纷隔离

乘客发生肢体冲突时,离现场最近的工作人员要立即赶到现场,与车站保安人员一起把打架双方隔开,并通知地铁公安到场。车站控制室通知值班站长赶到现场处理,将肇事双方移交地铁公安处理。车站要及时疏散围观的其他乘客,并寻找目击证人填写事件记录。

### ③ 客流流线隔离

当车站某一端排队购票队伍与进、出客流发生交叉干扰时,车站工作人员可利用伸缩铁制围栏、隔离带、警戒绳、铁马等设备器具人为地隔开人群,保持进、出客流畅通,并利用手提广播引导一部分乘客到人少一端购票进站,避免乘客排长队的现象发生。

### ④ 疫情隔离

车站发现有恶性传染疫情时,必须采取隔离组织办法,关闭各出入口,列车通过不停车,对与疑似人员有过密切接触过的物品、人员进行消毒、隔离,未经防疫部门的许可不得离开车站。

## 复习与思考

1. 简述客流的概念及其影响因素,调研、分析本区域城市轨道交通车站客流的时间、空间分布特征。

2. 简述车站大客流的预防与组织办法。以本区域某个具体车站为例,结合客流调查的结果,分析该车站客流的限制因素,制定该车站大客流应急处理预案。

3. 简述车站疏散程序中站务人员的岗位职责、作业程序。

4. 简述车站清客程序中站务人员的岗位职责、作业程序。

# 单元 8

# 城市轨道交通车站运作管理

**教学目标**

　　1. 掌握车站开启和关闭程序,能够配合值班站长进行车站的开启和关闭工作;

　　2. 能够进行车站的一般巡查作业,并做好相关记录;

　　3. 掌握车站的岗位划分、岗位工作职责和一般作业流程。

**建议学时**

　　6 学时

本单元所列知识内容和服务岗位划分仅以个别城市地铁运营公司为例,供教师教学、学生学习参考。

# 8.1 车站行政管理

## 一 站务室组织架构图

某城市轨道交通站务室组织架构,如图 8-1 所示。

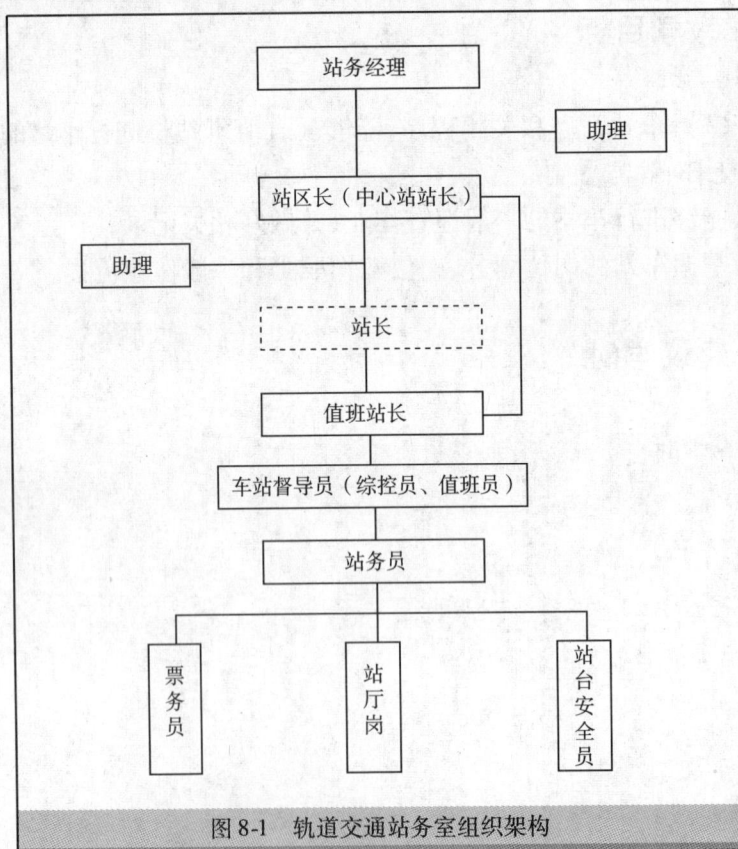

图 8-1 轨道交通站务室组织架构

（1）我国绝大多数地铁都是由值班站长负责车站内日常管理事务,其上级是站区长,很多城市中间已不再设站长一职。一般情况下,车站实行层级负责制,由上至下的顺序依次为站务经理、站区长、站长、值班站长、督导员（综控员或行车值班员）、站务员，信息汇报实行逐级汇报，特殊情况下可越级管理、越级汇报。

（2）车站常驻人员包括值班站长、督导员（综控员或行车值班员）、站务员、保洁员、AFC设备维修人员、地铁公安等。

## 二　车站各岗位工作职责

按照车站站务室的组织架构图，值班站长的直属下级为车站督导员（综控员或行车值班员），车站督导员的直属下级为站务员，各岗位工作职责如下。

### 1 站区长（中心站站长）的岗位职责

（1）指导所管辖范围内的车站工作。

①确保各车站人员提供高品质的乘客服务。

②在处理故障或事故时，指导各车站人员根据相关的规则及程序协助处理故障或事故，并做好恢复、善后及预防的工作，保证及时、安全、高效地处理突发事故和恢复客运服务。

③确保与公安及政府应急抢险部门及其他公交机构保持沟通合作，以便在发生重大交通故障或事故时能及时处理。

④负责指导并加强车站系统的安全作业、服务质量等。

（2）在员工管理方面，确保所管辖内车站工作的安排、指导、检查、监督、评价和考核工作能适当及公平公正地执行，减少内部冲突，保持车站团队的伙伴合作精神，营造积极向上的良好工作气氛。

### 2 值班站长的岗位职责

（1）管理并监督车站内的所有活动。

①负责管理本车站的有效列车运作及客运服务工作，确保站务人员能按要求提供安全、可靠及高效率的车站服务。

②随时保持与中心行车调度员、电力系统调度员和站务人员的联络畅通，掌握有关行车和相关设备的情况。

③及时处理车站发生的行车事故，减少对乘客的影响。

④当车站的设施、设备发生故障或出现突发情况时，应采取有效措施保证车站的正常使用，并将故障情况通知有关单位。

（2）在员工管理方面，要协助制订站务人员的排班表，确保站务工作的安排、指导、检查、监督、评价和考核工作能公平、公正地执行，减少内部冲突，以营造及维持站务室内的团队伙伴合作精神。

### 3 站务员的岗位职责

站务员按照不同的工作内容又可以划分为三个不同的岗位：站厅岗（厅巡）、站台岗（安全员)、客服中心岗(票务员)。

(1)票务员的岗位职责

①负责在客服中心售票,处理坏票、补票,保证票款的正确和安全。

②帮助乘客换取福利票,及时处理乘客的无效票。

③帮助乘客兑换零钱,处理乘客投诉和乘客问询工作。

④票务员应根据各个地铁的规章制度为乘客提供优质服务。

(2)站厅岗站务员的岗位职责

①发现乘客携带超长、超大、超重物品时,应禁止其进站,并做好相应的解释工作。

②发现精神不正常乘客应该禁止其进站乘车,及时汇报车站控制室,必要时请求警务人员或同事的协助,保护自身安全。

③负责保证重点旅客(年老体弱者、小孩、残疾人、携大件物品乘客等)的安全。

④负责巡查站厅、出入口,保证设备设施的正常运行,并做好相关巡查记录,发现安全隐患时应及时报修,发现有故意损坏地铁设备的应及时制止,并上报车站控制室。

⑤留意地面卫生,发现积水、垃圾、杂物等应及时通知保洁人员处理,同时设置警示牌,防止乘客摔倒。

⑥站厅、出入口发生治安安全事件时,应及时赶到,保护现场,寻找两名及以上目击证人。

⑦负责站厅、出入口的客流组织工作,防止乘客过分拥挤,必要时采取相应的限流措施。

⑧负责更换钱箱、票箱,引导不能正常进出闸机的乘客到客服中心办理。

⑨关注乘客动态,如发现违反地铁规定(乘客守则)的行为应及时制止。

## 想一想

2009年2月,某车站站台安全员发现有一位乘客依靠在屏蔽门上,于是上前提醒乘客离开以免发生危险,但发现该乘客喝醉了,而且说自己买票进站想靠哪儿就靠哪儿,态度蛮横,如果是你,你该怎么做呢? 如果有醉酒乘客进站,作为站务员可否禁止其进站呢? 为什么?

## 知识链接

### 北京地铁乘客守则

第一条 为保障北京地铁四号线运营秩序,为乘客创造安全、便捷、和谐的乘车环境,依据《城市轨道交通运营管理办法》、《北京市城市轨道交通安全运营管理办法》等规定,特制定本守则。

第二条 凡进入北京地铁4号线范围(含出入口、通道、站台、站厅、车厢)者均须自觉遵守本守则、运营通告和社会公德,讲究文明礼貌,接受、配合地铁工作人员的管理和安全检查,共同维护乘车秩序。

第三条　乘客须持有效车票乘车。对使用假票、废票、无效票证者,依据《北京市地下铁道列车车票使用办法》处理。

第四条　一名成年乘客可免费带领一名身高 1.2m 以下的儿童乘车,超过一名的,按超过人数购票乘车。

第五条　失明、失聪、弱智等残障人士,以及行动不便者、学龄前儿童、精神病患者,须在健康成人陪同下乘车,无人陪同时,请及时联系站务人员,以获得相应帮助。

第六条　严禁携带易燃、易爆、有毒、腐蚀性和杀伤性等危险品(如雷管、炸药、鞭炮、汽油、柴油、煤油、油漆、电石、液化气、各种酸类等)以及有严重异味或容易污损地铁设备和车站、列车环境的物品乘车。

第七条　不得携带风筝、气球、笨重物品(如自行车、电视机、组合音响等),以及影响地铁运营秩序和危及乘客人身安全的物品乘车。

第八条　衣冠不整、醉酒肇事等不文明行为者和患有烈性传染病、健康状况危及乘客人身安全者不得乘车。

第九条　乘客须经检票后有序地进入站台,并遵守以下乘车秩序:

(一)在安全线内侧排队候车,禁止在安全门边缘与黄色候车线之间行走、坐卧、放置物品,不得互相推挤,不得挤靠屏蔽门、车门;

(二)列车停稳后遵从先下后上原则,从车门两侧依次登车,不得强行上下车,不得争抢座位;

(三)上下车时,应留意列车与站台间的空隙。当列车关门的提示警铃鸣响时,停止上下车;

(四)列车因故不能继续运行时,应当服从地铁工作人员的安排或者换乘其他列车。

第十条　乘客应提倡尊老爱幼,文明乘车的美德,主动给老、幼、病、残、孕妇、怀抱婴儿者或者其他有需要的人士让座和提供方便。

第十一条　搭乘自动扶梯时注意乘梯安全,靠右站稳,左侧急行。

第十二条　车站或列车发生意外情况,乘客应保持冷静,在地铁工作人员的指挥或广播的提示下有序疏散。

第十三条　乘客应自觉保持地铁范围内的环境卫生,维护公共秩序,禁止下列行为:

(一)吸烟、随地吐痰、便溺、吐口香糖、乱扔果皮、纸屑等废弃物;

(二)躺卧、占据和踩踏坐席、堵占车内通道;

(三)卖艺,以反复纠缠、强行讨要或其他滋扰他人的方式乞讨。

(四)涂写、刻画、擅自张贴,或派发广告、宣传品;

(五)在站厅、出入口、通道久留、坐卧、堆放杂物、擅自摆摊设点,堵塞通道;

(六)追逐打闹、高声喧哗、唱歌、跳舞、演奏乐器、使用产生噪声的音响设备;

(七)携带禽畜和猫、狗等动物。

第十四条　乘客应爱护地铁范围内的公共财物,禁止下列危害地铁安全运营的行为:

(一)攀爬、跨越检票闸机、护栏、安全门;

（二）跳下站台，进入轨道、隧道或其他限制区域；

（三）在非紧急状态下动用紧急或安全装置；

（四）污损消防、疏散导向、指示牌、广告灯箱等地铁设施和设备。

第十五条　违反本守则者若造成人身伤害、财产损失，应依法承担法律责任，影响地铁正常运营的，地铁工作人员有权及时劝阻、制止，或视情节轻重移交公安部门处理。

**想一想**

对照上述乘客守则，假如你在站厅岗值勤，当班时发现有 50 多人聚集在车站门口，迟迟不肯进站，应如何处理？

当班时，若看到有乞讨人员进站应如何处理？如果是乞讨人员辩解说"我不是要在地铁里乞讨，而是坐车去某个地方"，应如何处理？应放其进站吗？

（3）站台安全员的岗位职责

①随时关注站台乘客动态，当车辆进站时，应于靠近紧急停车按钮（图8-2）处站岗，防止乘客在关门时冲上车夹伤。

②负责维持站台顺序，组织乘客有序乘降，如发现乘客有违规行为，应及时制止，并做好解释工作。

③解答乘客问询，关注行动不便乘客，必要时扶其上下车。

④清客完毕，需要向驾驶员显示"一切妥当"的信号。

图8-2　站台紧急停车按钮

⑤巡查站台，发现问题及时采取相应的处理措施。

⑥维持列车服务，如复位乘客报警器。

⑦简单处理车门、屏蔽门故障（图8-3），协助值班站长进行事故处理。

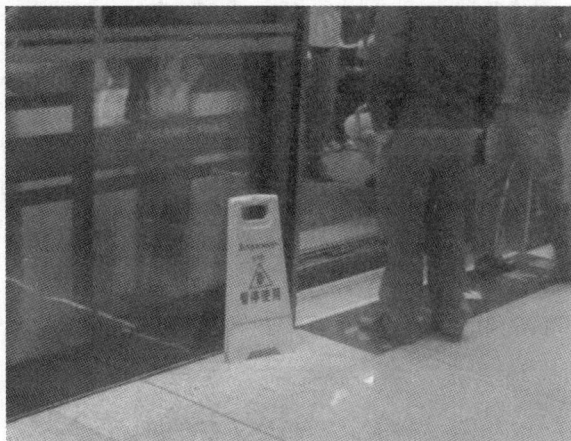

图 8-3　屏蔽门故障

⑧负责站台、自动扶梯的客流组织(客流高峰时限流)工作,必要时采取一定措施。

# 三 站务员作业流程

## 1 票务员作业流程

(1)班前

①首班车到达以前,按规定着装,学习重要文件,听取值班站长安排。

②领取现金备用金、票卡、钥匙、对讲设备等。

③检查 AFC 设备、备品备件及对讲设备情况,做好售票准备。

(2)班中

①严格按照售票作业程序售票,如果乘客使用大面值的纸币购票应提醒乘客当面点清票款。

②在帮助乘客充值时提醒乘客看显示器金额,让乘客确认。

③当班过程中需保持客服中心的整洁,票证报表、钱袋摆放整齐。

④当硬币、车票、发票数量不够时,向车站控制室报告。

⑤售票结束后,票务员进行设备设施的交接,将本班的报表、车票、所有现金收拾好拿回票务室。

⑥整理钱、票,带回票务室结算。

⑦班中如果需要替换岗位时,做好票务钥匙、票务设备、对讲设备的交接工作。

注意:不能让非当班人员随意进出(非当班人员需有高一级人员的授权方可进入)。

(3)交班

①退出 BOM,将抽屉里的钱和车票整理放入票盒。

②将硬币清理好装回硬币袋。

③拿走本班的钱袋,尽快回票务室结账。

## ② 站厅岗和站台安全员作业流程

(1)班前

①签到,阅读文件,接受上级交代工作及了解注意事项。

②领取相关的对讲机设备和钥匙。

③巡视车站及设备。

④带齐工作备品,准时到岗,配合值班站长做好车站开启工作。

(2)班中

①站台安全员。

a.列车进站时,站务员需站在紧急停车按钮旁边,以便发生事故时及时按下,保证乘客安全;工作时间内要求站立姿势,不得坐在灭火器或站台座椅上。

b.当列车进站时,提醒乘客不要拥挤,不要手扶车门,注意列车和屏蔽门之间的空隙。

②站厅岗。

a.引导乘客使用自助售检票设备。

b.运营时间内巡查车站设备,并做好相关记录。

c.回收闸机的票卡,补充 TVM 的票卡及找零钱箱。

d.发生紧急情况时,第一时间内报告车站控制室。

e.在上下行末班车到站前××分钟,在 TVM 上,每组闸机前应摆放告示牌停止售票。

(3)班后

①末班车开出后,清理站台,确认车站没有滞留乘客,无异常情况后汇报。

②协助关闭车站的相关设备。

③配合值班站长做好车站关闭工作,将相关钥匙和对讲设备交还给车站控制室。

# 知识链接

某地铁线路站务员工作流程如表8-1所示。

某地铁线路站务员工作流程

表 8-1

| 时　　间 | 工　　作 |
|---|---|
| 首班车开出前××分钟 | 参加班前会 |
| 首班车开出前××分钟 | 站台安全员、站厅岗站务员:巡视车站,设备、卫生状况;开启车站的电扶梯、电梯;<br>票务员:开启客服中心,领用票卡、备用金、钥匙及对讲设备等 |
| 首班车开出前××分钟 | 巡视出入口,开启站门 |
| 客流高峰早高峰 | 站台安全员:关注站台乘客乘降情况;<br>站厅岗站务员:在闸机旁值岗 |

续上表

| 时　间 | 工　作 |
|---|---|
| 客流平峰时期 | 站厅岗站务员:协助将昨日票款交往站区。<br>①进行车站日常巡查;<br>②回收闸机中的票卡;<br>③补充 TVM 票卡及找零钱箱 |
| 末班车到达前××分钟 | 站厅:在入闸机处摆放告示牌并值守 |
| 末班车到达前××分钟 | 票务员:停止售票,处理临时票务工作;<br>站厅岗:在入闸机处值岗,巡视站厅,关闭进站扶梯;<br>站台安全员:检查站台、卫生间及各个角落,确认无乘客滞留在车站 |
| 末班车离站后 | 票务员:与票务督导员交接票卡,结算当日运营票款;<br>站厅:关闭出入口大门(或指定人员)、出站扶梯;<br>站台:清空 TVM、闸机 |
| 通宵 | 通宵班站务员:巡视车站,发现问题及时上报值班站长 |

### 小贴士

车站控制室须 24h 有人员管理。当值班站长离开车站控制室时,须找一名符合资格的同事暂时替代其职务。

## 8.2 车站日常运作

地铁车站是供旅客乘降、换乘和候车的场所,应保证乘客使用方便,安全、迅速地进出车站。因此,地铁车站的日常运作与管理,对于地铁的正常运营有着重要意义。车站日常运作的主要工作包括车站开启、车站关闭和车站巡查。

# 一 车站开启

（1）在车站开启前，值班站长必须确保：

①所有站台端门/屏蔽门已完全关闭和妥善锁定，并经手控开关（端门后方）试验；

②所有消防设备的性能良好并妥善固定；

③送电前接触轨下及附近没有杂物，接地装置已放回原位；

④车站公共区不存在安全隐患；

⑤各项设备功能正常。

## 小贴士

在车站日常运作过程中，凡是在车站或相关附属建筑物内工作的员工均须依从当值的车站的值班站长在职权内发出的指示。

（2）车站开启的主要流程，如下所述。

值班站长在开站前安排人员完成以下工作：

①首班车到站前××分钟：

a. 按规定试验道岔，开启车站前巡视；

b. 试验开关安全门；

c. 检查站台和线路出清情况，确保所有工程领域或影响车站运营的工作都已撤销，所有物品及人员都已撤离轨道，并汇报行车调度员；

②首班载客列车到站前××分钟：

a. 开启车站环控（BAS）系统，并检查其运行情况；

b. 确认已完成对 TVM 的补币、补票；

c. 领取票卡和备用金；

d. 确认各岗位人员到岗。

③首班车到站前××分钟：

a. 开启照明；

b. AFC 设备开启；

c. 全站巡视完毕；

d. 出入口大门、扶梯开启；

e. 向乘客广播候车的注意事项。

（3）开启车站入口注意事项。

①一般情况下，车站出入口必须在首班载客列车到达车站前 10min 开放。

②需要时，可提前开启车站出入口，方便乘客购票，开门前要做好一切运营准备。车站和车站出入口必须在运营时间内开放，除非：

a.实施车站管制而有必要暂时关闭车站和车站出入口；

b.发生紧急情况；

c.在获得运营经理授权的情况下(必须通知行车调度员)。

# 二 车站关闭程序

(1)末班车开车前,值班站长必须确保:

①换乘站的列车接驳按编定的安排进行,获行车调度员特别指示的情况除外。

②车站内搭乘有关行车线列车的乘客已登上该末班车。

③列车驾驶员收到一切妥当的手信号。

④所有人员必须离开车站范围,获授权留下的人员则不在此限。

⑤要确定个别人员是否获授权于非行车时间内留在车站,必须向行车调度员查询。

⑥锁上所有出入口前,值班站长必须确保最后一名乘客已离开车站。

⑦末班车离站后,必须关闭和锁上所有车站的出入口,防止闲杂人进入。

⑧所有出入口必须在整段非行车时间内关闭。

⑨有关员工或获授权的工作队必须从指定的出入口进入车站。

⑩开启该出入口需使用其个人获发的钥匙或通行卡,或向获授权的人员借用钥匙或通行卡。

⑪不允许非所属站区非当班员工在车站留宿。

(2)车站关闭程序,如下所述。

①末班车到达前××分钟,值班站长应播放末班车广播,检查站厅、站台等岗位情况。站务员应在进站闸机前摆放停止服务告示牌。

②末班车到达前××分钟,值班员应播放停止售票广播,关闭 TVM,并通知停止售票和进站检票工作。值班站长应确认所有 TVM、入闸机已关闭,停止售票广播。

③末班车开出前,值班站长和站务人员应进行检查,确认站台乘客均已上车,向驾驶员展示"末班车手信号"。

④末班车开出后,客服中心站务员应收拾票、钱,整理客服中心备品,注销 BOM,回票务室结账。

⑤车站督导员应与客服中心站务员结账。

⑥运营结束后,值班站长应清站,确认出入口关闭,扶梯、照明、AFC 设备全部关闭。

## 小贴士

最后一班载客列车离站前,不得关闭车站,如需临时关闭车站,值班站长必须:

a.通知行车调度员和车站员工;

b.确保在各出入口展示有关的乘客资讯。

(3)非运营时间内进入车站,应遵循如下规定:

①获发紧急入口钥匙的员工,通过指定的入口直接进入车站,无需得到值班站长的预先批准;进入车站后立即向值班站长报告。

②没有钥匙的员工,应首先联系值班站长(需要授权才能进入)。

③对于在车站有专门作业,已经获授权的承包人,值班站长应根据其提供的相关信息(工作部门、进站目的等)判断是否准许其进入。

# 三 车站巡查作业

车站巡查作为站厅岗站务员和站台安全员日常工作的重要内容之一,它的主要目的就是及时查明和消除隐患,避免事故的发生。

车站巡查时,需要定期巡查车站所有公共区,主要包括:站台(地面、相关设备、乘客是否在安全线以内候车等);通道(地面、相关设备,有无乘客在通道内滞留等);扶手电梯(携带大件行李的乘客,行动不便的老年人等);自动人行道。

(1)客流

①随时关注客流情况,避免因人多拥挤而构成危险;

②迅速移去任何阻碍客流的障碍物;

③做好在发生紧急情况时疏散乘客的准备:广播、通告、应急方案。

## 想一想

下雨时,如有大量乘客在出入口处避雨,车站工作人员应该怎么办?

要点提示:

天气预报有雨,应提前检查排水通道、抽水泵。

提醒乘客:各位乘客请注意!请不要堵塞出入口,谢谢合作!

在一些地方放置警告牌:雨天湿滑,小心滑倒!

(2)消除隐患

①及时清理地面积水、液体、泥泞或其他污渍;

②遇雨雪天气时,及时铺设防滑用品及清扫出入口外积雪;

③避免在湿滑砖面和金属踏板上撒上沙粒;

④当隐患不能彻底消除时,设置适当的防护警示标志;

⑤在接触轨停电后,方可允许进入轨道区域。除非车站员工获授权处理紧急事宜,但必须穿好绝缘鞋,做好自身防护。

(3)乘客管理

①防止儿童在车站范围内嬉戏;

②防止乘客携带任何危险品、攻击性物品或有害物品进入地铁范围;

③防止乘客运送可能会导致意外、滋扰其他乘客或损坏公司财物的物品;

④要求携带笨重物品或行李以及使用轮椅的乘客使用垂直电梯,切勿使用扶手电梯,以免构成危险。

(4)电扶梯及自动人行道

有关员工在停止电扶梯或自动人行道前,必须确保梯级和踏板上均没有人,在紧急情况下除外。

(5)站台

①维持站台舒适安全的候车环境;

②在特殊情况下协助列车进行事件处理;

③确保站台设备正常,发生故障及时报修;

④对任何非正常的情况保持警觉,如突发事件、安全门故障等;

⑤确保岗位上不得代人存放物品;

⑥提供适当协助,确保列车按运行时刻表时间离站;

⑦确保车门和屏蔽门在即将关上时,劝阻乘客切勿抢上,冲击安全门;

⑧提高警惕,留意发生任何事故或异常情况。

(6)特别注意

①站台边缘或列车附近是否存在任何隐患,例如乘客扒屏蔽门、站在站台边缘或站台安全门上,或在附近摆放物品;

②留意车门、屏蔽门的关闭情况,特别注意是否有乘客可能被门夹住;

③一旦出现异常情况,及时按动紧急停车按钮。

(7)车站房间

有关员工必须经常巡查其可进入的房间,确保已关闭所有不需要的照明;房间清洁,没有垃圾;无其他异常情况。

## 四 车站巡查作业表

车站巡查可以消除车站安全隐患,因此,在车站的日常运作中,车站巡查占有极其重要的位置。车站巡查可以分为站厅巡查(表 8-2)、站台巡查和车站出入口巡查,而作为车站当班的工作人员需要认真填写巡查表,记录巡查的大致情况。

站 厅 巡 查 表                    表 8-2

车站:          日期:          检查人:

| 检 查 项 目 | 是否正常工作 | 备注及解决 |
|---|---|---|
| 1. AFC 设备 | | |
| 2. 消防栓和火灾报警器 | | |
| 3. 广告板 | | |

| 检 查 项 目 | 是否正常工作 | 备注及解决 |
|---|---|---|
| 4. 地面瓷砖、排水管盖 | | |
| 5. 扶手电梯及电梯 | | |
| 6. 乘客信息显示系统 | | |
| 7. 标识牌 | | |
| 8. 照明 | | |
| 9. …… | | |
| 10. …… | | |
| 11. …… | | |
| …… | …… | …… |

## 小贴士

### 进入车站设备房间

当公司员工进入车站设备用房时,必须获得相关设备管理人员和车站维护人员的许可;值班站长应向设备管理人员和车站维护人员确认进入设备房的申请已经提出;其他人员如果没有设备管理人员和车站维护人员的提前通知或书面同意,不得进入设备用房。

## 复习与思考

1. 简述站台岗、站厅岗和客服中心岗员工的工作职责。
2. 简述车站开启程序。
3. 简述车站关闭程序。

# 单 元 9

# 城市轨道交通车站突发

# 事件应急处理办法

## 教学目标

1. 掌握车站突发事件的处理原则及报告程序；
2. 了解车站各种突发事件的应急处理流程；
3. 明确车站员工在应急处理中的岗位职责及作业程序；
4. 掌握车站站台事故的处理办法。

## 建议学时

12 学时

　　我国各个城市的轨道交通建设不尽相同,不同城市采用不同的车辆、设备制式,各城市地铁运营公司的岗位设置、岗位职责及作业程序也不同,车站突发事件的应急处理办法也存在较大差异。本单元所列知识内容以个别城市地铁运营公司为例,供教师教学、学生学习参考使用。

# 9.1 车站突发事件的处理原则及报告程序

## 一 车站突发事件的处理原则

　　城市轨道交通车站及列车是人群集中的公共设施,一旦发生火灾、爆炸、恐吓等突发事件,不仅会引起轨道交通沿线的交通瘫痪,若应急处置不当,势必会造成群死群伤的严重后果,严重地影响社会秩序。当轨道交通车站发生突发事件时,各岗位员工应遵循突发事件的处理原则,团结协作、迅速高效地妥善处置,防止事故的扩大、升级,最大限度减少事故造成的危害损失。

　　车站突发事件的处理原则如下:

　　(1)突发事件发生时,地铁运营公司的应急处置指导思想是先控制、后处置,救人第一。

　　(2)突发事件现场应急处置的重点是控制事故源头、危险区域,组织人员撤离和抢救受伤人员。

　　(3)各岗位员工应按规定程序及时间,及时向有关方面报告,迅速开展工作,尽一切可能控制事故的扩大,以减少伤害损失。

　　(4)各岗位员工应沉着冷静,严格执行规定的标准和程序,优先组织人员疏散、伤员抢救,做好乘客疏导和安抚工作,维持秩序,减少乘客恐慌。

　　(5)各岗位员工应坚守岗位,立即进入突发事件抢险救灾状态,兼顾重点设备和环境的防护,采取一切可能措施减少损失。

　　(6)兼顾现场的保护工作,以利于公安、消防和事件调查部门的现场取证。

　　(7)员工在应急事件处理时,坚持对外宣传归口管理的原则,不得擅自发布相关信息。

　　(8)坚持就近处理的原则,在上一级事故处理负责人到达现场前,由表9-1所示人员担任现场指挥,担负临时事故处理负责人职责。

现场临时负责人　　　　　　　　　　　　　　　　　　　表9-1

| 序号 | 事故发生处所 | 现场临时负责人 |
|------|--------------|----------------|
| 1 | 列车上(列车在区间) | 本次列车驾驶员 |
| 2 | 列车上(列车在车站) | 所在站值班站长 |
| 3 | 车站 | 所在站值班站长 |
| 4 | 区间线路上 | 行车调度员指定的值班站长 |
| 5 | 车厂 | 车厂调度 |
| 6 | 其他场所 | 现场职务最高的员工 |

# 二　车站突发事件的报告程序

## 1　车站突发事件的报告原则

(1)迅速、准确、完整的原则。

(2)逐级上报的原则。事故发生在区间,列车驾驶员应立即上报行车调度员;事故发生在车站内或车厂内,车站值班站长或车厂调度员应立即上报行车调度员。

任何员工发现或接到突发事件信息,均应立即执行规定的通报流程,不得延误、中断或缺漏。

## 2　事故报告前应采取的行动

在报告事故前,站务人员应根据事故的严重性,果断采取下列其中一项行动:

(1)若发现任何可能影响列车安全运行的情况,例如信号设备损坏、异物落入轨道等异常情况,必须立即利用下列方法,截停可能受影响的列车。

①操作车站控制室内的紧急停车按钮。

②按动站台紧急停车按钮。

③猛烈摇动"危险"手信号,或猛烈摇动任何物品。

(2)若发现设备或装置有故障,则必须立即停用或隔离有关故障设备/装置。

## 3　突发事件的报告内容

报告突发事故时,应尽可能全面,包括下列内容:

(1)报告人姓名、职务、单位。

(2)事件发生的时间(时、分)、地点(区间、百公尺标、公里标或股道)。

(3)事件发生的概况、原因(若能初步判断)及对运营影响的程度。

(4)人员伤亡情况、设备设施损毁情况。

(5)已经采取的措施。

（6）请求救援的内容（例如：公安、消防、救护等）。

（7）其他必须说明的内容。

**④ 突发事件报告程序**

突发事件发生后,现场人员应严格遵守报告程序迅速上报,调度控制中心根据当时各部门、各车站上报的情况及时汇总,确认突发事件性质、原因,作出准确判断,高效调动、协调企业内外资源,确保事态得到有效控制,力争将损失降到最低限度。因此,地铁公司内部必须建立起一套严格、高效的信息传递程序。具体通报流程如图9-1所示。

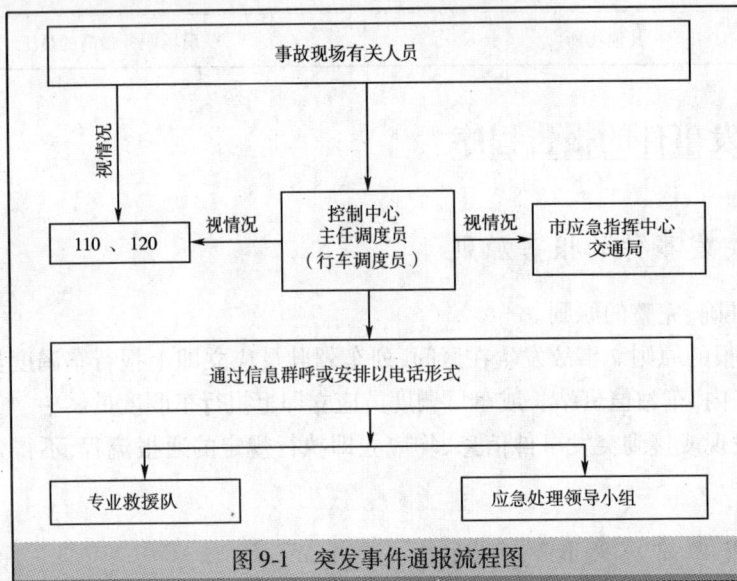

图9-1 突发事件通报流程图

## 9.2 车站突发事件应急处理办法

### 一 车站火警应急处理办法

根据火灾发生时间、地点的不同,车站火灾可分为车站在运营期间/非运营期间失火、站台失火、站厅失火、设备用房失火、车站外失火、邻站失火、列车在车站失火、列车在区间失火等多种情况。

**① 车站失火应急处理办法**

（1）火警的处理原则

火警处理的首要原则是保障乘客及工作人员的生命安全。一旦生命安全受到威胁，所有人员必须立即撤离至安全的范围。任何员工若发现地铁范围内发生火警，必须立即通知有关车站的值班站长，立即通过行车调度员要求消防部门协助，在确保个人人身安全的情况下，员工可尝试将烟火扑灭。

## 知识链接

### 地铁灭火的小常识

地铁范围内发生火警，通常可采用以下方法灭火：

①隔绝空气法。将物件与空气隔绝，关闭门窗将火与空气隔绝。

②冷却灭火法。将温度降至燃烧物的燃点以下。

③应及时关闭通往其他区域的门窗及通道入口。

④使用灭火器灭火时，在安全的情况下，应尽量靠近并对准燃烧火焰根部喷射。

⑤电器起火时，只能用气体灭火器灭火，不可用水。

⑥轨道扣件上发生明火时应用沙扑灭，在火熄灭后，应继续将扣件完全埋在沙下。

⑦必须立即移走起火点附近的易燃物品。

⑧有人身上衣物着火，应立即协助其平躺在地上，用毛毯、外衣、地毯等物品覆盖或包裹身体，切勿在地面滚动，以免火势蔓延至身体其他部位。

（2）车站（运营期间）失火应急处理办法

①火警警报响起时，值班站长通过 FAS、BAS 系统确认报警位置，派 1 名车站员工前往查看。

②车站员工携带无线电对讲机前往事发地点，找出报警原因；实时通知值班站长是否发生火警，火警是否已触动了防火系统。

③如警报为误报，值班站长要及时通知行车调度员及站内所有员工。

④若发生火警，现场员工视情况需要手动操作防火系统；或在安全的情况下，使用灭火器灭火；与现场保持安全距离，并警告其他人远离该处，直至消防人员到场。

⑤值班站长确定火警警报属实后，若火势较大，应立即通知行车调度员召唤消防人员到场，并遵照车站疏散程序组织乘客撤离。

⑥启动车站排烟模式。

⑦乘客疏散完毕后，关闭车站出入口（紧急出入口除外）。

⑧如火势很大，值班站长应组织员工撤离车站到紧急集合地点集中，并安排人员在指定出入口引领消防人员到现场灭火。

⑨消防人员到场后，值班站长汇报有关情况，将灭火工作交给消防人员，并加入到应急

处理救援工作中去。

⑩协助事故调查工作。

⑪值班站长接到可以恢复运营的指令后,清理现场,恢复运营。

车站在运营期间失火的一般应急处理程序如表 9-2 所示。

车站(运营期间)失火应急处理程序 表 9-2

| | | | 程　序 | 负　责　人 |
|---|---|---|---|---|
| 事故发生 | 1 | 确认火灾的真实性 | 火警警报响起时,迅速从 FAS 确认位置,立即指派一名站务人员携带无线电对讲机到现场确认,同时通知值班站长 | 行车值班员 |
| | | | 立即到达现场察看,找出响起警报的原因,确属火警,立即向值班站长汇报以下内容:火警的详细位置;火势如何(冒烟、明火);如果可能,查出原因;初步估计车站设备、人员受影响的程度及范围 | 站务人员 |
| | | 火警属实 | 启动 FAS 系统,监控 FAS 系统设备的联动情况 | 行车值班员 |
| | | | 立即赶到事发现场,视情况指示行车值班员向行车调度员汇报以及是否召唤紧急服务 | 值班站长 |
| 事故发生 | 2 | 立即向行车调度员汇报 | 报告人的姓名、职务及联系电话 | 行车值班员 |
| | | | 火警事发的时间(时、分)、准确地点 | |
| | | | 火势大小、烟的浓度 | |
| | | | 估计起火原因,火势是否可以控制 | |
| | | | 估计受影响的大概人数、是否影响乘降 | |
| | | | 是否有人受伤、是否有设备损毁 | |
| | 3 | 召唤紧急服务 | 通过行车调度员召唤紧急服务(地铁公安、119、120 或 999) | 行车值班员 |
| | | | 火势可以控制时 | |
| 事故处理 | 1 | 现场人工灭火 | 火势较小,在确保安全的情况下,立即人工启动灭火系统或使用灭火器灭火 | 值班站长 现场员工 |
| | 2 | 操纵环控系统 | 启动车站排烟模式,设定紧急通风安排,监控环控系统的运转,如果模式不能正常运转立即通知行车调度员 | 行车值班员 |
| | 3 | 疏散现场乘客,维持车站秩序 | 立即到达现场,在确保人员安全情况下进行灭火,准备组织疏散乘客 | 站务人员 |
| | | | 开启相应 PA、PIS,使其他人远离起火地点,宣传以稳定乘客情绪 | 行车值班员 |
| | | | 根据情况,实施车站大客流管理措施 | 站务人员 |
| | | | 必要时关闭车站控制室内部空调,避免烟雾的弥漫 | 行车值班员 |
| | 4 | 恢复正常运营 | 火势扑灭后,与事故负责人确认具备运营条件后,恢复正常运营 | 值班站长 |

续上表

| 程　序 | | | | 负　责　人 |
|---|---|---|---|---|
| 火势无法控制时 | | | | |
| 事故处理 | 1 | 车站紧急疏散 | 立即通过手持电台向所有人员下达车站紧急疏散指示 | 值班站长 |
| | | | 在车站控制室 IBP 盘上按压紧急停车按钮 | 行车值班员 |
| | | | 通过 PA、PIS 通知乘客并进行疏散 | 行车值班员 |
| | | | 通知所有工作人员撤离,并报告集合地点 | 行车值班员 |
| | | | 向其他邻近车站的值班站长请求人力支援 | 值班站长 |
| | | | 在车站控制室 IBP 盘上启动紧急模式,按压 AFC 紧急按钮,打开所有闸机扇门 | 行车值班员 |
| | | | 立即引导乘客离开站台,从各出入口出站,并阻止乘客进站 | 站务人员 |
| | 2 | 关闭车站 | 确保所有乘客安全离开后,关闭车站出入口并张贴"车站关闭"通告 | 站务人员 |
| | 3 | 等待救援人员抵达现场 | 担任临时事故处理负责人 | 值班站长 |
| | | | 在指定出入口等待救援人员,并带他们到达事发地点 | 站务人员 |
| | | | 撤离后,检查站台、站厅是否还有乘客,并将结果上报给事故负责人 | 站务人员值班站长 |
| | 4 | 火灾扑灭后,恢复运营 | 在火灾扑灭后,根据上级命令,同时根据列车、车站的毁损情况,经消防部门同意后全面或局部重新开站 | 值班站长 |

## 小贴士

### 火警后恢复行车服务

　　行车调度员在与值班站长确认站内火已熄灭,烟雾也明显消散后,方可恢复该站的行车服务,允许列车驶经该站。值班站长应根据车站火警后的损毁程度或水淹情况,决定全面或局部重开车站。

## 想一想

　　车站(非运营期间)失火,站务人员的应急处理程序是什么? 与车站(运营期间)失火处理程序有何异同? 应急处理的重点是什么?

　　(3)站外失火应急处理办法

　　当车站外发生火灾时,因为空气的自然流动、车站通风设备的运作、列车移动的活塞效应都会使站外产生的烟气通过通风井、车站出入口而扩散至站内,对车站内的乘客产生巨大威胁,因此,车站员工应正确操作车站环控系统,确保车站内乘客的生命安全。

①一旦发现烟气经由通风井进入站内,必须执行相关程序,阻截烟气继续进入。值班站长应做好以下工作:

a. 由行车调度员处取得该车站环控设备的控制权;

b. 将车站公共范围的通风设备关掉;

c. 通知行车调度员将有关通风设备关掉,关闭相应的风闸。

行车调度员应指示环控调度员操作有关环境控制系统设备。

②一旦发现有烟经由车站入口扩散到公众范围,应执行下列程序。

值班站长应做好如下工作:

a. 通知行车调度员,说明烟的浓度;

b. 关闭有关的入口;

c. 取得该车站环控设备的控制权,操作环控设备。

行车调度员应指示各邻站的值班站长做好如下工作:

a. 取得所管辖车站的环控设备的控制权;

b. 将车站公众范围的通风设备关掉;

c. 操作环境控制系统设备,帮助驱散受影响车站的浓烟。

各邻站值班站长应取得所管辖车站环控设备的控制权。

### 想一想

紧邻车站出入口的一处建筑物发生火灾,站务人员应采取哪些行动?

处理要点:站务人员确认查看情况,报告值班站长,关闭受灾的出入口,进行车站广播,关闭车站内的空调、排风系统,邻站往本站送风加压。

### ② 列车失火应急处理办法

列车在车站发生火灾或列车在区间发生火灾,列车驾驶员或站务人员必须迅速将下列详情通知值班站长或行车调度员,详情包括:列车的位置及列车编号、列车起火或冒烟的车卡编号,火势大小,是否有人受伤,是否有设备损毁等情况。

(1)列车在站台失火应急处理办法

列车在车站发生火灾时,驾驶员应迅速打开站台侧所有车门,使用车内灭火器进行扑救,对乘客进行广播疏散,配合车站工作人员的引导将乘客疏散到安全区域。车站工作人员应急处理程序见表9-3。

列车在站台失火应急处理程序  表9-3

| | | 程　序 | | 负责人 |
|---|---|---|---|---|
| 事故发生 | 1 | 确认火灾的真实性 | 向值班站长汇报:在站台停靠列车有起火冒烟现象 | 驾驶员或站台监控人员 |
| | | | 立即通过 CCTV 进行察看,确认现场情况 | 值班站长 |

续上表

| 程　序 | | | | 负责人 |
|---|---|---|---|---|
| 事故发生 | 2 | 向行车调度员汇报 | 列车的位置、编号(车次) | 行车值班员 |
| | | | 列车的起火位置或冒烟的车卡编号 | |
| | | | 是否有伤亡情况(大概人数) | |
| | | | 火情的大小(冒烟、明火等) | |
| | | | 初步判断火灾性质 | |
| | | | 设备毁损情况 | |
| | 3 | 召唤紧急服务 | 通过行车调度员召唤紧急服务(地铁公安、119、120或999) | 行车值班员 |
| 火势可以控制时 | | | | |
| 事故处理 | 1 | 确认火警属实，按下紧急停车按钮 | 在车站控制室按下起火列车所在站线的紧急停车按钮 | 行车值班员 |
| | | | 设法阻止另一侧的列车驶进站台或使其尽快开车 | |
| | 2 | 监控、操作环控设备 | 监控环控系统的运行 | 行车值班员 |
| | | | 若设备不能正常运行，及时通知行车调度员 | |
| | | | 确认站台安全门是打开的 | 值班站长<br>站台岗员工 |
| 事故处理 | 3 | 进行清客作业 | 通知站务人员对起火列车进行清客 | 值班站长 |
| | | | 对起火列车进行清客，对受伤乘客进行救助，并维护现场秩序，阻止乘客接近火源 | 站务人员 |
| | 4 | 扑救现场火势 | 就近取用灭火器对列车火源进行扑灭 | 站务人员<br>驾驶员 |
| | | | 站台员工扑灭火势后，向驾驶员显示一切妥当手信号 | |
| | 5 | 向行车调度员汇报火警处理结果 | 列车火势扑灭后，向行车调度员汇报：列车损害程度，是否需要救援 | 值班站长 |
| | | | 等待行车调度员的下一步指示 | |
| | 6 | 做好乘客疏导工作 | 做好站内人潮控制工作，避免乘客受伤 | 全体人员 |
| 火势无法控制时 | | | | |
| 事故处理 | 1 | 对起火列车立即清客 | 协助驾驶员打开车门，立即对起火列车进行清客作业 | 值班站长<br>站务员 |
| | 2 | 车站紧急疏散 | 立即通过手台向所有人员下达车站紧急疏散命令 | 值班站长 |
| | | | 通过PA、PIS通知乘客进行疏散 | 行车值班员 |
| | | | 向控制中心请求人力支援 | 值班站长 |

| | | 程　序 | | 负责人 |
|---|---|---|---|---|
| 事故处理 | 2 | 车站紧急疏散 | 在车站控制室 IBP 盘上启动紧急模式,按压 AFC 紧急按钮,打开所有闸机扇门 | 行车值班员 |
| | | | 引导乘客离开站台 | 站务人员 |
| | | | 接到紧急疏散的通知后,收好钱款和票卡,关闭客服中心电源,将应急疏散门打开,疏导乘客出站 | 票务岗位员工 |
| | 3 | 阻止乘客进站 | 立即引导乘客从各出入口出站,并阻止乘客进站 | 站务人员 |
| | 4 | 关闭车站 | 确保所有乘客安全离开后,关闭出入口并张贴"车站关闭"通告 | 站务人员 |
| | 5 | 等待救援人员抵达现场 | 担任临时事故处理负责人 | 值班站长 |
| | | | 在指定出入口等待救援人员,并带他们到达事发地点 | 站务人员 |
| | | | 撤离后,检查站台、站厅是否还有乘客,并将结果上报给事故负责人 | 站务人员值班站长 |
| | 6 | 火灾扑灭后,恢复运营 | 在火灾扑灭后,根据上级命令,同时根据列车、车站的毁损情况,经消防部门同意后全面或局部重新开站 | 值班站长 |

## 案例分析

### 2003 年韩国大邱地铁纵火案

2003 年 2 月 18 日,韩国一名有神经病史的中年男子在大邱地铁 1 号线中央路车站纵火,最终造成 198 人死亡,146 人受伤,318 人失踪的惨剧。

当时,在车站停靠的 1079 号列车有乘客 400 人,该精神病患者突然拿起一瓶装在奶瓶里的汽油点燃,并扔到车厢内,大火瞬间蔓延。在 1079 号地铁列车迅速燃烧时,地铁调度员仍允许另一辆相反方向驶来的 1080 号列车进站,此时两列车共 800 多人都汇合到事发现场。1080 号列车驾驶员害怕有毒气体进入车厢而没有及时打开车门疏散乘客,但随后电力供应被切断了,1080 号列车在无法打开车门的情形下也随即燃烧起来,但驾驶员没有采取任何果断措施疏散乘客,仍请示调度如何处理。更不可思议的是,在事故发生 5min 后,调度居然还下达"允许 1080 号列车出发"的指令。因 1079 号列车的车门是打开的,该车乘客得以及时逃生,而 1080 号列车 24 个车门仅有 4 个被打开,死难者大都为该次列车上的乘客。

分析本次事故死伤惨重的实质原因为大邱地铁公司员工和联络指挥体系存在严重问题。如果 1079 号列车驾驶员能够迅速报告火情;如果调度中心能做出果断决定阻止 1080 号列车进站;如果 1080 号车驾驶员能正确判断形势,在进站前主动停车,或者迅速对乘客进行疏散,火灾的损失将会小很多,伤亡的数字可能仅限于1079号列车的伤亡人员。

(2)列车在区间失火应急处理办法

列车在区间发生火灾时,地下线路运行的列车应尽一切可能运行到前方车站,及时向行车调度员报告,请求前方车站协助;若无法运行到前方车站,驾驶员应立即向行车调度员报告并进行初期灭火扑救,同时将起火车厢的乘客疏散到其他车厢,确认灭火器不能抑制火灾时,请求行车调度员接触轨停电,就地疏散乘客。列车在区间发生火灾,车站工作人员应急处理程序见表9-4。

列车在区间失火应急处理程序　　　　　　　　　表9-4

| | | 程　　序 | | 负责人 |
|---|---|---|---|---|
| 事故发生 | 1 | 接到行车调度员的通知,列车在区间起火,向行车调度员确认以下详情 | 列车的位置、编号(车次) | 行车值班员 |
| | | | 列车起火或冒烟的位置 | |
| | | | 是否有伤亡情况 | |
| | | | 疏散的大概人数 | |
| | | | 估计起火的原因,火情的大小(冒烟、明火等) | |
| | | | 设备毁损情况 | |
| | 2 | 召唤紧急服务 | 通过行车调度员召唤紧急服务(地铁公安、119、120);当无法与行车调度员取得联系时,则通过外线电话直接拨打地铁公安、119、120 | 行车值班员 |
| | | | 火势可以控制时 | |
| 事故处理 | 1 | 监控、操作环控系统设备 | 监控环控系统的运行 | 行车值班员 |
| | | | 若设备不能正常运行,及时通知行车调度员,执行隧道起火模式 | |
| | 2 | 准备进行清客作业 | 与行车调度员确认列车是否可以继续运行至车站,若可以,则立即做好到站列车的清客准备工作 | 值班站长 |
| | 3 | 现场扑救火势并清客 | 立即到达站台,对到站起火列车进行扑救 | 值班站长站务人员 |
| | | | 进行列车清客工作,对受伤的乘客进行救助 | |
| | 4 | 做好乘客疏导工作 | 宣传乘客远离起火列车,维持站台秩序 | 站务人员 |
| | | | 做好站内的人潮控制工作 | |
| | | | 火势无法控制时 | |
| 事故处理 | 1 | 接到行车调度员指示:在区间协助驾驶员紧急疏散 | 如果列车在区间无法继续前行,接到行车调度指示,在区间协助驾驶员进行紧急疏散 | 值班站长 |
| | 2 | 与行车调度员确认下车安排 | 确定列车准确的停车地点 | 值班站长 |
| | | | 确定接触轨已停电 | |
| | | | 进行疏散准备 | |
| | 3 | 监控环控系统的运行 | 提醒行车调度员相关运行模式是否运行 | 行车值班员 |

| | | 程　序 | 负责人 |
|---|---|---|---|
| 事故处理 | 4　做好车站紧急疏散准备工作 | 立即通过手台向所有人员下达车站紧急疏散命令 | 值班站长 |
| | | 在车站控制室启动 IBP 盘上的紧急停车按钮,按压 AFC 紧急按钮,打开所有闸机扇门 | |
| | | 通过 PA、PIS 发布车站紧急疏散的信息 | |
| | | 向相邻车站的值班站长请求人力支援 | |
| | 5　进行区间疏散作业 | 若区间失火列车无法到达站台,根据行车调度员命令组织区间疏散 | 站务人员 |
| | | 所有进入区间人员佩戴好呼吸器、手台、穿好反光背心、绝缘鞋等防护用品 | |
| | | 站台人员打开疏散端安全门的端门 | |
| | | 在确定接触轨已断电,区间照明已开启后,立即前往现场 | |
| | | 与驾驶员联系,组织列车乘客向车站疏散 | |
| | | 随时与值班站长和行车调度员保持密切联系,及时将事件最新进展情况向行车调度员汇报 | |
| | | 到达现场后,与驾驶员协商对列车上乘客进行疏散 | |
| | | 到达现场后,在岔口、洞口处指引乘客疏散,防止乘客走错方向 | |
| | | 在保证自身安全的情况下,确认乘客从列车上疏散完毕 | |
| | | 跟随最后一名乘客疏散到站台,并确认无乘客遗留在区间 | |
| | 6　关闭车站 | 引导乘客离开站台 | 站务人员 |
| | | 接到执行疏散的通知后,客服中心停止售票,进行票务处理 | 票务岗位员工 |
| | | 确保所有乘客安全离开后,关闭出口并张贴"车站关闭"通告 | 站务人员 |
| 事故处理 | 7　等待救援、善后处理 | 担任临时事故处理负责人 | 值班站长 |
| | | 在指定出入口等待救援人员,并带他们到达事发地点 | |
| | | 撤离后,检查站台、站厅是否还有乘客,并将结果报告事故处理负责人 | 站务人员 |
| | | 在火灾扑灭后,根据上级命令,同时根据列车、车站的毁损或火灾的情况,经消防部门同意后全面或局部重新开站 | 值班站长 |

## 案例分析

### 香港地铁金钟站失火

2004 年 1 月 5 日,香港地铁尖沙咀至金钟车站之间发生了一起列车纵火事件。该日上午一名精神病男子携带易燃物品进入一辆荃湾线列车,在即将进入金钟站时,点燃该物品,威胁到乘客安全。9:12,一辆前往中环站的列车(编号 T61)的车长向控制中心报告,列车发生火警紧急事故,要求金钟站职员候命协助。当列车进入金钟站,有烟从列车冒出。地铁迅速安排列车上的乘客疏散,9:16 疏散完成,随即将金钟站关闭。疏散乘客约 1 200 人,只有 14 名乘客因吸入烟气被送往医院,但很快就全部康复出院。在疏散的同时,车站员工利用灭火器将火焰及烟扑灭,消防处及警务处人员也很快抵达现场提供协助。在此期间,荃湾线列车服务维持在荃湾站与尖沙咀站之间,港岛线列车服务维持正常,但列车金钟站通过不停车。编号 T61 列车的烟被扑灭后,列车被移离载客服务行车线,以便地铁、警务处及消防处进行深入调查。上午 9:40 所有列车服务恢复正常。

香港地铁公司之所以能够在短短的 4min 内对 1 200 名乘客进行安全疏散,主要是因为香港地铁公司定期举行各种公众教育活动,提醒乘客危险品有可能危害公众及乘客的安全,同时港铁公司还与各紧急服务部门进行定期演习,训练员工在紧急事故时的应变及疏散程序。

## 二 乘客受伤事故处理办法

在地铁运营过程中,乘客在地铁运营范围内感到不适、发病、昏迷或因意外事故受伤等事件,车站工作人员应按照下列原则及程序处理。

### ① 乘客受伤事故的处理原则

(1)车站在处理乘客受伤事件时要以维护地铁公司形象、保护公司最大利益为原则,以人为本,给予乘客必要的帮助。

(2)车站在处理乘客受伤事件时要在第一时间内进行取证工作,尽可能得到旁证及当事人签字确认。以事实为依据,客观记录,充分留下原始资料。

(3)及时将事件的处理结果报告给相关部门,以备后续处理。

### ② 乘客受伤的处理办法

乘客受伤现场处理程序如下:

(1)车站现场工作人员发现或接到受伤乘客求救时,应立即报告当值值班站长并赶赴现场,了解伤(病)者情况及初步原因。

①视伤(病)者的情况,若其意识清醒,询问其是否需车站协助致电 120 急救中心,征得同意后帮助其拨打 120 急救电话。询问伤(病)者家人联系电话,设法联系其家人尽快来站救护。伤(病)者家人到站后,由其家人将其接走,如车站已致电 120 急救中心,救护人员到达后,车站协助将伤(病)者送至救护车上。如乘客认为是车站原因导致其受伤,要求车站派人同往医院时,车站员工应请示站长及运营单位客伤主管部门,获准后方可派人陪同前去医院。

②若伤(病)者情况危急,意识不清,不及时救护可能会有生命危险,车站应及时致电 120 急救中心,同时车站需及时上报行车调度员、车站站长及运营单位客伤主管部门。

（2）如因地铁设备造成事故,应立即停止该设备运作(影响列车运行的设备除外),并报告车站控制室。

（3）疏散围观群众,寻找目击证人,收集、记录有关证人资料。

（4）需要时,对乘客外伤进行简单的包扎处理。

（5）如调查需要,应保护好现场,必要时对有关区域进行隔离,并用相机记录现场有关情况。

（6）必要时,根据值班站长安排,站务人员到紧急出入口引导急救中心人员进站。

（7）必要时协助警方进行事故调查。

为保证乘客出现伤亡时的及时抢救和快速处理,地铁运营公司一般设置乘客伤亡紧急处理经费。若初步判断乘客受伤属于地铁责任时,车站应立即向有关部门、单位报告,车站可安排员工陪同伤者前往医院检查、治疗,伤者在医院所花费用,经请示同意后,可由车站在有关处理经费中垫付。伤者提出索赔时,车站应配合相关部门人员与当事人协商处理。

## 三 列车撞人、撞物事故处理办法

### ① 地外伤亡事故处理办法

在城市轨道交通运营线路上,发生列车撞轧外部人员或与其他车辆、物体碰撞,造成人员伤亡,即列为地外伤亡事故,伤亡事故的现场处置应按以下办法进行:

（1）车站发生伤亡事故,由车站值班站长担当现场指挥工作;区间发生伤亡事故,由列车驾驶员担当现场指指挥工作。

（2）车站发生伤亡事故,列车驾驶员必须立即停车,将情况向车站行车值班员汇报,行车值班员应根据情况要求接触轨停电,本着尽快开通线路的原则进行处置,并设法挽留 1~2 名证人。

（3）区间发生伤亡事故,列车驾驶员应立即停车,向行车调度员或邻近车站行车值班员报告;根据情况要求接触轨停电,在事发地点做好标记,并将伤者送到最近前方车站交车站妥善处置。对死者要移至不妨碍行车的地点。地面线对死者尸体应进行遮盖,处理完毕后,请求送电,恢复行车。

（4）车站行车值班员接到报告后,应立即上报行车调度员,并通知公安。行车调度员上报值班经理,值班经理接到报告后及时通知公安部门。

（5）对伤亡事故现场不妨碍行车的事故遗留物品采取保护措施。

（6）公安机关、地铁工作人员接到报告后,应迅速赶到现场。

（7）地铁工作人员要协助公安机关调查取证,维护站、车秩序,处理现场,尽快恢复通车。对事故列车,行车调度员要及时调整回段,由公安机关进行勘查。

（8）接触轨停电、送电和列车的移动要服从现场指挥。公安机关、地铁工作人员需要进入运营线路进行勘察、清理现场,必须经现场指挥认定,工作结束时由现场指挥清点人数后,方可要求接触轨送电。

（9）地铁工作人员，应如实向公安机关陈述事故发生经过，其他知情者应及时向公安机关提供证据。

（10）公安机关依法对事故现场、设备进行勘查。需要时，地铁专业人员给予配合。

（11）发生伤亡事故，地铁客运部门应及时将伤者送往医院进行抢救。死者由公安机关依据有关规定进行处理。

（12）发生伤亡事故，车站行车值班员、列车驾驶员应及时告知乘客。对乘客的广播宣传工作要按以下标准用语执行。

①列车广播词："各位乘客请注意，现在是临时停车，由于前方发生人员侵入轨道线路事件，公安机关正在积极处理，列车很快将恢复运行，由此给您带来不便，请谅解。"

②车站广播词："各位乘客请注意，由于发生人员侵入轨道线路事件，公安机关正在积极处理，列车很快将恢复运行，由此给您带来不便，请谅解。"

（13）发生伤亡事故，需要向媒体发布有关信息时，由地铁运营公司新闻发言人负责。

（14）伤亡事故的善后处理，由地铁运营公司根据公安机关出具的事故调查结论，依照《城市轨道交通安全运营管理办法》处理。

## ❷ 站务岗位人员应急处理程序

车站发生撞人、撞物等事故后，各站务岗位人员应急处理程序如下。

（1）车站发生撞人/物、地外伤亡事件后，行车值班员应立即向行车调度员、公安派出所报告，通知值班站长、站区长等上级领导。

（2）值班站长应立即到达现场并在上级领导及公安人员未到达之前担任现场负责人，组织指挥现场处理以下工作：

①指定专人负责挽留两名以上非地铁员工的目击者作为人证，索取证明材料，证人有急事不能留下时，应记下其工作单位、家庭住址及联系电话等。

②利用车站广播设施做好乘客宣传解释工作，劝导乘客改乘其他交通工具。

③售检票人员维护好站厅秩序，依据现场情况采取限制售票或停止售票方式控制乘客进站。

④需下站台查看及处理时，必须在接触轨停电后由现场负责人指定专人进行。

⑤现场查看时，在未发现之前或当事人未死亡的情况下，严禁送电、动车，找到被轧者后应查看其伤亡情况，无法断定是否死亡的一律按伤者处理，应设法将其尽快移至站台。

⑥如被轧者未亡，尽一切努力避免动车救人，但在只有动车方可救人的情况下，由现场公安人员作出动车决定。

⑦需对伤者进行救护时，应及时通知市急救中心，指派专人到指定出入口迎候救护车辆。

⑧如当事人已经死亡，其位置不妨碍列车运行，可先行送电通车；如其位置妨碍列车运行，可将尸体移上站台或移至边墙、道沟等不侵界位置，再行送电、通车，必要时再次停电处

置,做好标记。

⑨除现场处理以外的其他车站工作人员应做好遣散围观乘客、维护站台站厅秩序的工作。

(3)车站工作人员应积极协助公安人员的调查工作,涉及刑事案件的地外伤亡事件,应尽量保护现场,尽一切可能留住嫌疑人、知情人及可提供线索者,积极协助公安人员的工作。

## 四 炸弹、不明气体、物体恐吓/袭击事件应急处理办法

城市轨道交通车站内时常会遇到无主物品,一般为乘客大意遗留或有意丢弃,但也有可能是犯罪分子有意放置的危险物品。对车站、列车范围内的不明物品,地铁工作人员应保持持续的敏感性,严格按照可疑物品处理预案执行,不可麻痹大意,延误处理时机,对乘客造成人身、财产的伤害。以下简要介绍某城市地铁运营公司遭遇炸弹、不明气体、物体恐吓及袭击事件的应急处理办法。

### 1 炸弹、不明气体、物体恐吓事件应急处理办法

当地铁工作人员接到电话、书面或电子邮件等各种形式的恐吓信息时,应按下列应急预案开展工作。

(1)接获恐吓信息后,地铁员工应立即向其上级领导报告。控制中心(OCC)应立即向公安部门报告该恐吓事件,并通知受影响车站的值班站长、行车线上的列车驾驶员及各紧急救援抢险部门。

(2)由公安部门确定恐吓信息的真实性,在车站进行不公开或公开的搜索行动。

①不公开搜索,无须疏散乘客,由地铁员工和公安人员联合进行。

②若公安部门已掌握相关信息,或确实已发现可疑物品时,须在车站进行公开搜索。搜索前须局部或完全疏散乘客,并由公安人员单独执行搜索行动。车站员工停留在安全的范围内,为搜索人员提供协助。

(3)车站接到恐吓信息后,不公开搜索程序。

①值班站长安排停止所有清洁工作,依次搜索所有公众范围及所有非公众范围,及时将最新进展通知值班经理。

②公安人员前往有关车站,参与搜索行动,与值班站长保持密切联系,了解搜索工作的最新进展。

③若发现可疑物品或有毒气体,值班站长应立即封锁现场,决定局部或完全疏散车站,并立即通知值班经理。进行疏散前,必须先搜索所有疏散路线,确保疏散乘客的安全。

员工发现可疑物品后,应立刻向上级报告该物品的形态及准确位置,切勿触摸该物品,并留意周围形迹可疑的乘客。且不得在可疑物品50m范围内使用手机、无线电对讲机等通信设备,设置警戒区域封锁物品的四周范围,疏散周围乘客。

④若未发现可疑物品或有毒气体,值班站长应报告公安人员负责人,请示是否进行二次

搜索。公安人员负责人向所有搜索人员查询搜索情况,将搜索结果上报上级公安部门。

## 知识链接

搜索可疑物品时,必须采取以下预防措施:

①在搜索过程中应只凭肉眼查看,切勿移动、摇动或干扰任何物品,留意是否有定时器或时钟运行的声音;

②停止一切无线电的发送及接收,不得使用无线电手台及手机等通信设备;

③切勿开关任何电灯及电气设备;

④认真观察清楚后再打开门、窗、抽屉,不可随意接触任何物品。

## 小贴士

搜索过程中不应假定只有一件可疑物品,在疏散乘客的过程中,切勿在广播中提及炸弹或可疑物品,而应说系统、设备等发生故障,以免引起乘客恐慌。

### ② 爆炸事件应急处理办法

地铁线路或列车发生爆炸事件时,有关单位、部门应按以下应急预案开展工作。

(1)列车驾驶员

①当列车在区间发生爆炸时,驾驶员(视故障情况)应尽可能将列车运行至前方车站,实施抢险救援。

②要立即穿戴好防护用品,迅速到达事发现场查明情况,向行车调度员及车站值班员报告。

③列车迫停于车站时,驾驶员应迅速打开站台侧所有车门。若列车因爆炸起火,要迅速使用车内灭火器进行扑救,并对乘客用标准用语进行广播宣传,通知乘客下车,按车站工作人员的引导或标识,将乘客疏散到安全区域。

④列车迫停于区间时,驾驶员应立即要求停电,情况紧急时可采取强行停电措施;确认接触轨已停电后,打好止轮器,做好防溜措施,并对乘客用标准用语进行广播宣传,稳定乘客情绪。

⑤根据行车调度员命令与救援抢险人员按区间疏导乘客的办法共同对乘客进行疏散抢救。

(2)车站工作人员

①车站发生爆炸后,就近岗位站务人员应迅速准确查明爆炸发生的时间、地点,涉及列车的车次、人员伤亡等情况,立即向行车值班员报告。

②行车值班员接到站务人员报告后,应立即向行车调度员、公安派出所报告,通知值班站长、站区长等各级领导。

③值班站长应立即到达现场并在上级领导及公安人员未达到之前担任现场负责人,组织指挥现场处理工作。

a. 指定专人保护现场,尽量搜集可疑人员、可疑物品等线索,挽留目击证人。

b. 将事发地点周围的乘客疏导至安全地带。

c. 若有人员伤亡时,将其转移至安全地带设置的候援区,及时通知急救中心,指派专人到指定出入口迎候救护车辆。

d. 部署全体在岗人员对车站采取临时封闭措施,疏导站内其他区域的乘客迅速出站,指定专人看守出入口大门,阻止其他乘客进站,同时保证上级领导、公安及抢险人员快速进入车站。

e. 利用各种广播设施做好宣传工作,稳定乘客情绪,引导站内其他区域的乘客迅速有序疏散出站。

f. 通知机电人员开启车站送、排风系统,加大通风量。

g. 其他各车站接到疏散乘客、封闭车站的命令后,应迅速组织车站工作人员,按照公司《突发事件应急处理办法》规定的乘客疏散工作预案,迅速组织乘客出站,疏散乘客任务完成后,关闭出入口,并将情况报告行车调度员。

h. 待上级领导到达后,报告现场情况,移交指挥权。

(3)行车调度员

①行车调度员接到报告后,应立即报告值班经理,并同时将后续列车扣至爆炸区域以外的车站。

②根据值班经理命令下达全线停运、疏散乘客命令,组织指挥全线列车迅速运行至车站站台疏散乘客。

a. 若列车停于区间而前方车站有列车占用时,应使列车退回后方车站疏散乘客。

b. 若列车停于区间且前、后方车站均占用时,根据前后方车站乘客疏散情况,将先完成疏散任务的列车调至区间待命,腾空车站,将停于区间的列车调至车站内疏散乘客。

c. 若列车停于爆炸区域时,应使列车退行至未爆炸区域以外的车站疏散乘客。

(4)值班经理

①值班经理接到行车调度员的报告后,应立即报告公司领导及市主管部门,通知公司所属各有关单位部门赶赴现场参加事故救援工作及乘客疏散工作。

②通知有关单位,开、停通风、排水等设备,安装临时照明及临时通信设备。

③根据公司领导指示,向行车调度员发布全线停运、疏散乘客的命令。

④协调公交部门增加地面公交车运力运输乘客。

**③ 不明气体袭击事件应急处理办法**

当车站或列车上发生不明气体袭击,造成乘客群体性中毒时,应按下列应急预案开展工作。

(1)列车驾驶员

①对于在地下线路运行的列车,应尽可能运行到前方车站实施抢险救援;列车迫停于区间时,要立即穿戴好防护用品,迅速到达事发现场查明情况,向行车调度员和车站值班员报告。使用标准用语对乘客进行广播宣传,通知乘客撤离毒气源所在车厢。立即要求停电,情况紧急时可采取强行停电措施。确认接触轨已停电后,打好止轮器,采取防溜措施,根据行车调度员命令与救援抢险人员共同对乘客进行疏散抢救。

②列车在地面线区间运行,要立即穿戴好防护用品,迅速到达事发现场查明情况,立即向行车调度员报告,并要求紧急停电(必要时可采取强行停电措施),同时采取紧急停车措施,使用标准用语对乘客进行广播宣传,通知乘客撤离毒气源所在车厢。确认停电后,打开车门,疏散乘客,有条件时对可疑物进行遮盖。

③列车迫停于车站时,应迅速打开站台侧所有车门,有条件时对可疑物进行遮盖,使用标准用语对乘客进行广播宣传,通知乘客下车,按车站工作人员的引导或标识,将乘客疏散到安全区域。

(2)车站工作人员

①车站发生不明气体袭击后,就近岗位站务人员应迅速佩戴防护装备,迅速查明事件发生的时间、地点,涉及列车的车次、人员伤亡等情况,立即向行车值班员报告。

②行车值班员接到站务人员报告后,应立即向行车调度员、公安派出所报告,通知值班站长、站区长等各级领导。

③行车值班员应立即采取措施,防止其他列车进入车站。

④行车值班员应立即通知机电人员启动防灾应急模式,关闭相关车站送、排风系统。

⑤值班站长应立即到达现场并在上级领导及公安人员未达到之前担任现场负责人,组织指挥现场处理工作。

a.部署全体在岗人员迅速佩戴防护装备,对车站采取临时封闭措施,疏导站内其他区域的乘客迅速出站,指定专人看守出入口大门,阻止其他乘客进站,同时保证上级领导、公安及抢险人员快速进入车站。

b.指定专人保护现场,尽量搜集可疑人员、可疑物品等线索。查找不明气体源头,有条件时对可疑物进行遮盖。

c.若有人员伤亡时,将其转移至安全地带设置的候援区,及时通知急救中心,指派专人到指定出入口迎候救护车辆。

d.利用各种广播设施做好宣传工作,稳定乘客情绪,引导站内其他区域的乘客迅速有序疏散出站。

e.车站所有参与处置工作的工作人员应在疏散乘客、封闭车站工作完毕后,迅速撤离车站,在指定的出入口外集合。

f.待上级领导到达后,报告现场情况,移交指挥权,积极协助公安人员的调查工作。

⑥其他车站接到疏散乘客、封闭车站的命令后,应迅速组织车站工作人员,按照公司《地铁突发事件应急处置办法》规定的乘客疏散工作预案,迅速组织乘客出站,疏散乘客任务完成后,关闭出入口,并将情况报告行车调度员。

（3）行车调度员

行车调度员接到报告后,应立即报告值班经理,并同时将后续列车扣至不明气体影响范围以外的车站。根据值班经理命令下达全线停运、疏散乘客命令,组织指挥全线列车迅速运行至车站疏散乘客。

①若列车停于区间,而前方车站有列车占用时,应使列车退回后方车站疏散乘客。

②若列车停于区间,而前、后方车站都有列车占用时,应根据前后方车站在站列车乘客疏散情况,将先完成疏散任务的列车调至区间待命,腾空站线,将停于区间的列车调至车站内疏散乘客。

③若列车停于受影响范围内区间时,应使列车退行至受影响范围以外的车站疏散乘客。

（4）值班经理

①值班经理接到行车调度员的报告后,立即报告公司领导及市主管部门,通知公司所属各有关单位部门赶赴现场参加事故救援工作及乘客疏散工作。

②根据公司领导指示,向行车调度员发布全线停运、疏散乘客的命令。向机电部门发布命令:关闭受影响车站的送、排风系统及相关区间的通风机。

③协调公交集团增加地面公交车运力运输乘客。

## 案例分析

### 东京地铁沙林毒气案

1995 年 3 月 20 日上午 7 时 50 分,东京地铁内发生了一起震惊全世界的投毒事件,奥姆真理教恐怖组织成员在地铁网络中释放沙林毒气,将 5 000 人笼罩在致命气体的包围中。

当天早晨,正值上班高峰时间,五名奥姆真理教成员登上地铁,将用报纸和塑料包裹的液态沙林毒气扔到车厢地板上。他们使用雨伞的尖端将包裹戳破,随即离开列车。他们中有些人带着面具和头巾,以保护其撤离时不会受到沙林毒气的侵袭。

沙林在 20 世纪 30 年代由纳粹所发明,它的毒性比氰化物气体大 20 倍。长时间暴露于沙林气体中,可导致痉挛、麻痹、昏迷、心脏和呼吸系统衰竭。该气体无色无味,当人们开始感觉不对劲的那一刻起,就已出现了呼吸困难和眼睛水肿等相关中毒症状。

毒气泄漏后有人瘫倒在地,有人跟跟跄跄行走不稳,许多乘客和地铁工作人员坐在地上大声咳嗽、视力模糊,感到头晕、恶心和呼吸困难,现场秩序一片混乱。事后证实霞关、筑地等 16 个地铁车站都遭到了毒气袭击。东京警方迅速作出了反应,消防队和医疗救护队迅速赶到了现场,身着防护衣的救援人员立即将中毒人员送往医院。30min 内,防化专家已乘直升机赶到现场采样。万余名军警封锁现场、疏散人员,警方立即关闭了两条地铁线,26 个车站。经过两个半小时的侦检分析,确认受伤人员为沙林毒气中毒。事件发生 3h 后,政府即出版宣传印刷品以稳定人们的情绪,同时组成 140 人的防化部队对列车和车站的有毒物质进行清除。本次地铁投毒事件的救援行动应该说是十分迅速而有效的。

东京地铁沙林毒气事件造成12人死亡,约5 500人中毒,1 036人住院治疗,许多人至今依然受到毒气袭击带来的后遗症的影响。该事件中涉及的恐怖分子被宣判死刑或终生监禁。

# 9.3 自然灾害车站应急处理办法

## 一 水灾应急处理办法

### 1 车站工作人员

当给水管道破裂、地下车站和隧道进水等危及运营的情况发生时,车站有关人员应按下列程序进行处置。

(1)任何员工一旦发现水灾发生,应立即报告值班站长以下情况:水灾发生的位置、流量、水源来自哪里,哪些设备可能会受到影响。

(2)值班站长向行车调度员报告:本站发生水淹事故,本站受到影响的区域、是否影响乘降及受影响设备的情况。

(3)值班站长携带防洪装备赶往事发位置,命令站务人员和保洁人员前往水灾区域。

(4)值班站长到达现场后评估情况,向行车调度员汇报最新进展,视情况需要请求机电等部门人力支援。

图9-2　防洪板

(5)站务人员尝试用防洪板(图9-2)、沙包或其他填充物阻断水源,或抑制流量,在周边用提示牌和警戒线布置禁行区。

(6)车站值班员通过PA、PIS系统向乘客进行宣传解释。

(7)若水灾可能导致车站设备出现危险或影响运营时,视情况需要封闭车站部分区域。

### ❷ 机电抢险人员

(1)对水灾地点及时采取断水堵水措施,开启全部排水泵排水。

(2)随时向值班站长和行车调度员报告水情。

(3)按照抢险预案要求,进行紧急处置。

### ❸ 行车调度员

(1)随时了解水情变化。必要时,通知电力调度接触轨停电。

(2)组织具备运行条件的区段维持运营。

### ❹ 列车驾驶员

(1)列车在运行中发现积水漫过道床排水沟时,如接触轨能正常供电,驾驶员以能随时停车的速度运行,并及时将情况报告行车调度员或车站值班员。

(2)因水灾造成路基塌陷、滑坡等危及行车安全时,应立即停车,将情况如实报告行车调度员,按其指示行车。

## 二 地震应急处理办法

地铁隧道及建筑结构的设计能够够承受地震烈度 XI 级地震,等级较强的地震会导致轨道交通车站邻近建筑物、车站建筑物的损毁及倒塌,轨道线路移位或严重扭曲,列车出轨,车站、列车的电力中断等事故,从而引起沿线乘客的恐慌以及难以控制的地铁人潮,为应对这些严重后果,车站工作人员应严格执行地震应急处理办法。

(1)地震发生后,值班站长立即向行车调度员汇报是否影响行车;是否有人员、设备、线路、车辆受损;是否需要召唤紧急服务(公安、急救、消防)。

(2)一旦确定发生四级以上强度的地震,值班站长必须安排车站员工:

①亮起所有隧道灯;

②检查所有系统是否运作正常,特别是供电、通信、信号及环境控制系统运作状况;

③在确保自身安全的前提下,巡视车站建筑、设施,巡视出入口及站外情况,发现有任何异常情况,立即通知值班站长。

(3)值班站长接到车站巡视结果后,立即向行车调度员、故障报警中心报告设备、结构损毁的情况。

(4)如果站台有列车停车,按照行车调度员指示立即对列车进行清客作业。

(5)停止所有作业,察看是否有工作人员或乘客受伤。若发现有任何人员受伤,则立即展开救助工作。

(6)如发现建筑物损毁或阻塞,应立即疏散、封锁危险区域,安排人员驻守,制止他人接近。

(7) 如地震强度较大,建筑物、设备设施损毁严重,则应立即执行车站紧急疏散程序。

地震发生后,列车驾驶员应立即采取停车措施,打好止轮器,防止溜车,并迅速查明周围情况,组织乘客自救、互救工作。行车调度员应立即通知电力调度全线接触轨停电,发布全线停运命令,采取一切手段了解人员、设备、设施损坏情况,迅速上报值班经理及公司领导。

## 知识链接

### 我国地震烈度的划分

我国把地震的烈度划分为 12 度,采用罗马数字表示,最低为 I 度,最高为 XII 度。不同烈度的地震,其影响和破坏力大有区别。

I 度:无感——仅仪器能记录到;

II 度:微有感——个别敏感的人在完全静止中有感;

III 度:少有感——室内少数人在静止中有感,悬挂物轻微摆动;

IV 度:多有感——室内大多数人,室外少数人有感,悬挂物摆动,不稳器皿作响;

V 度:惊醒——室外大多数人有感,家畜不宁,门窗作响,墙壁表面出现裂纹;

VI 度:惊慌——人站立不稳,家畜外逃,器皿翻落,简陋棚舍损坏,陡坎滑坡;

VII 度:房屋损坏——房屋轻微损坏,牌坊、烟囱损坏,地表出现裂缝及喷沙冒水;

VIII 度:建筑物破坏——房屋多有损坏,少数破坏路基塌方,地下管道破裂;

IX 度:建筑物普遍破坏——房屋大多数破坏,少数倾倒,牌坊、烟囱等崩塌,铁轨弯曲;

X 度:建筑物普遍摧毁——房屋倾倒,道路毁坏,山石大量崩塌,水面大浪扑岸;

XI 度:毁灭——房屋大量倒塌,路基堤岸大段崩毁,地表产生很大变化;

XII 度:山川易景——一切建筑物普遍毁坏,地形剧烈变化,动植物遭毁灭。

## 三　恶劣天气应急处理办法

大风、雨雪等恶劣天气发生时,一方面会对线路、道岔等设备及地面行车带来不利影响,另一方面会引起车站客流的增加,车站工作人员应按照恶劣天气应急处理办法及时采取疏导、限流等措施,消除各种隐患,确保乘客的乘车安全。

### 1　大风、沙尘天气的危害及应急处理办法

当风力超过 7 级时可对车站运营造成影响,接到控制中心(OCC)发布的有关恶劣天气的信息后,车站须检查悬挂物,以免脱落物砸伤乘客及员工;指派专人对站台上的可移动物品进行加固;督促保洁人员清理车站卫生;露天段车站做好停运、客流疏散准备;如有其他异常立即上报控制中心(OCC)。

当列车遇雾、暴风、沙尘天气,瞭望困难时,驾驶员应及时将情况报告行车调度员或车站行车值班员,必要时开启前照灯,适时鸣笛,适当降低速度。当看不清信号、道岔时,要停车确认,严禁臆测行车。列车进入车站时,驾驶员要适时降低列车速度,确保对标停车。运行中严禁盲目抢点、臆测行车。

### ❷ 雪天的危害及应急处理办法

城市轨道交通运营线路出现大范围降雪时,钢轨冰冻会影响车辆的牵引制动,尖轨与基本轨无法紧密贴合,接触轨冰冻而无法与受流器接触造成机车无电,还会造成乘客摔伤等后果。值班站长应通知所有工作人员,通报恶劣天气的相关情况,做好雪天应急处置工作。

(1)站务人员在出入口、楼梯口铺设防滑垫和提示牌,同时组织人力及时清扫出入口积雪。

(2)值班站长通知保洁人员注意出入口、楼梯口等区域的卫生状况。

(3)站务人员在客流量较大的出入口疏导乘客进出站。

(4)行车值班员通过 PA、PIS 系统向进站乘客宣传安全、防滑的事项。

(5)行车值班员通过 CCTV 系统密切关注进出站的客流变化,并随时向值班站长汇报。

(6)值班站长要随时掌握运营现场和天气情况,并随时做好延长运营时间的准备工作。

(7)地面线路有道岔的车站,应做好道岔的清扫及融雪工作。

列车驾驶员在运行中遇大雪、霜冻等恶劣天气时应及时向行车调度员报告,并采取相应措施。运行中要严格控制列车速度,制动时要适当延长制动距离,制动力要尽量小,防止滑行,视其速度,根据情况追加或缓解,确保对标停车。

### ❸ 雨天应急处理办法

(1)如遇突降大雨,值班站长要立即组织有关人员到出入口等处查看降水情况。

(2)站务人员在各出入口铺设防滑垫,设立警示标志。

(3)地势较低的车站应立即放置防洪板、沙包,防止雨水灌入车站。若遇雨水较大有可能发生倒灌事故时,应及时通知机电部门做好排水准备。

(4)值班站长通过 BAS 系统查看雨水泵开启情况,如有异常立即报修。

(5)行车值班员通过 PA、PIS 系统向进站乘客宣传安全、防滑的事项。

(6)站务人员加强巡视,确保车站出入口、站厅、站台的客流秩序。关注出入口客流情况,向乘客发放一次性雨衣、伞套,宣传疏导其快速出站,不要在出入口停留。

(7)值班站长要立即准备雨天设备故障、长时间无车等特殊情况下的应急对策;根据现场情况,适当调配人员。做好限流的准备,并要及时挂出提示牌、张贴通告。

(8)露天段车站应加强站台巡视,督促保洁员工做好地面清理工作。

## 9.4 车站站台事故应急处理办法

### 一　站台紧急停车按钮被触发应急处理办法

紧急停车按钮一般设置在各站站台(图9-3)、站台监察亭(图9-4)和车站控制室后备盘(IBP盘)上,可实现紧急情况下对列车的控制。在紧急情况下,可通过按压站台任一位置的紧急停车按钮,或者扳动车站控制室IBP盘(或站台监察亭IBP盘)上的紧急停车开关,禁止列车自区间进入车站,禁止已停在车站的列车出发进入区间,对于已启动而尚未完全离开车站的列车应实施紧急制动停车,实现车站封锁的功能。

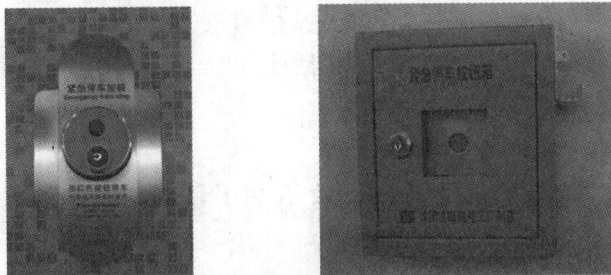

图9-3　站台紧急停车按钮

图9-4　站台监察亭

站台上下行每侧各有两个紧急停车按钮,如车站为岛式站台,则本侧紧急停车按钮仅对相应侧的线路实行车站封锁,如为侧式站台,则对上下行线路实行车站封锁。

紧急停车按钮为非自复式按钮,使用钥匙使其复位;设置红色指示灯,当按下紧急停车按钮后,该按钮的指示灯点亮,车站控制室 IBP 盘和站台监察亭内对应站台的指示灯也同时点亮,表示该紧急停车按钮被激活。

如设有站台监察亭,在站台监察亭内对应每侧站台设置 1 个紧急停车开关,并有指示灯。当发现紧急情况需紧急停车时,扳动紧急停车开关至"急停"位置,IBP 盘上对应站台的指示灯和站台监察亭内的对应站台的指示灯同时点亮,表示该紧急停车按钮被激活。

当站台发生紧急情况,需列车紧急停车时,车站工作人员应按以下程序处理:

(1)站台岗员工或乘客按下站台上的紧急停车按钮。

(2)对应的紧急停车按钮指示灯点亮,车站控制室和站台监察亭 IBP 盘上对应站台的指示灯点亮,车站 ATS 工作站和控制中心(OCC)调度员工作站对应区域显示紧急停车,显示报警信号。

(3)车站值班员扳动车站控制室 IBP 盘上的紧急停车开关至"急停"位置。

(4)站台岗员工赶往事发地点,采取适当的措施处理该事件,并保持站台、车站控制室、OCC 联系畅通,必要时请求协助。

(5)在确定处理完情况后,站台岗员工用钥匙复位被激活的紧急停车按钮,并通知车站值班员,处理完毕后给驾驶员显示"一切妥当"手信号。

(6)车站值班员扳动车站控制室 IBP 上对应的紧急停车开关至"复位"位置。

(7)车站值班员复位 ATS 工作站上的事件,使 ATC 系统复位,并记录该次事件的时间、紧急停车按钮启动的原因及事件处理经过。

## 二 列车内乘客报警按钮被触发紧急处理办法

地铁车厢内一般设置乘客报警按钮(图9-5)。当乘客在车厢内遇到火灾、晕厥、车厢犯罪等突发情况时,按动此报警按钮,按照面板提示操作便可与驾驶员直接通话,从而让驾驶员及有关方面采取及时、正确的应对措施。

若列车停止站台还未启动时,乘客触发了车内报警按钮,站台岗值班人员应按以下程序处理。

(1)接到车内乘客报警按钮被触发的信息,立即赶往事发现场并核实:报警启动的原因、启动报警按钮的车次或车门,请示值班站长是否需要列车退行。

(2)使用车内乘客报警按钮扬声器与驾驶员沟通,寻找启动报警按钮的原因,进行乘客救援工作。

(3)确定情况稳定后,车站员工必须将车内报警

图9-5 车内乘客报警器

按钮复位,离开列车,向驾驶员显示"一切妥当"手信号。

(4)行车调度员通知列车驾驶员,车站已将车内报警按钮复位。

(5)站台岗员工在日志中详细记录该次事件发生的时间、原因、被启动的报警按钮的编号及事件处理经过。

# 三 车站停电处理办法

## 1 车站照明部分熄灭应急处理办法

(1)事故发生后,值班站长立即向行车调度员报告:车站照明系统部分失效,应急照明是否已经启用,是否影响车站其他设备的正常运作,车站是否有列车停靠及列车的相应位置,车站内乘客滞留情况。

(2)值班站长或行车值班员联系故障报警中心,获取相应的故障信息,召唤人力支援。

(3)值班站长立即下达车站紧急疏散指示。

(4)行车值班员通过 PA、PIS 系统,通知乘客情况,稳定乘客情绪。

(5)站务人员就近取用应急照明备品,站于重要位置为乘客提供照明和保护,加强宣传,稳定乘客情绪。

(6)票务岗位员工保管好票款,适时放慢售票速度。根据客流情况,合理关闭部分进站闸机、自动售票机进行客流控制。

(7)一旦照明系统无法恢复时所有员工随时做好乘客疏散的工作。

## 2 车站照明全部熄灭应急处理办法

(1)事故发生后,值班站长立即向行车调度员报告:车站照明系统全部失效,应急照明是否已经启用,是否影响车站其他设备的正常运作,车站是否有列车停靠及列车的相应位置,车站内乘客滞留情况。

(2)值班站长或车站值班员联系故障报警中心,获取相应的故障信息,召唤人力支援。

(3)值班站长立即下达车站紧急疏散指示。

(4)车站值班员通过 PA、PIS 系统,通知乘客进行疏散,稳定乘客情绪,疏导乘客向站台中部靠拢。

(5)站务人员就近取用应急照明备品,站于重要位置为乘客提供照明和保护,加强宣传,稳定乘客情绪,密切关注站台边缘地带,确保乘客安全。

(6)票务岗位员工立即停止售检票作业,保管好票款及有效票证,做好与乘客的解释工作。

(7)站务人员打开全部闸机和应急疏散门,立即引导乘客从各个出入口出站,同时阻止乘客进站,确认乘客全部疏散后,关闭出入口并张贴通告。

(8)对于进站列车、停靠站台的列车、即将出站的列车均需暂时停止运行,开启列车全部灯光(含前、后大灯),为疏散乘客提供照明,在得到行车值班员允许后方可继续运行。

## 四 乘客物品掉落轨道的处理办法

城市轨道交通车站未安装屏蔽门，或屏蔽门发生故障时会发生乘客携带物品坠落至轨道的事件，此时要将掉落的物品分为影响行车和不影响行车两种情况。

### 1 坠落的物品不影响行车

（1）站台岗员工接到报告后，立即赶往现场查看情况，向行车值班员报告该物品不影响行车。若该车站未安装屏蔽门，站台岗员工应在第一时间明确告诉乘客"请勿擅自跳下轨道，工作人员会尽快妥善处理"。

（2）站务人员应立即安抚乘客，告知乘客将在当日运营结束后下轨道拾回物品，请乘客留下联系方式，第二日到车站领回物品。

### 2 坠落的物品影响行车（如高出轨面）

（1）站台岗员工接到报告后。立即赶往现场查看情况，若该物品影响行车，则立即按压站台侧紧急停车按钮。

（2）站台岗员工向行车值班员、值班站长报告该物品影响行车，需立刻处理。

（3）行车值班员上报行车调度员，经批准后，按动车站控制室内紧急停车按钮，做好防护，通知站务人员可以进行拾物处理。

（4）站务人员立即携带夹物钳（图9-6）、隔离带到现场，隔离该处屏蔽门。夹不起的物品，安排人员从站台两端的楼梯或使用下轨梯进入轨道拾回物品。

（5）站务人员将物品取回后，确认线路出清，恢复屏蔽门的使用，向行车值班员汇报。

（6）行车值班员及时取消紧停，并向行车调度员汇报。

（7）做好相关记录，将物品归还乘客。

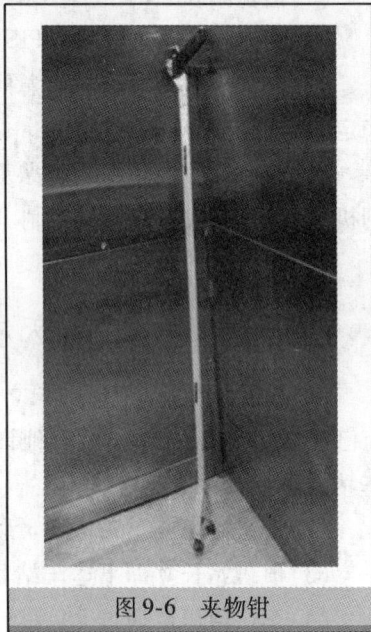

图9-6 夹物钳

## 复习与思考

1. 简述车站应急处理的原则、重点及报告程序。

2. 分角色扮演车站（运营期间）失火、列车在站台失火等突发事件应急处理程序（建议同学可分组，分别扮演车站工作人员、乘客、行车调度员、评审员等角色）。

3. 简述乘客受伤事件的处理要点及站务岗位作业程序。

4. 简述车站遭遇风、雨、雪等恶劣天气时的应急处理办法。

# 城市轨道交通客运服务礼仪

**教学目标**

1. 了解客运服务礼仪的一般要求,能够运用服务礼仪来提高自身的服务质量;

2. 学习与乘客沟通的技巧,减少纠纷的发生;

3. 学习并掌握乘客投诉处理的原则;

4. 掌握服务纠纷的处理原则及技巧。

**建议学时**

4 学时

## 10.1 客运服务礼仪

### 一 服务礼仪概述

#### ❶ 礼仪的起源与发展

礼:本谓敬神,引申为表示敬意的通称。泛指奴隶社会或封建社会贵族等级制的社会规范和道德规范。

仪:礼节,仪式;法度,准则。

礼仪:对社会规范和道德规范的准则。法定和公认对他人表示尊敬的法度。

礼仪是指在人际交往中,自始至终地以约定的程序、方式所表现出来的律己和敬人的一系列完整的行为。

#### ❷ 礼仪的作用和意义

礼仪是构建和谐社会的基础,也是衡量全社会文明程度的尺度。"孝道"、"尊老爱幼"、"五讲四美"、"七不规范"等均为礼仪的几方面。

礼仪可以反映个人的道德情操、社会阅历、气质风度、精神面貌和交际能力。

学好礼仪,可以有效提高个人的自信心、修养和文明程度。

学好礼仪,可以增进人与人之间的信任和理解,促进人们的社会交往、改善人际关系。

城市轨道交通企业推广学习礼仪,不但体现了企业文化,也可有效提高城市轨道交通企业员工的整体素质,提高为乘客服务的水平。每个人都学会"自我约束"、"自我克制",按照礼仪的要求和标准行事处世。

#### ❸ 礼仪的基本原则

(1)宽容的原则

宽容,即人们在交际活动中运用礼仪时,既要严于律己,更要宽以待人。理解宽容就是要豁达大度,有气量,不计较和不追究。具体表现为一种胸襟,一种容纳意识和自控能力。

（2）尊重的原则

礼仪本身从内容到形式都是尊重他人的具体体现,在交往中,任何不尊重他人的言行,都会引来别人的反感,不会赢来别人的尊重,所以人们在社会交往中,要敬人之心常存,处处不可失敬于人,不可伤害他人的个人尊严,更不能侮辱对方的人格。

（3）自律的原则

这是礼仪的基础和出发点。学习、应用礼仪,最重要的就是要自我要求,自我约束,自我对照,自我反省,自我检查。自律就是自我约束,按照礼仪规范严格要求自己,知道自己该做什么,不该做什么。

（4）遵守的原则

在交际应酬中,每一位参与者都必须自觉、自愿地遵守礼仪,用礼仪去规范自己在交往活动中的言行举止。遵守的原则就是对行为主体提出的基本要求,更是人格素质的基本体现。遵守礼仪规范,才能赢得他人的尊重,确保交际活动达到预期的目标。

（5）适度的原则

应用礼仪时要注意把握分寸,认真得体。适度就是把握分寸。礼仪是一种程序规定,而程序自身就是一种“度”。礼仪无论是表示尊敬还是热情都有一个“度”的问题,没有“度”,施礼就可能进入误区。

（6）真诚的原则

运用礼仪时,务必诚信无欺,言行一致,表里如一。真诚就是在交际过程中做到诚实守信,不虚伪、不做作。交际活动作为人与人之间信息传递、情感交流、思想沟通的过程,如果缺乏真诚则不可能达到目的,更无法保证交际效果。

（7）平等的原则

平等是礼仪的核心,即尊重交往对象,以礼相待,对任何交往对象都必须一视同仁,给予同等程度的礼遇。礼仪是在平等的基础上形成的,是一种平等的、彼此之间相互对待关系的体现,其核心问题是尊重以及满足相互之间获得尊重的需求。在交际活动中既要遵守平等的原则,同时也要善于理解具体条件下对方的一些行为,不应过多地挑剔对方的行为。

### ❹ 服务礼仪

服务礼仪就是服务人员在工作岗位上,通过言谈、举止、行为等,对客户表示尊重和友好的行为规范和惯例。简单地说,就是服务人员在工作场合适用的礼仪规范和工作艺术。服务礼仪是体现服务的具体过程和手段,使无形的服务有形化、规范化、系统化。

有形、规范、系统的服务礼仪,不仅可以树立服务人员和企业良好的形象,更可以塑造受客户欢迎的服务规范和服务技巧,能让服务人员在和客户交往中赢得理解、好感和信任。

服务礼仪的实际内涵是指服务人员在自己的工作岗位上向服务对象提供服务的、标准的、正确的做法。服务礼仪主要以服务人员的仪容规范、仪态规范、服饰规范、语言规范和岗位规范为基本内容。

# 二 仪容仪表礼仪

## ① 车站服务人员仪容礼仪要求

仪容：容貌美丽并且符合大众审美观的礼仪准则。特指人的容貌或人的自然形象。五官、发式、面容以及未被服装、饰物遮掩的肌肤和身体体形等自己的容貌给人留下美的印象。

车站服务人员在岗位上，必须按照礼仪要求，对自己的仪容进行必要的修饰和维护。仪容修饰重点是面部修饰、皮肤修饰、化妆修饰。

（1）车站服务人员的面部修饰

①面部修饰的要求。形象端正，不刻意修饰，宜自然、大方、掌握化妆技巧。平常勤于修饰，及时补妆，不以残妆示人。

②面部修饰三原则为洁净、卫生、自然。面部五官的修饰，包括眼部修饰、眉部修饰、耳部修饰、鼻部修饰、口部修饰。

a.眼部修饰。修饰的标准是洁净、卫生、美观。

车站服务员一律不得戴墨镜上岗（除工作需要外）。佩戴近视眼镜应保持镜片的清洁，经常擦拭镜片，使之无污染。挑选眼镜的脸形参照表10-1。

挑选眼镜的脸形参照表 　　　　　表10-1

| 脸形 | 应选的眼镜架 | 不宜选用的眼镜架 |
|---|---|---|
| 长脸形 | 宽边、深色、大镜框的眼镜架 | 没底边、透明、细框、金丝或银丝边眼镜架 |
| 短脸形 | 细边、透明、金丝或银丝边眼镜架；镜框颜色与脸色接近或没有底边镜框的眼镜架 | 大镜框、色彩反差大的眼镜架 |
| 圆脸形 | 浅色镜框或椭圆形镜框 | 大镜框、深色镜框、宽边镜框、圆镜框或方正的镜框 |

b.眉部修饰。修饰的标准是清洁、美观。男士不描眉、女士不纹夸张眉。

睫毛的修饰：睫毛洗干净后进行卷翘，慎选睫毛膏。

c.耳部修饰。修饰的标准是干净，美观。男士不佩戴耳钉，耳环。女士按规定佩戴一副耳钉，直径小于5mm。

d.鼻部修饰。修饰的标准是干净，美观。保持鼻腔清洁，鼻孔干净，不能流鼻涕，鼻液用纸巾或手帕擦拭。

e.口部修饰。牙齿要清洁，健康。每天至少刷牙二次，每次不少于3min；保持牙齿洁白。口腔应干净，清洁。平时多漱口，保持口腔无异味，上岗前不食有刺激性的食物，可用淡盐水漱口；车站服务人员禁止在工作时嚼口香糖。

（2）车站服务人员的皮肤修饰

皮肤的类型：油性、干性、中性、混合性和敏感性。

皮肤修饰的标准：光泽和弹性。多喝水，多吃含有水分的食物，使用护肤品保养。

皮肤护理:洁肤、爽肤、护肤和特殊护理等。

手的护理:保养、保洁、修饰、防护。

指甲长短以手心方向看到指甲不超过1mm。

指甲修饰:以肉色透明为宜,不要做美甲。

## 小贴士

## 发 部 修 饰

头发修饰的标准:洁净整齐、长短适中、发型得体、美观大方、洁净整齐。

清洗:定期清洗头发,保持清洁,宜每天洗头或至少2~3次/周。

梳理:经常梳理,保持头发整齐。清洁无头屑、光润有弹性、梳密适中、梳理整齐、无斑白或杂色。

护发:护发方法正确,应长期坚持,所有饰品应当保持完好、整洁。

注意事项:不当众梳理、不直接用手梳理、不乱扔落下的头发、头屑。

长短适中:男士,不可剃光头,不可留长发,不烫发,不可染成夸张的颜色;前不遮眉、侧不遮耳、后不触领。发形不得过短,不做"爆炸型"、"马鬃型"等怪异的发形。不戴假发套、不留长鬓角(不超过耳朵长度的2/3),过于干枯的头发宜上发油。

女士,不染夸张的颜色;前不遮眉、侧不遮耳,以及肩为界,分为短发和长发。短发应露耳、有层次,不留"爆炸头"或倒剃的超短发;长发必须佩戴有发网的头饰,长发梳理后束起,放入发网内,发网外形应呈饱满的鹅蛋形,发网应用发卡固定,不使晃动;发网位于双耳中心线上,高度在发际与头顶高度;离发际1/3处,零星碎发应用发卡固定。

(3)车站服务人员的化妆修饰

化妆可以突出面部五官中最美的部分,并可掩盖或矫正面部缺陷点不足的部分。在表现自尊自爱的同时,体现对他人的尊重。

化妆的基本要求:淡雅、简洁、适度、庄重、避短。

化妆的禁忌:不当众化妆;勿在异性面前化妆;勿在工作岗位上化妆;勿使化妆妨碍别人;勿使妆面出现残缺;勿使妆面离奇出众;不使用他人化妆品;不评论他人的化妆。

### ❷ 车站服务人员仪表礼仪要求

仪表是在个人自然体形基础上的外在包装。仪表可特指服饰:对衣着及其所有装饰品的统称。衣服、裤子、裙子、袜子、手套、随身佩戴的饰品及随身携带的用品。

车站服务人员穿着统一发放的制服,换季时全站统一更换。制服穿着要求:大小合身、外观整齐。穿着制服应扣上全部纽扣(装饰扣除外)。多人同行时,不可勾肩搭背,不得嬉戏打闹、高声交谈。时刻牢记自己穿着制服,代表着企业,谈吐举止要符合礼仪。不可随意解扣,时刻注意保持仪表完好。

（1）制服的配套要求

衬衣：穿着统一发放的衬衣；衬衫领子要挺刮、平整；衬衫下摆应塞入裤子里；衬衫袖口必须扣上，袖口不可卷起；不系领带时，衬衫的领口应敞开。

领带：佩戴统一发放的领带（男服务员）。用领带夹固定领带，一般在衬衫第四扣位置；领带的领结要饱满，与衬衫领口吻合；系好后的领带长度以大箭头垂直盖住皮带扣为标准。

领花：佩戴统一发放的领花（女服务员）。

鞋袜：制服必须配皮鞋，不能穿旅游鞋、轻便鞋、凉鞋或雨鞋；皮鞋需上油擦亮，袜子要勤换洗，以免发生异味。男服务员应穿黑色皮鞋、深色袜子，鞋跟不宜超过3cm。女服务员不得穿高跟鞋，袜子以黑色、黑灰色为宜，袜口不能露出衣裙外。

防寒大衣：不可披着、盖着、裹着。应扣好衣扣，不可立领。

（2）制服穿着注意事项

①穿着制服八忌。

a. 西裤忌过短，应盖住鞋面，不拖下鞋跟；

b. 衬衫忌留在裤外，应放入裤内；

c. 戴领带忌不扣衬衫扣子，不带领带时可不扣衬衫第一粒扣子；

d. 衬衫袖长忌短于制服袖，制服袖长应不超过自然垂下手臂的手腕；

e. 制服口袋、裤兜忌鼓鼓囊囊，上衣口袋不放烟、钱包、打火机等；

f. 领带忌太短、过长，以盖住皮带扣为标准；

g. 制服外套忌一粒扣子都不扣，宜扣上全部扣子，至少扣上面 1~2 粒；

h. 穿着制服时忌穿便鞋，应穿有跟的皮鞋，皮鞋以黑色为宜。

②女士穿着制服五个注意。

工作岗位在办公室的女士宜穿套装；女士穿着裙子注意丝袜颜色，宜黑灰或肉色，宜穿连裤袜，不能露袜口；皮鞋不能有太多装饰品；不能穿奇装异服；佩戴的首饰应与个人气质、制服相配，与工作环境相协调。在车厢或车站范围，即使不当班，穿着制服也应按规定穿戴整齐。

## 知识链接

工号牌：佩戴在左胸上方，工号牌的下端与左胸的口袋上口平齐，佩戴的工号牌应端正、不能歪斜。

戒指：只能佩戴一枚，不可戴镶嵌戒，戒指最宽处不大于5mm，且只能佩戴在中指或无名指。

项链：应佩戴在衣领内，不可外露。

脚链：服务人员一律不可佩戴脚链。

手镯、手链：不得佩戴手镯、手链。

手表：佩戴手表时，款式要自然大方，不宜佩戴如卡通表、运动表、广告表、工艺表等款式。

耳环、耳钉：男服务员不可佩戴耳钉、耳环；女服务员只可佩戴耳钉，耳钉款式应与自身仪表相协调。

身材参考指标:人胖瘦判断系数 = 体重(kg)/身高$^2$(m$^2$)。人胖瘦判断可参考表 10-2。

身材参考指标表　　　　　　　　　　　表 10-2

| 系数数值 | 参考结论 | 系数数值 | 参考结论 |
| --- | --- | --- | --- |
| 小于 18.5 | 偏轻 | 25 ~ 29.9 | 肥胖 |
| 18.5 ~ 22.9 | 适中 | 大于 30 | 痴胖 |
| 23 ~ 24.9 | 过重 | | |

## 三　言谈举止礼仪

言谈举止礼仪就是关于行为举止的规范。泛指人们的身体所呈现出来的各种姿势,即身体的具体造型,它是一种体态语言。

举止礼仪就是用体态语言向乘客传达良好工作状态,符合自身角色的标准仪态,更能为乘客接受。经过训练的仪态也表达了自尊和尊人。

人类全部信息的表达 = 7%语言 + 38%声音 + 55%体态语。

无声语言:主要依靠肢体、表情或环境向他人传达明白无误的信息,有别于直接用口头表达的有声语言。

表情语:通过脸部表情的变化,向他人传达信息。例如,微笑表示"欢迎或愿意为您服务";双眉紧锁表示"我烦着呢,别惹我"。

目光语:利用目光向他人传达双方都能接受的信息,一般有特定的场景,结合适当的首语或手势语。例如,仰视有尊敬、崇拜之意;平视有平等、公正或自信、坦率之意;俯视则表示傲慢、宽容或爱护之意。

## 小贴士

目光的凝视区域:以双目为上线,唇心为下顶点所形成的倒三角形区域。

车站服务人员在与乘客交流、沟通时应尽量采取平视,以示平等。凝视时间不大于 30s,切忌长时间盯住乘客脸部的某处凝视。

首语:依靠头部的动作传递的信息。点头表示同意、可以或"对、正确";摇头表示"否定"或"不对、不可以"。

手势语:依靠手的动作传递信息,有助于化解语言障碍的阻隔。常见用于聋哑人群或沟通双方口头语言不同的人群间。不同地区、国家的手语存在差别,在使用时需注意。

## 四　职业道德与服务意识

站务员是城市轨道交通行业基本的生产人员,是服务效能的直接体现者。站务员的职业道德面貌如何,对城市轨道交通行业的经营成果将起重要作用,对行业整个职工队伍的素质有很大影响。城市轨道交通站务员的职业道德是以社会主义城市轨道交通职业道德准则为指导,结合城市轨道交通站务员的职业特性,继承和发扬了城市轨道交通职工优良道德传统,在站务员工作实践中形成的。它是城市轨道交通职业道德的一个重要组成部分,是城市轨道交通站务员在职业活动中从思想到行为都必须遵循的准则和规范。

### ① 道德

道德是人的行为应当遵循的原则和标准,是指一定社会用以调整人与人之间以及个人与社会之间关系的行为准则和规范的总和。道德是一种社会意识形态,属于上层建筑,它通过各种宣传教育手段和社会舆论,通过人们在社会交往形成的善与恶、公正与偏私、诚实与虚伪等观念,情感和行为习惯,告诉人们应该做什么和不应该做什么,从而规范人们行为,以维护和巩固社会的经济基础和上层建筑,保障社会的生产、生活的良好秩序,促进社会的进步和发展。

### ② 职业

职业是社会分工和劳动分工的产物。职业是自己获得生活资料的主要来源,个人对社会所作的贡献主要也是通过职业活动来实现的。人们的一生有 1/3 的时间是在自己的职业活动中度过的,从而逐步养成稳定的职业心理和习惯,并形成了职业特殊的行为规范和道德要求。

### ③ 职业道德

职业道德是道德的一种表现形式,是每个行业职工应当遵守的特殊的道德,是公共道德在职业生活中的具体体现。它是同人们的职业活动紧密相连的,具有自身职业特征的道德准则和规范。

### ④ 职业道德的突出特点

职业道德反映不同的职业心理、职业习惯、职业传统和职业理想,作为一种客观存在的社会道德现象,具有以下突出特点:

(1)在范围和对象上,职业道德具有专业性和特殊性。

职业道德主要是与人们的职业内容和职业生活实践相联系的,它主要表现为职工的意识和行为。每一种职业道德只能指导从事该职业的人员自身的言行。因此,它的适应范围和对象不是普遍、无边的,而是特殊、有限的。

(2)在内容和结构上,职业道德具有稳定性和连续性。

由于职业道德反映社会总体需求和各种职业利益及其特殊要求,所以其内容比较强调特殊的职业心理和品格,因而就比较稳定。内容的稳定性决定了结构上的连续性。如无论教学手段和教学对象发生了什么变化,"诲人不倦"始终是教师道德的基本要求。

(3)在表现形式和方法上,职业道德具有灵活性和多样性。

职业道德是适应各种职业活动的内容与交往形式的要求而形成的,因此在反映形式和表现方式上往往比较具体、灵活、多样。它既可通过严格的规章制度、严明的守则公约、严肃的行业纪律表现出来,也可以通过简单的标语口号表现出来。

(4)在功能和效果上,职业道德具有适用性和成熟性。

适用性是职业道德适用范围的特定性规定的。正是这种与本行业的具体业务和具体职业的实际状况相适应的适用性,使职业道德具备约束同一岗位人员思想和行为的重要功能。成熟性是指职业道德受家庭影响和学校教育培养形成的道德状况的进一步发展,是走上社会的成人的道德意识和道德行为的组成部分。

### 5 城市轨道交通职业道德的基本特征

(1)全局相关性

城市轨道交通是国民经济的组成部分,是城市的基础产业,它与政治稳定、经济发展和社会进步有着重要的关系。作为城市轨道交通站务员,只有树立正确的职业道德观念,自觉遵守职业道德规范,才能站在全局和时代的高度认识城市轨道交通事业的重要性,自觉地把城市轨道交通服务工作同国家的富强、社会的发展和人民的幸福联系起来。

(2)经济影响性

城市轨道交通是国民经济的先行者,是"生产的第一道工序",是联络各行业的纽带。因此,城市轨道交通服务人员的职业道德水平如何,既影响本行业的经济效益和社会效益,也影响其他行业的工作和发展。

(3)政治敏锐性

城市轨道交通,是社会主义精神文明的"窗口",是政治与社会稳定的重要环节。它服务于社会、服务于群众,它的职业道德如何,关系到城市轨道交通服务质量的优劣,并从一个侧面反映了一个城市、一个地区政府工作的情况。随着对外开放的扩大,可以说,城市轨道交通服务人员职业道德素质的表现,在内宾面前代表着一个城市,在外宾面前代表着一个国家和一个民族。

(4)服务广泛性

城市轨道交通是直接接触社会、沟通城市各个角落、连接四面八方的桥梁。由于城市轨道交通行业在一个城市的服务行业中每天接触的服务对象人数最多,其中包括社会各阶层人士,而且还经常接触内、外宾客,因此,它在社会上有着广泛的影响。

(5)社会制约性

城市轨道交通服务工作受城市道路、交通管理、车流量、社会环境和人民群众道德状态等多种因素的制约。在服务过程中,城市轨道交通职工也要接受社会对职业道德执行情况的评价和监督,因此,社会形成了广泛的制约性。

### 6 城市轨道交通行业职业道德的重要作用

(1)维护作用

城市轨道交通职业道德的确立,可以使站务员明确自己的职业义务和职业责任,以良好的道德行为调节与乘客之间的关系,共同维护好乘车秩序。职业道德还在城市轨道交通服务过程中起着维护乘客的利益、维护企业信誉的重要作用。

（2）规范作用

城市轨道交通职业道德对站务员正确选择道德行为有着重要的约束力。它可以规范驾驶员、服务人员、调度员、管理人员的言行，使他们在服务工作中有章可循、受到约束，更好地提供服务。

（3）调节作用

职业道德的调节作用，表现在调节服务人员与乘客、服务人员之间和企业与社会之间的关系上。通过调节，可使各种关系围绕提高企业的社会效益协调发展。

（4）激励作用

城市轨道交通服务人员以高尚的职业道德、熟练的职业技能为广大乘客服务，可以使乘客感到温暖，从而支持理解服务人员，激励服务人员加倍努力工作。特别是当服务人员为了维护企业的荣誉、严守职业道德规范而忍受委屈时，这种激励作用更加明显。

（5）衡量作用

在职业活动中，以职业道德为衡量的标准，可以对那些不顾乘客的利益和企业的荣誉、不讲职业道德的极少数站务员进行教育和帮助甚至处罚。这是维护企业信誉必不可少的。

**7 城市轨道交通行业职业道德的主要内容**

（1）热爱本职工作，忠于职守

城市轨道交通服务人员职业道德的一个基本要求就是热爱本职工作，忠于职守，是爱岗敬业的具体体现。

（2）文明待客，热情服务

①文明礼貌，尊重乘客。

②方便周到，热情服务。

③遵章守纪，顾全大局。遵章守纪、维护正常运营；顾全大局、提高运营效率。

④仪表端庄，站容整洁。

⑤钻研业务，讲究艺术。

⑥团结互助，协作配合。

## 五 员工心态调整

客运服务是城市轨道交通客运组织工作的一项重要内容，是完成城市轨道交通运营服务的重要组成部分，也是反映城市轨道交通服务质量的一个重要因素。服务人员的工作处在企业实现社会效益和经济效益的焦点，同时也处在服务工作矛盾的焦点。如果说城市轨道交通是社会生产和人民生活中较为重要的环节，那么客运服务人员的工作就是这一环节中的一个重要部位。为了体现城市轨道交通一流的服务质量，客运服务必须讲究服务艺术，提高服务质量。

客运服务工作必须以确保乘客安全及列车正点为目的,为及时、快速地疏导乘客而提供优美舒适的乘车环境和便利周到的各种服务。为了提高服务质量,客运服务人员必须认真学习,掌握服务技能,严格按照各工种岗位作业标准进行操作,本着"全心全意为乘客服务"的原则,让乘客享受到城市轨道交通一流的服务。"端正思想,服务乘客"。

城市轨道交通服务人员在运营生产第一线,直接与乘客打交道,他们服务意识的水准如何将直接影响各自的服务态度、工作热情和责任性。为此,城市轨道交通服务人员必须牢固树立"全心全意为乘客服务"、"乘客第一"、"乘客是贵宾"等尊重乘客的意识,才能端正服务态度,保持职业热情,具有强烈的责任感,为乘客提供良好的服务。

### ❶ 贯彻"乘客至上,服务为本"的经营宗旨

首先,站务员是城市轨道交通运行过程中的主要服务人员,他们服务的态度如何,对营运服务质量的影响非同小可。在城市轨道交通运营服务生产中,服务工作的好坏给广大乘客以直接的感觉,人们往往将站务员的服务水平等同于城市轨道交通行业的营运服务质量;其次,站务员工作集中体现了城市轨道交通的职业特点:置身于车站这一流动社会之中,服务于一个个具体的人。站务员的工作平凡而艰苦,要适应纷繁的社会环境,满足各种乘客的不同需要,这又是非一般职业热情和责任感所能做到的;再次,城市轨道交通的运营以营运服务为中心,要把社会服务效益放在第一位,所以服务人员必须贯彻"乘客至上,服务为本"的经营宗旨,迫切需要增强工作热情和职业责任心,以提高营运服务质量,争取较高的社会信誉。

### ❷ 摆正与乘客之间的关系

凡服务行业,都有一个与自己服务对象关系的问题。站务员把这种关系处理得好,服务工作就做得出色,反之就很难在工作中做到尽忠职守。在城市轨道交通的营运生产过程中,主要通过站务员提供服务,来满足乘客乘行过程中的各种需要。城市轨道交通站务员在工作中始终与乘客保持密切的联系,能否摆正自己与乘客之间的关系,是做好服务工作的首要条件。

那么,服务人员与乘客之间是什么关系呢? 首先是客观依赖关系。城市轨道交通出于自身生存和发展的需要,应该十分重视和摆正自己与乘客的关系。每位城市轨道交通工作人员必须清醒认识到对自己的服务对象——乘客所客观存在的依赖关系。懂得只有牢固树立"乘客至上,服务为本"的观念,以优质的服务,树立良好的信誉,千方百计争取运输对象,才能保证自身的生存和发展。

但在对乘客关系处理上还存在着一些问题。反映在一部分站务员中,他们认为"乘客乘座轨道交通是有求于我,应当听我的","我们与乘客是平等的,乘客尊重我,我才尊重他"等。这些与乘客争地位、论高低的思想观念,使一些站务员不愿在工作中主动为乘客服务,影响着城市轨道交通的服务质量。

城市轨道交通的主要服务性质决定了站务员与乘客的关系,必须是服务与被服务的关系;同时,也决定了站务员的主要职责是为乘客服务,乘客乘我们的车并不是我们城市轨道交通工作人员的恩赐,站务员与乘客在人格上是平等的,但在站务员这个工作岗位上我们是

服务者,乘客是受服务者,这种关系是不能平等来解释的。我们的一切言行要服从于乘客的利益,我们不能要求乘客"不能这样,必须那样",而是我们要尽量设法满足乘客对乘行的需要。当然,有时为了维护正常的运行秩序,保证乘客的乘行安全,我们要对乘客提出一些乘车要求,但这是与乘客的根本利益相一致的,它同因为"乘客有求于我"而必须"听我的"在本质上是有区别的。

摆正与乘客的关系有利于站务员在工作中尽忠服务责任,坚持做好服务工作。

### ③ 文明礼貌、尊重乘客

城市轨道交通乘行是一种广泛性的社会活动,这种活动是由每个具体的人所参加的。在乘行过程中,不同的人有着不同的需求,所谓"人上一百,形形色色"。但是自尊感却是人人都有的一种思想感情,希望得到别人的尊重是人所特有的一种需要。站务员每天要同许多乘客打交道,在为乘客服务的过程中,要一切从维护乘客的利益出发,必须首先做到时刻尊重乘客,这是城市轨道交通站务员的一个起码要求。

### ④ 树立窗口意识

城市轨道交通是一个城市的流动文明窗口,服务人员就是这一窗口的重要代表。城市轨道交通管理的水平和服务质量要看这个"窗口",乘客最关心的是这个窗口,国外宾客会通过这个窗口看中国。所以,服务人员必须牢固树立"窗口"意识,以"窗口无小事"的意识,规范自己的行为举止,展示城市轨道交通的文明风范。

通过本节内容的学习,应理解乘客的心理需求,熟悉和掌握与乘客沟通的技巧,在为乘客服务过程中,要采用规范用语和语音语调。在处理乘客的投诉时,掌握处理原则,按有关规定及时予以处理,力求语言亲切、恰到好处、顾全大局。

## 10.2 乘客纠纷处理

### 一 乘客沟通技巧

搭乘城市轨道交通的乘客,可以分为持有"一卡通"的乘客、一般购票乘客、老人、学生等特殊乘客及残障人士,购票乘客分为熟悉城市轨道交通系统的乘客和不熟悉城市轨道交通系统的乘客,如外地(国)乘客、游客、搭乘城市轨道交通次数不多的本地乘客。一般来说,需要为其提供客运服务和咨询的主要是不熟悉城市轨道交通的乘客。

熟悉城市轨道交通系统的乘客,一般来说,他们自己可以通过轨道交通车站内外的导向系统,自助完成旅程。为这类乘客提供服务时,沟通的语言宜简洁明了,最好直奔主题。

在旅程的各个环节,为不熟悉城市轨道交通系统的乘客提供服务,服务人员要注意采用规范用语和语音语调,力求语言亲切,采用商量的口气,言辞委婉、恰到好处、留有余地、语言幽默、注意自责、顾全大局。

首先,注意掌握和分析乘客的心理需求,满足乘客及时进站上车、安全方便换乘、快速顺利出站或特殊服务的需求。

其次,服务环节中必须规范用语,讲究语言技巧。

语言是为乘客服务的第一工具,服务人员与乘客的交流沟通主要是借助语言进行,语言对做好服务工作有十分突出的作用。得体的语言会使乘客倍感亲切,反之会截然不同。俗话说,一句话让人笑,一句话让人跳。因此,客运服务人员在工作中应做到:亲切和蔼、语言文雅,使用普通话。

### ❶ "十字文明用语"

请托语:"请";

问候语:"您好";

致谢语:"谢谢";

道歉语:"对不起";

告别语:"再见"。

### ❷ 各岗通用用语

(1)当乘客询问时,应面带微笑:"您好,请讲!"

(2)对问路的乘客:"请走×号口。"(并配有五指并拢的指路动作。)

(3)对重点乘客:得体的称呼+"我能帮助你吗?"

(4)纠正违章乘客:"对不起,请⋯⋯"

(5)工作失误、对乘客失礼:"对不起,请原谅。"

(6)受到乘客表扬时:"这是我们应该做的,请多提宝贵意见。"

(7)受到乘客批评时:"对不起,谢谢!"

(8)乘客之间发生矛盾时:"请不要争吵,有问题我们可以商量解决。"

(9)对配合工作的乘客:"谢谢!"

(10)当乘客人多,要穿行时:"对不起,请让让路,谢谢!"

### ❸ 检验票岗用语

(1)对出示证件的乘客:"谢谢!"

(2)为特殊乘客开边门(或专用通道)放行:

①"请!"

②"对不起,请稍等。"

(3)对持票、卡却无法进/出闸机的乘客:

①招呼语:"请……"

②接卡分析:"请稍等。"

(4)分析处理后:

①"对不起,卡已过期,请重新购票。"

②"请进/出站。"

③"请补/加×元。"

(5)发售免费出站票:"麻烦,请签字。"(同时递上签字本和处理好的车票。)

(6)对不会使用单程票的乘客:"请按箭头方向插入。"

### ④ 站台岗用语

(1)检查危险品时:"对不起,请您将包打开,谢谢!"

(2)安全宣传:

①"请站在安全线内候车。"

②"请不要拥挤,分散上车。"

(3)维持秩序:"请先下后上,排队上车。"

(4)对问询乘客:"您好,请讲。"或"请……"

### ⑤ 售票岗用语

(1)售票窗口拥挤时:"请大家按顺序排队,不要拥挤。"

(2)对所购车票有异议的乘客:"对不起,请稍等。"

(3)对处理好的车票:"请拿好。"

(4)对充资及购买交通卡的乘客:"请确认面值。"(并用手指向显示屏。)

### ⑥ 城市轨道交通服务人员必须杜绝服务禁忌用语

(1)服务人员应做到:不讲有伤乘客自尊心的话;不讲有伤乘客人格的话;不讲怪话、埋怨乘客的话;不讲粗话、脏话、无理的话和讽刺挖苦的话。

(2)服务人员忌用:撞语、冷语、辩语。

(3)服务人员忌用:责难的语言、侮蔑的语言、冷漠的语言、随意的语言。

(4)坚决杜绝客运服务中忌讳的五种服务态度:不热情的态度、不耐烦的态度、不主动的态度、不负责的态度、不尊重的态度。

### ⑦ 端正态度,全心全意为乘客服务

(1)端正态度

在客运服务工作中,只有端正了态度,才可以做到全心全意为乘客服务。因此,全体客运服务人员应做到:主动、热情、诚恳、周到、文明、礼貌。

(2)全面服务

①接待乘客要文明礼貌,纠正违章要态度和蔼,处理问题要实事求是。

②接待乘客热心,解决问题耐心,接受意见虚心,工作认真细心。

③主动迎送,主动扶老携幼、照顾重点,主动解决乘客困难,主动介绍乘车常识,主动征求乘客意见。

(3)重点照顾

对老、弱、病、残、孕及怀抱婴孩或其他一些有特殊困难的人应重点照顾。(在公共场所要处处礼让残疾人,尽可能为他们提供方便和帮助,但提供帮助应先征得他们的同意,等他们同意接受你的帮助并告诉你怎么做时再做。)

①满足乘客的特殊需要;

②解决乘客的特殊困难。

以上内容看似平凡,但要真正做到不容易,服务人员只有发自内心、真诚地去为乘客服务,才能收到预期的效果。

## 二 现场纠纷处理

现场服务纠纷是指服务人员在服务过程中与乘客发生争执,造成一定后果的服务质量问题。服务纠纷按性质划分,可以分为一般服务纠纷和恶性服务纠纷。

(1)一般服务纠纷,指因处置服务矛盾不当,形成影响正常运营服务的服务纠纷。

(2)恶性服务纠纷,指造成恶劣影响的,造成乘客人身伤残或较大财物损失,造成车辆停驶、严重影响运营秩序的,矛盾激化、引起严重后果的服务纠纷。

## 三 乘客投诉处理

乘客投诉是指乘客通过一定方式或途径,对客运服务质量表示的不满或批评。

### ① 乘客投诉分析

(1)投诉方式分析,包括来信、来电、新闻媒体、其他渠道等。

(2)投诉原因分析

①设备设施故障影响出行;

②服务人员态度不好,服务质量有问题;

③乘客对轨道交通企业经营方式及策略不认同;

④乘客对轨道交通企业服务的衡量尺度与企业自身不同。

### ② 正确对待乘客投诉

(1)重视投诉。充分认识到在服务工作中投诉是不可避免的,通过投诉可以发现或暴露企业或行业管理的薄弱环节。

（2）欢迎投诉。投诉对服务质量的提高起到推动和促进作用。

### ❸ 投诉处理原则

（1）坚持"乘客至上、服务为本"的原则。乘客与客运服务工作人员之间发生的矛盾，部分是由于误会或是客运服务人员工作的疏忽造成的，这时，只要客运服务人员能耐心解释或真诚道歉、虚心道歉，以真诚、诚恳的态度取得乘客的谅解、理解、支持、配合，矛盾是完全可以消除的。客运服务人员在工作中要坚持"乘客至上、服务为本"、"以理服人，得理让人"的服务原则。要积极倡导"你发火，我耐心；你粗暴，我礼貌；你埋怨，我周到；你有气，我热情"的工作处事态度。

（2）遵循"先处理情感，后处理事件"的原则；注意站在乘客的角度加以理解，站在第三者的角度加以评价，站在轨道交通企业的角度加以讲解。

（3）在受理投诉时，应做到态度亲切，语言得体，依章解释，及时处理，按时回复。

## 四 投诉案例分析

### ❶ 用语不当造成投诉

**案例 1**

一位乘客见列车刚驶出站台，便走过安全线朝轨道内张望（地面站），只听见一位站务员对着他大声叫喊和吹哨子。乘客说："你干吗要用这样的态度对我说话。"站务员却板着脸态度恶劣地说："看你很危险的"，使乘客感到非常不满，认为窗口服务单位的工作人员讲出这样的话，有欠水准。

（1）分析

作为车站工作人员，在处理和阻止乘客的违规行为时，必须注意用语措辞，不要讲贬低乘客或刺激乘客的话语。

（2）正确的做法

走上前去面带微笑地说："对不起先生（小姐），为了您的安全，请站在安全线以内，这是我的工作职责，谢谢您的配合。"

**案例 2**

某乘客来信投诉，其在售票处要求售票员帮忙查验一下公交卡余额，售票员没有给验，只是用手指了指说："到隔壁机器上自己去验。"由于乘客走错了方向，售票员在售票亭内高叫起来，乘客向其指出不该大叫，她竟然抵赖。

（1）分析

售票员在指导乘客去验票时用语过于简单，导致乘客走错方向，当发现乘客走错方向后能及时提醒是应该的，但突然大叫却惊吓了乘客，应马上予以解释并道歉，当乘客对其大叫表示不满时，应说明原因，不该讲服务忌语。

（2）正确的做法

当售票乘客不多时,应满足乘客要求予以余额查询后告知:"在售票亭右边有自动查询机,您以后可以自行查询,并可看到最近十次的交易情况。"当发现乘客走错方向时,应说:"先生（女士）请留步,对不起！可能我刚才没说清楚,自动查询机就在售票亭的右面,不好意思,耽误您时间了。"

## ❷ 违规操作类

### 案例 3

一位女乘客因带着很多行李无法从检票机通过,于是向一位服务员提出开启专用通道。但服务员不肯,并让乘客自己把行李举过去,乘客说:"行李太重无法举过去。"再次请求开启专用通道。服务员听后态度很差地回答:"这是专门给离休干部走的,你们年纪轻轻地走什么?"对方听了很气愤,最后两名乘客共同艰难地把行李举过去。

（1）分析

该服务员对专用通道的开启规定不了解,导致乘客投诉。

（2）正确的做法

按规定开启专用通道,让乘客将行李放入后,再请乘客从检票机验票进站。

### 案例 4

一位盲人和妻子在某站出站,手持盲人免费乘车证让服务员开门,服务员登记后要盲人夫妇签名,但此时其妻子看到正好有两位像离休干部的人在进站时,却只是将证件朝服务员出示,服务员也不验证,不让签名就开启专用通道让他们进站了,同样是享有免费乘车待遇的人为何要区别对待,盲人乘客要求有个合理的解释。

（1）分析

免费乘车对象享有同等待遇,那就是,必须验证,不必签名。所以,本案中服务员接待的两批免费乘车对象,均未按规定操作。

（2）正确的做法

礼貌地请对方出示证件,验证后说:"谢谢！请走好。"然后开门放行。

### 案例 5

一位老人在某站买单程票正常进站,但出站时受阻,服务员分析后发现此单程票为白票,让其补票,老人坚决不肯补票并说明她是正常进站的,服务员说:"不补就自己想办法出去。"老人只得钻检票机出站。

（1）分析

服务员发现单票为白票后,让乘客补票的做法是正确的,但在乘客提出异议或坚决不配合时,不该采取不作为的行为。

（2）正确的做法

发现是白票后先问清对方是如何进站的,票是自己买的还是别人买的,在说明需要补票遭到拒绝时,可告知:"对不起,因为您的情况比较特殊,请您在此稍等,我现在请站长来为您处理,您看好吗?"

### 🖱 知识链接

(1)乘客满意度的定义:是乘客对其要求已被满足的程度的感受;乘客满意度是指乘客事后可感知的结果与事前的期望之间作比较后的一种差异函数。乘客满意度是衡量出行质量和服务质量的一种综合性指标,是衡量城市轨道交通企业经营业绩的一个效益性指标,是衡量国民经济运行质量和趋势的一项新型的社会指标。

(2)"首问负责制"的含义:接待乘客问讯时,作为被问到的第一个工作人员,首先,应该本着互助的精神,热情回答乘客的问讯;其次,回答问话应耐心、细致、周到、详尽;再次,当被问到不了解的情况时,应向对方表示歉意,并帮助找其他人解答,绝不敷衍应付或信口开河。此外,如果乘客表示要投诉或乘客反映问题超出站务员的工作范围,首先应感谢乘客对我们工作的关心,并帮助寻找能解决问题的人,及时为乘客解决。

通过本节内容的学习,应熟悉和掌握与乘客沟通的技巧,在为乘客服务过程中,要采用规范用语和语音语调。在处理乘客的投诉时,掌握处理原则,按有关规定及时予以处理,力求语言亲切、恰到好处、顾全大局。

### ⌨ 复习与思考

1. 乘客纠纷处理的原则有哪些?

2. 案例分析:

有一乘客在轨道交通车站下车后,向驾驶员反映车厢内有人乞讨,驾驶员却说"我们又没办法。"引起乘客不满投诉。

(1)分析该驾驶员工作中存在的问题;

(2)如何处理该事件?

# 城市轨道交通客运服务实例

## 教学目标

1. 在制止乘客违规行为中,能够结合地铁规定,利用服务技巧,降低发生纠纷的几率;

2. 掌握站厅的细微服务内容,能够及时处理乘客进出站遇到的问题;

3. 掌握客服中心的细微服务内容,能够解决乘客投诉并处理乘客常见票务问题;

4. 掌握站台的细微服务内容,保证乘客在站台的安全,减少纠纷的发生。

## 建议学时

12 学时

2008年以来,我国地铁的服务质量已经有了很大的改善,但乘客对地铁的投诉仍然主要集中在对员工服务质量的投诉。如何提高服务质量,减少乘客投诉的发生已成为现阶段亟待解决的问题之一。本单元将地铁服务划分为站厅服务、客服中心服务和站台服务,通过对具体案例的分析,总结介绍了乘客服务的相关技巧。

注:本单元所列知识内容和服务岗位划分仅以个别城市地铁运营公司为例,供教师教学、学生学习参考。

# 11.1 站厅服务

对于城市轨道交通客运服务来说,最容易发生纠纷的就是乘客进出站的服务,因此,站厅层被称为客运服务关键而艰难的一个场所。同时,乘客文化层次差异较大,客流量不断增加,给站厅服务增加了新的难度。如何提高站厅服务质量,减少乘客投诉的发生已成为现阶段亟待解决的问题之一。

## 一 站厅服务的基本要求

站厅服务主要包括乘客的进出闸机服务、乘客问询服务、帮助重点乘客服务等,它的基本要求如下:

(1)保持制服整洁,不佩戴夸张饰品,当班时应精神饱满,避免显露疲态;适当时候,向乘客友善地点头微笑或主动问候,如"早上好"、"下午好"、"晚上好"、"您好"等。

(2)留意附近的环境和设备,如遇上设备故障,应尽快报告、及时处理,以免引起乘客的不便。

(3)确保通道、站厅卫生清洁无杂物,无积水。如发现地面不清洁或有水,应通知保洁人员,放置"小心地滑"的告示牌,如图11-1所示。

图11-1 告示牌

(4)留意进站乘客,并注意乘客出入闸机情况,如遇上票务问题,应作出适当的处理,如需要,应指示乘客前往客服中心。

# 练一练

在站务人员的日常工作中,很多情况下都需要为乘客指路,为乘客指示方向的手势有哪些注意事项呢? 如下所述,让我们一起来练一练。

①手臂要从腰边顺上来,五指并拢,打手势时切忌五指张开或表现出软绵绵的无力感。

②手臂伸直,高度应超过自己的胸部。

③视线随之过去,很明确地告诉乘客正确的方位。

④待乘客离去后,再将手臂收回。

# 二 站厅细微服务指导

站厅岗站务员在工作过程中最常遇到的问题有:乘客不会使用自助售检票设备、乘客无法进站、乘客无法出站、乘客逃票进出站等,在遇到上述问题时,我们应该怎样和乘客沟通,减少纠纷发生呢? 如表 11-1 所示。

站厅细微服务指导　　　　　　　　　　　　　　　　表 11-1

| 遇到的问题 | 解决的方法 |
| --- | --- |
| 1. 遇见第一次使用自动售检票设备的乘客 | (1)耐心指导乘客如何使用自助购票设备,尽量让乘客自己操作,注意避免直接接触乘客财物,以免发生不必要的纠纷。<br>(2)耐心指导乘客如何刷卡进站,并提醒乘客要妥善保管票卡,出站票卡需要回收 |
| 2. 乘客使用购票设备时出现卡币 | (1)检查设备状态,如显示卡币,则按规定办理。<br>(2)如显示正常,则由站务人员购票给乘客看。若卡币,则按规定为乘客办理,若无卡币,向乘客解释<br><br>对不起,经我们核查,目前机器没有出现故障,按照规定我们不能为您办理,请您谅解和合作 |
| 3. 乘客出站时卡票 | (1)查看闸机的状态,发现确实卡票,则按规定办理。<br>(2)找到车票后,向乘客询问该车票的信息,确认车票是否为该乘客的,并做好相应的解释工作。<br>(3)若车站计算机没有报警,打开闸机也没有找到车票,请 AFC 维修人员到现场确认,情况属实,对乘客做好解释工作 |
| 4. 发现携带大件行李的乘客 | (1)礼貌地和乘客沟通,建议其使用升降机或走楼梯,并引导其从宽闸机进出站。<br>(2)如果乘客携带了超过地铁要求的大件物品,我们应及时提醒<br><br>对不起,您不能携带超长(超重)的物品进站,请您改乘其他交通工具,谢谢您的合作 |

| 遇到的问题 | 解决的方法 |
|---|---|
| 5. 当遇到成人、身高超过 1.2m 的小孩逃票或发现违规使用车票的乘客 | (1) 应立即上前制止,并要求其到售票处买票。<br><br>对不起,您的孩子身高超过了1.2m,请您买票,谢谢您的配合!<br><br>(2) 若乘客故意为难工作人员,可以找公安配合。<br>(3) 若发现违规使用车票的乘客,可按法制程序执行,必要时找公安配合 |
| 6. 出现票务问题需要前往客服中心办理 | (1) 耐心地和乘客解释清楚,礼貌地用手掌指示前往的方向。<br>(2) 若情况许可,最好能陪同乘客前往解决问题,以免乘客重复提出问题和需要 |
| 7. 发现有大量乘客在站厅或出入口聚集,迟迟未进站 | (1) 上前了解情况,询问是否需要帮助。<br>(2) 让这群乘客在乘客相对少的地方等待,尽量不影响到客流的正常进出。<br>(3) 要对是否为非法团体有一定的敏感性(报告上级) |

## 小贴士

## 中国香港地铁的贴心服务

如图 11-2 所示,在中国香港地铁,把测量身高用的简单而又呆板的尺子,做成卡通的模样,能吸引小朋友的注意力,小朋友可以自觉过来测量身高,为车站工作人员提供了方便,真正体现了地铁的人性化服务。

图 11-2　香港地铁贴心服务

## 三　案例分析

**案例1**

2010年1月,有两位乘客持同一张公交一卡通进站,当一名乘客刷卡进站后,把一卡通给了同行的人,另一名乘客无法刷卡进站,因客流量较多,站务员没有问清原因,直接对该张一卡通进行了进站更新,另一名乘客也顺利进站,但出站时被站务员发现,乘客不满意,认为已经刷过两次并扣完钱了,坚持不肯补票,站务员认为他们违规使用车票,故意逃票。

(1)事件分析

①帮助乘客更新车票时没有了解和确认原因,乘客一票多人进站,给后来纠纷的发生埋下了种子。

②乘客不清楚票务政策,认为已经扣过两次钱,导致乘客和站务员发生争执。

③站务员主观意识过强,认为是乘客故意逃票,导致乘客和站务员的纠纷升级。

(2)服务技巧

①员工在处理乘客车票时应加强工作的责任心,当乘客持一卡通无法进站时,应确认乘客是否一票多人进站。

②发现情况后,不能主观臆断,应该礼貌地先了解原因,向乘客做好票务政策的解释工作,注意在和乘客沟通的过程中应耐心地使用礼貌用语。

## 知识链接

### 北京地铁的票务政策

第一条:成人带领一名身高不满1.2m儿童乘车时,儿童免票。按照"儿童在前,成人在后"刷卡通过闸机,一个成人只能携带一个儿童免票。

第二条:在车站A购买的单程票不能在车站B使用,票卡必须是当日当站使用。

第三条:因单程票卡不能识别、无法正常出站时,乘客应当持单程票卡到补票处免费换取出站票。

第四条:因使用或保管不当造成单程票卡明显损坏,乘客应当支付单程票卡成本费3元后领取出站票。

第五条:凡翻越闸门、围栏等违规进、出车站付费区者,按本市有关规定补足十倍乘车费用后,领取出站票出站。

**案例2**

2005年1月,两名成年人抱着两个大纸盒进站,经工作人员询问后,纸盒内装着电脑显示器,工作人员礼貌地提醒:"先生您好,为了您和其他人的安全,按规定我们不能让您进站。"乘客不理解,不满地说道:"为什么不可以,新买的显示器能有什么危险?"该乘客认为工作人员故意为难他,和站务员发生争执。

站务员 A：为了不和乘客发生冲突，就先让乘客进站，反正是新买的，不会出现问题。

站务员 B：一定不能让该乘客进站，即使发生冲突，也不能让其进站。

请问：你赞同哪一名站务员的做法？为什么？

（1）事件分析

乘客不清楚地铁规定，认为新的显示器没有任何危险是这次争执发生的主要原因。

（2）注意事项

①地铁的规章制度是不能违反的，在地铁里面应时刻记住"安全第一，乘客至上"的原则，即在保证地铁安全的前提下，尽量满足乘客需求。

②态度强硬、固执的乘客是有的，作为工作人员还是应该耐心地解释地铁相关规定。

③让乘客了解他的情况很难处理，但不能埋怨，要从乘客的角度去考虑，了解乘客的需求。如果乘客已经购票，返回票款收回票卡；乘客如果认为东西太重，不愿意出站，可以寻求其他同事帮助乘客。总之，作为服务人员，一定要从乘客的角度出发考虑处理问题的解决方案。

## 知识链接

北京地铁违禁品规定如表11-2所示。

北京地铁违禁品规定    表11-2

| 类　别 | 违禁品详细名录 |
|---|---|
| 枪支、军用或警用械具类（含主要零部件） | 1. 公务用枪和民用枪：手枪、步枪、气枪、猎枪、麻醉注射枪等；<br>2. 其他枪支：样品枪、道具枪、发令枪、打火机枪、仿真枪等；<br>3. 军械、警械：警棍等；<br>4. 国家禁止的枪支、械具：钢珠枪、催泪枪等；<br>5. 上述物品的仿制品 |
| 爆炸物品类 | 1. 弹药：各类炮弹和子弹等；<br>2. 爆破器材：炸药、雷管、手雷、导爆索、打火机等；<br>3. 烟火制品：礼花弹、烟花、爆竹等 |
| 管制刀具 | 1. 匕首、三棱刀（包括机械加工用的三棱刮刀）；<br>2. 带有自锁装置的弹簧刀 |
| 易燃易爆 | 1. 包括汽油、柴油、松香油、油纸、双氧水等；<br>2. 2kg 以上的白酒、氢气球 |
| 毒害品 | 包括氰化物、汞（水银）、剧毒农药等剧毒化学品以及硒粉、生漆等 |
| 腐蚀性物品 | 包括盐酸、氢氧化钠、氢氧化钾等以及硫酸、硝酸、蓄电池等 |
| 放射性物品 | 放射性同位素等放射性物品 |
| 国家法律、法规规定等其他禁止乘客携带的物品 | 1. 禁止携带超长（1.8m 以上）、笨重物品（如自行车、洗衣机、电视机、台式电脑显示器、电冰箱、组合音响等）；<br>2. 禁止携带动物以及妨碍公共卫生、车内通行和危害乘客安全（如玻璃及易碎玻璃制品）等物品乘车 |

## 想一想

网易新闻:上海地铁2号线相继出现"超人"、"鹿人"等"行为艺术"。2008年10月17日,2号线上惊现"木乃伊",网友称地铁2号线开到上海科技馆站时,突然上来一个全身裹着白色纱布的形似"木乃伊"的人。该"木乃伊"一上车,很多人都拿出相机拍照。"木乃伊"时不时与乘客打招呼,甚至试图握手,把一位女乘客吓得用书遮面,大叫"快走开,太恐怖了!"期间,"木乃伊"还在一个空位上坐了一会儿。

①就上述案例来说,该"木乃伊"人的出现会给车站的日常工作带来哪些困难?会出现哪些安全隐患?

②作为车站工作人员来说,为了不影响其他乘客,可以拒绝该"木乃伊"人进站吗?

③如果你是当班站务员,你如何处理?

处理要点:

①告知乘客不要在车站长时间逗留。

②询问乘客要到达的车站,告知要到达的车站人员做好准备。

③派人跟随、避免围观,直至送上列车。

## 小贴士

哪些情况下,地铁工作人员可以拒绝乘客进站呢?

(1)拒不接受安检的乘客;

(2)携带违禁物品的乘客;

(3)乞讨人员、小摊贩等。

# 11.2 客服中心服务

客服中心位于车站的非付费区,担负整个车站的售票、补票、处理坏票,是车站最繁忙的场所之一。客服中心作为车站服务的前沿阵地,它的服务水平的高低直接影响整个车站的服务质量。

# 一 客服中心服务的基本要求

客服中心服务主要包括：充值服务、乘客投诉处理、售票、补票、处理坏票等票务服务,客服中心服务的基本要求如下:

(1)保持制服整洁,不佩戴夸张饰品;当班时应精神饱满,避免显露疲态;乘客购票时,要主动热情,态度和蔼、面带笑容。

(2)售票时,应做到准确无误;对乘客表达不清楚的地方,要仔细询问清楚以免出错;在任何情况下,车票、收据与找赎应同时交给乘客,并提醒乘客当面点清找赎钱款。

(3)熟悉售票、补票、处理坏票、车票分析的基本操作程序,能够有效率地处理票务问题。

(4)仔细聆听顾客的询问,耐心听取乘客的意见;在乘客说话时,保持眼神接触,并且点头表示明白或给予适当回应。

(5)对于来到客服中心的乘客,应主动问好,耐心及有礼貌地向他们收集信息,弄清乘客的需要,解决乘客遇到的问题,如未听清乘客的需要,必须有礼貌地说:"对不起,麻烦您再讲一遍。"

## 小贴士

当乘客询问你乘车路线或换乘方案时,客服中心票务员应怎样办?

和站台、站厅的站务员不同,票务员的主要工作是票务服务,如果有乘客问询相应路线时,我们应该灵活处理。

(1)首先,视情况判断,如果当时排队人龙较长,可以要求其他同事帮忙或指示乘客前往适当的查询地点。

(2)如排队乘客很少,应耐心告知,不要使用"可能、大概"等不确定的话语。

(3)如果自己不熟悉时,不能主观臆断地告之乘客,应该告诉乘客:"对不起,我不清楚,我帮您询问其他工作人员。"如果最后还是不清楚,应礼貌地向乘客进行解释。

# 二 客服中心细微服务指导

票务员在工作过程中最常遇到的问题有:乘客要求退票,处理乘客支付的残钞、假钞,无法找零、乘客排队过长等。那么在遇到上述问题时,我们应该怎样和乘客沟通,减少纠纷发生呢? 如表11-3所列。

客服中心细微服务指导　　　　　　　　　　　　　　　　　　表 11-3

| 1. 乘客购买单程票卡 | 售票员严格执行"一收、二唱、三操作、四找零"的程序。<br><br>| 程序 | 内　　容 |<br>| --- | --- |<br>| 收 | 收取乘客购票的票款 |<br>| 唱 | 讲出票款金额,重复乘客要求的购票张数和车票类型 |<br>| 操作 | 在 BOM 上选择相应功能键,处理车票 |<br>| 找零 | 清楚说出找赎金额和车票张数,将车票和找赎的零钱一起礼貌地交给乘客,并提醒乘客当面点清 | |
| 2. 乘客给一卡通充值 | 您好,请问您要充多少元?<br><br>我收到您××钱<br><br>您卡上余额为××元<br><br>您卡上现在的余额为××元<br><br>把一卡通、收据和找赎的零钱一起交给乘客,提醒乘客当面点清 |
| 3. 处理乘客付给的残钞 | (1)不接受缺损四分之一以上的纸币;<br>(2)拒不接受破旧、辨认不清面值的纸币;<br>(3)其余流通的人民币都应该按规定收取(再小的零钱也要接受,不论数量多少) |
| 4. 处理乘客付给的假钞 | (1)不直接告诉乘客是假钞,只要求乘客更换;<br><br>对不起,请您换一张纸币<br><br>(2)可以报告值班站长或请求公安协助;<br>(3)如遇到数量较多的假币,应立即报告值班站长或请求公安出面处理 |
| 5. 乘客要求退票 | (1)向乘客解释单程票一律不给退票;<br>(2)如要办理储值票退票,则需要到指定的储值票发放点办理 |
| 6. 当遇到找不开零钱时 | (1)应有礼貌地询问:<br><br>对不起,请问您有零钱吗?<br><br>(2)如乘客没有零钱:<br><br>对不起,这里的零钱刚找完,请您稍等,我们马上备好零钱或麻烦您到对面的票亭兑换 |
| 7. 发现有乘客插队时 | 用有礼貌而又坚定的语气提醒他:<br><br>麻烦您先排队,我们会尽快为您办理 |

| 8. 乘客在票亭前排起长队 | (1) 遇到有不耐烦的乘客时,应适当地安慰:<br><br>对不起,请您稍等,我们会尽快办理<br><br>(2) 如果需要较多时间接待某位乘客,可以向其他同事请求帮助 |
|---|---|
| 9. 乘客投诉时 | (1) 清楚地了解问题以后,先向乘客表示抱歉和理解他们的不满,并最好能在乘客提出要求前就能提出若干解决问题的建议;<br>(2) 如果顾客仍然不满意、生气,可以寻求上司协助,这时也要向他表示歉意,并解释已经向上司寻求帮助,请他稍等 |

# 三 案例分析

**案例 1**

2009 年 1 月,因为有一位乘客丢失贵重物品请求工作人员的帮助,××车站的客服中心前排起了长队。好不容易办完了此项业务,刚要给排队的乘客办理售票,另一名工作人员带领一位乘客过来,该位乘客的票不能出站,售票员随即给这位乘客办理,此时排在队首的乘客变得不满:"你们怎么做服务的,怎么先给后来的人服务啊?"售票员急忙解释:"按公司规定,我们需要先为不能出站的乘客服务。"乘客不听解释:"让你们领导过来,我要投诉。"恰好值班站长经过,听了售票员的解释以后,对乘客说:"您好,我们的售票员没有做错,公司确实是这样规定的。"乘客不满意,继续进行投诉。

(1) 事件分析

①工作人员在给乘客提供服务时,没有顾及其他乘客的心态,导致乘客产生不满情绪。

②当乘客抱怨自己的不满时,售票员没有第一时间安慰乘客,只是为自己的行为辩解,乘客的不满没有得到安抚。

③值班站长到场时,没有耐心倾听,便急着向乘客解释售票员没有做错,忽视了乘客的建议和投诉。

④值班站长漠视乘客的抱怨,没有从乘客角度出发,没有耐心倾听投诉是导致乘客最后投诉的主要原因。

(2) 服务技巧

①售票员在为丢失物品的乘客服务时,花费时间较多,应该及时联系车站控制室,请求其他工作人员协助。

②当发现乘客有不满意的情绪时,应第一时间给予安抚,并找其他同事协助办理,而不应该第一时间向乘客解释,推脱自己的责任。

③值班站长到场时,应先耐心地倾听乘客的投诉,并表示虚心接受乘客的意见。

④值班站长不能直接指出售票员没有错,而是应该向乘客委婉地解释,并表示歉意,给乘客一个台阶。

**案例 2**

2010 年 2 月,有一名乘客认为大概半小时以前售票员少找给他五十元钱,售票员在听取情况后,个人认为不会少找钱给乘客,所以给予否认,乘客很激动,开始指责售票员的不是,并要求找值班站长投诉……

如果你是售票员,你如何处理呢?

(1)事件分析

①售票员在售票过程中,没有严格按照售票作业程序进行售票,导致少找钱给乘客,是和乘客发生纠纷的主要原因。

②当乘客回来说少找钱的时候,售票员没有认真做好乘客的安抚工作,而是一口咬定自己没有少找钱,导致乘客情绪激动。

(2)服务技巧

①售票员应该严格按照标准售票作业程序进行售票,并提醒乘客当面点清票款。

②当乘客认为票款不符时,应耐心地向乘客解释:"对不起,我们的票款是当面点清的,请您再确认一下,您的票款是否正确,多谢。"

③如果乘客坚持认为少找钱,需要请求上报车站控制室进行查账,最终确定乘客的反映是否属实。

④如果属实,则需要向乘客道歉,并退还少找的钱款。如果不属实,应该耐心地向乘客解释,做好安抚工作:"对不起,经我们查实,我们的票款没有差错,请您谅解。"如果乘客为难工作人员,可以请求公安的配合。

**案例 3**

某日,一名男性乘客拿着伤残军人证换福利票,经售票员辨认是伪造证件,售票员丝毫没有顾及乘客面子,大声指出该证件是伪造的,不同意为其换取福利票,乘客觉得没有面子,开口就骂"×××××,我的证件没有问题,……"和售票员吵了起来,影响了售票员对后面乘客的服务,一分钟之后,站务员请求值班站长协助处理,乘客边骂边离开了车站。

(1)在该案例中,售票员哪些地方做得不合适?

(2)乘客和售票员争吵的主要原因是什么? 如何避免该乘客再次利用伪证?

(3)如果你是售票员,你如何处理?

## 小贴士

哪些证件可以换取福利票呢?

根据北京市政府相关规定,下列证件可换取福利票:

(1)离休干部持《离休证》。

(2)残疾军人持《残疾军人证》、伤残人民警察持《伤残人民警察证》。

(3)现役士兵(含武警士兵)持《士兵证》可免费乘坐地铁。

(4)盲人持《残疾证》及其一名陪同人员可免费乘坐地铁。

其他可换领福利票的人员及所持证件,以票务收益室通知为准。

注意:在为乘客换领福利票时,车站工作人员须遵守下列规定:

(1)核对乘客所持有的免费证件是否有效。

(2)如实填写《福利票换领记录》。

(3)如遇持《残疾证》(视力残疾)的盲人乘客,需向其1名陪同人员发放福利票。

(4)车站售票人员换岗时,不得留有已发行但未向乘客发放的福利票。

# 11.3

# 站台服务

站台服务是车站服务的重要组成部分,在早晚高峰时,站台上来往乘客较多,稍有疏忽,就有可能发生安全事故,尤其是在乘客上下车时容易混乱,工作人员和乘客之间也容易发生纠纷。因此,站台服务需要安全和服务技巧相结合。

## 一 站台服务的基本要求

站台服务主要包括:乘客候车服务、乘客安全服务、重点乘客服务、乘客广播,乘客秩序维护等。站台服务的基本要求如下:

(1)保持制服整洁,不佩戴夸张饰品,当班时应精神饱满,避免显露疲态;适当时候,向乘客友善地点头微笑或主动问候"早上好"、"下午好"、"晚上好"、"您好"。

(2)确保站台环境清洁,留意站台设备,如发生故障,能及时保修,以免引起乘客的不便。

(3)留意乘客安全,个别乘客站在安全线以内时,应给予适当提醒,协助乘客安全进出车厢,维持站台秩序,方便开关车门。

(4)留意站台上乘客的需要,如看到乘客有任何困难(身体不适、行动不便等),应主动上前了解情况,并尽量提供帮助,必要时可以向其他同事请求协助。

(5)遇到特殊事件时,能正确及时地进行站台广播。

## 想一想

作为站台服务的员工来说,需要确保站台设备正常运行,站台设备主要包括哪些?站台设备发生故障后,站务员应如何处理呢?

# 二 站台细微服务指导

站台岗站务员(安全员)在工作过程中最常遇到的问题有:乘客不按规定候车、乘客抢上抢下、乘客丢失物品等。那么在遇到上述问题时,我们应该怎样和乘客沟通,减少纠纷发生呢? 如表11-4所列。

站台细微服务指导　　　　　　　　　　表 11-4

| | |
|---|---|
| 1. 发现乘客站在黄色安全线以内候车 | 应及时提醒乘客:<br><br>为了您的安全,请在黄色安全线以内候车<br><br>如果乘客没有退后,应立即上前制止该乘客的行为 |
| 2. 发现携带大件行李的乘客 | 应主动提醒乘客注意安全,防止行李碰伤其他乘客或掉下轨道,并向其解释到达目的地时应使用升降机或走楼梯,不能使用自动扶梯 |
| 3. 发现乘客采用蹲姿候车 | 应及时上前了解情况,看乘客是否有身体不适,如没有,应提醒乘客:"为了您的安全,请勿蹲姿乘车" |
| 4. 遇见身体不适的乘客 | 应主动上前询问情况,并指引他们到候车椅上休息,如果情况严重,则通知车站控制室处理 |
| 5. 发现乘客在站台上吸烟 | 应立即上前制止,并有礼貌地解释:<br><br>"对不起,为了安全,车站内不允许吸烟,请您灭掉烟头,谢谢您的合作" |
| 6. 遇到客流高峰期 | 应引导乘客到人数较少的车门上车,并有礼貌地提醒站台上的乘客先下后上 |
| 7. 乘客企图冲上准备关门的列车 | 应阻止乘客(避免和乘客有直接碰触)并有礼貌地提醒:<br><br>请勿靠近车门,下次列车将于××分钟进站,请等候下班列车 |
| 8. 发现有乘客在站台上逗留 | 若发现有长时间逗留在站台不出站的乘客,应主动上前问问情况,避免发生逗留的乘客跳轨等紧急的情况发生 |
| 9. 乘客有物品掉下轨道 | 站务员应立即提醒并安抚乘客:<br><br>为了您的安全,请勿私自跳下轨道<br><br>请您放心,我们工作人员将会立即为您处理,谢谢您的合作 |

# 三 案例分析

**案例1**

某日,一位妈妈带着孩子在站台上候车,孩子刚喝完饮料,妈妈随手将饮料瓶扔到了地上,给孩子擦完嘴之后,又随即把纸巾扔到了地上,站务员上前制止,要求其捡起东西放回垃圾桶里,并且嘀咕道:真没素质,孩子还在身边呢,以后怎么教育孩子。这位乘客不乐意,和站务员争吵了起来……

（1）事件分析

①站务员制止乘客乱扔东西的行为值得肯定。

②站务员在制止乘客时带有主观情绪,对乘客犯错进行直接指责,态度不好。得理不饶人,让乘客觉得难堪。

（2）服务技巧

①在发现乘客有违规行为时,要特别注意服务态度,使用礼貌用语。

②我们要以宽容的心对待乘客的错误,耐心地对乘客进行解释教育和提醒,给乘客一个承认错误、改正错误的台阶。

## 知识链接

服务人员礼貌用语如表11-5所示。

服务人员的礼貌用语                                            表11-5

| 应该说 | 不应该说 |
| --- | --- |
| 您好! | 一言不发 |
| 好啊! 没问题 | 好吧 |
| 不好意思,麻烦您重复一遍 | 什么呀 |
| 麻烦您,请您 | 您应该 |
| 对不起我会立即处理 | 不是我的问题,您找其他人看看 |
| 麻烦您等一下,我会尽快为您办理 | 我现在真得很忙 |
| 我帮您看看 | 您可以去看指示牌 |
| 再见 | 拜拜 |

**案例2**

某日,客流高峰期,乘客非常多,车门即将关闭的提示音已经响起,一位乘客企图冲上车,被一位站务员拦住了(因为站务员觉得很危险,拽了这个乘客一下,可能是弄痛了乘客)这位乘客非常气愤,直接就骂了句粗话,说:"你以为你是谁啊,你凭什么拉我,弄伤了你负责啊,……"站务员态度也不是很好:"你没看见车门关上了呀,……",两个人争吵了起来……

(1)事件分析

①站务员为了乘客的安全阻止乘客上车,这个出发点是对的。

②站务员和乘客发生了直接的碰撞是乘客生气的主要原因。

(2)注意事项

①在阻止乘客上车时,应尽量避免和乘客发生直接碰触,减少纠纷的发生。

②在遇见有乘客说粗话骂人时,我们不应该给予直接反击,只能提醒乘客,否则只能使冲突升级。

## 小贴士

### 车站急救箱

《城市轨道交通运营管理办法》规定城市轨道交通运营单位应当在车站配备急救箱(图11-3),车站工作人员应当掌握必要的急救知识和技能。城市轨道交通运营单位安排未经培训合格的工作人员上岗或者未在车站配备急救箱的,由城市人民政府城市轨道交通主管部门责令限期改正,并可处以 5 000 元以下罚款。

现阶段,车站急救箱都安放在车站控制室内,车站的站务人员都要求掌握简单的急救知识,以便乘客在车站受伤或者感觉不适时能得到及时的处理。如果乘客在地铁车厢内出现突发疾病,病情严重,可以按紧急按钮通知驾驶员,驾驶员全速前进到达最近的车站,并通知车站工作人员做好准备。

车站急救箱的物品主要包括:手套、创可贴、绷带、烧伤敷料、吸血垫、钳子、胶带等。

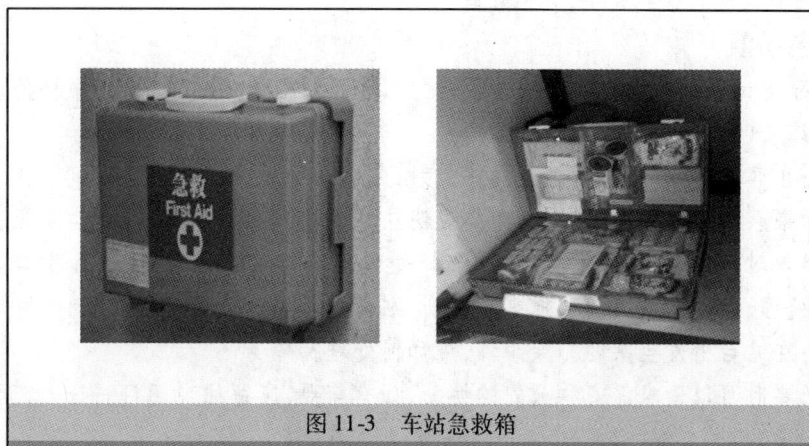

图 11-3　车站急救箱

# 复习与思考

## 一、简述题

1. 站厅服务中,哪些环节容易和乘客发生冲突,应该如何避免?
2. 列举乘客无法刷卡进站的原因。
3. 列举乘客无法刷卡出站的原因。
4. 列举在客服中心可能发生的乘客纠纷。
5. 站台服务中,哪些环节容易和乘客发生冲突,应该如何避免?

## 二、案例分析

1. 两名外地乘客在换乘其他线路时,因为不认识路,跟随人群到了出站口。正当他们在出站闸机旁边犹豫该怎么走时,站务员主动过来提醒乘客将票卡塞入回收口中,票卡回收,乘客问站务员如何换乘,站务员告诉他们票已回收,如果想要换乘,需要重新买票。乘客不满,和站务员发生争执。

回答下列问题:

(1)在上述案例中,站务员的行为有哪些不合理之处?

(2)如果站务员为了避免和乘客发生纠纷,直接放乘客进站,会给其他同事带来什么麻烦?

(3)如果你是该站务员,你如何处理?

2. 乘客 A 在车站内捡到一个包裹,交到客服中心,请问:

(1)如果你是工作人员,应该如何来确认包裹的安全性?

(2)是否需要直接打开包裹,有哪些注意事项?

(3)作为工作人员,需要记录哪些信息?

(4)作为工作人员,应该如何找回失主?

(5)如果一直没有找到失主,如何处理?

## 三、角色扮演

请同学分组讨论,分别扮演值站、站台、站厅、客服中心岗等角色,研讨事件处理经过,并填写下列演练表(表11-6)。

情景一:在客流高峰时,由于过于拥挤,有位乘客的手被夹伤,应如何处理?

提示:如果乘客未被夹伤,则需要向其说明注意事项,避免再次出现此类现象;如果乘客被夹伤,不严重时,用急救物品进行简单处理,处理伤口时注意自身防护;如伤口厉害,则需要报告上级处理,若因地铁原因造成乘客夹伤,则需通知保险公司,按地铁相关规定处理。

情景二:在站台上发生乘客打架事件,应如何处理?

提示:必要时可以请求保安和公安的协助,如有需要,应留住现场目击证人,同时做好自身的防护。

情景三:在站台服务中,发现有一位醉酒乘客倚靠在屏蔽门上,应如何处理?

提示:首先要保证乘客在站台上的安全,其次要保证乘客安全到达目的车站,并安全出站。

演　练　表

表 11-6

| 1 | 日期: | | 时间: | |
|---|---|---|---|---|
| 2 | 参与者 | | | |
| | 姓名 | | 扮演角色 | |
| | | | | |
| | | | | |
| | | | | |
| | | | | |
| | | | | |
| 3 | 演练情景 | | | |
| | | | | |

# 单元 12

# 城市轨道交通市场营销

**教学目标**

1. 辨析城市轨道交通客流调查的种类,掌握客流调查的内容;
2. 理解城市轨道交通市场营销的含义;
3. 了解国内外城市轨道交通市场营销的方式、方法。

**建议学时**

4 学时

城市轨道交通以其运能大、速度快、污染低、安全、准时、舒适而逐渐成为城市交通系统的核心交通工具。而对城市轨道交通运营企业来说，企业生存和发展的一个关键性概念——市场营销，正逐渐被引入、认知和接受。

## 12.1 城市轨道交通客流调查

一个城市需要有什么样的轨道交通，需要有多大规模的轨道交通线网，这些都与城市客运交通需求有着密切的联系。深入的客流特征分析是做好城市轨道交通线网规划和运输组织的基础。在轨道交通的运营过程中，为了掌握客流现状与变化规律，就要经常进行各种形式的客流调查。客流是动态变化的，对城市轨道交通的客流进行调查、统计分析，可以了解客流在时间、空间上的动态变化规律；同时对既有线路的运营客流特征分析，也能为后续实施线路或其他城市的规划路网提供参考数据，从而为其线网规模的控制、基建工程和设备采用以及运输组织等诸多方面提供参考。

客流调查工作包括：调查内容、调查表格的设计，调查地点和时间的确定，调查设备的选用，调查方式的选择，以及调查资料汇总整理、指标计算和结果分析等多方面的问题。

### 一 客流调查的种类

#### ① 全面客流调查

全面客流调查是对全线客流的综合调查，通常包括乘客情况抽样调查。这种类型的客流调查时间长、工作量大，需要较多的调查人员。但通过调查及对调查资料进行整理、统计和分析，能对客流现状及出行规律有一个全面清晰的了解。

全面客流调查有随车调查和站点调查两种调查方式。随车调查是指在车门处对全天运营时间内所有运行列车的上下车乘客进行调查；站点调查是指在车站检票口对全天运营时间内所有在车站上下乘客进行调查。以上两种调查方式中，轨道交通全面客流调查基本上都采用站点调查。

全面客流调查一般应持续 2 ~ 3d，在全天运营时间内，调查全线各站所有乘客的下车地点和票种情况，并将调查资料以 5min 或 15min 作为间隔分组记录下来。

#### ② 乘客情况抽样调查

抽样调查是指用样本来近似地代替总体的调查方式，这样做有利于减少客流调查的人力、物力和时间。乘客情况抽样调查通常采用问卷方式进行,调查内容主要包括乘客构成情况和乘客乘车情况两方面。

乘客构成情况调查一般在车站进行。调查内容包括年龄、性别、职业、家庭住址和出行目的(工作、学习、购物、游览、就医、访友、其他)等。该项调查的时间可选择在客流比较正常的运营时间段。

乘客乘车情况调查的安排视调查对象及调查内容的不同而不同。调查内容除年龄、性别和职业外,还需要包括家庭住址和家庭收入、日均乘车次数、上车站和下车站、到达车站的方式和所需时间、下车后到达目的地的方式和所需时间、乘坐轨道交通列车后节省的出行时间以及对现行票价的认同度等。

进行抽样调查,必须首先确定抽样方法与抽样数,以确保抽样调查的结果具有实用意义。抽样方法主要有简单随机抽样、分层抽样、整群抽样和多阶段抽样等。抽样数的大小取决于总体的大小、总体的异质性程度以及调查的精度要求。美国交通部规定的家访出行调查抽样率,见表12-1。

家访出行调查抽样率(以家庭为单位)                              表 12-1

| 调查范围内人口(万) | 最小抽样率(%) | 推荐抽样率(%) |
| --- | --- | --- |
| <5 | 10 | 20 |
| 5 ~ 15 | 5 | 12.5 |
| 15 ~ 30 | 3 | 10 |
| 30 ~ 50 | 2 | 6.6 |
| 50 ~ 100 | 1.5 | 5 |
| >100 | 1 | 4 |

20 世纪 80 年代,国内天津、上海、广州、南京等城市进行的家访出行抽样调查率均在 3% ~ 4% 之间。

### ③ 断面客流调查

断面客流调查是一种经常性的客流抽样调查,根据需要,可选择一个或几个断面进行调查。一般是对最大客流断面进行调查,调查人员用直接观察法调查车辆内的乘客人数。

### ④ 节假日客流调查

节假日客流调查是一种专题性客流调查,重点对春节、元旦、国庆节、双休日和若干民间节日期间的客流进行调查。调查的内容包括:机关、学校、企业等单位的休假安排,城市旅游业、娱乐业的发展程度,市民生活方式的变化等。该项调查一般是通过问卷方式进行。

### ⑤ 突发客流调查

突发客流调查主要针对影剧院、体育场馆等客流快速集散的站点进行的专项客流调查。该项调查主要涉及影剧院、体育场馆的规模与附近轨道交通车站的客流影响程度、持续时间之间的相关关系。

## 二　客流调查的统计指标

客流调查结束后,对客流调查资料应认真汇总整理,列成表格或汇成图表,计算各项指标,并将它们与设计(预测)数据或历年调查数据进行比较,分析数据增减的比例及原因。轨道交通全面客流调查后应计算的主要指标如下:

(1)乘客人数。包括分时与全日各站上下车人数,分时与全日各站换乘人数,各站与全线高峰小时乘客人数,各站与全线全日乘客人数,高峰小时乘客人数占全日乘客人数的比例。

(2)断面客流量。包括分时与全日各断面客流量,分时与全日最大断面客流量,高峰小时最大断面客流量。

(3)乘坐站数与平均乘距。包括本线乘客乘坐不同站数的人数及所占百分比,跨线乘客乘坐不同站数的人数及所占百分比,平均乘车距离。

(4)乘客构成。全线持不同票种乘客人数及所占百分比;车站分别按年龄、家庭住址和出行目的等统计的乘客人数及所占百分比;车站三次吸引乘客人数及所占百分比;从不同距离、以三种方式到达车站的人数及所占百分比;需不同时间、以三种方式到达车站的乘客人数及所占百分比。

(5)乘客乘车情况。包括:年龄、性别、职业、家庭住址、到达车站的方式(步行、汽车、乘公交车等)和时间,上、下车站及换乘站,乘坐轨道交通比其他常规公共交通方式所节省的时间等。

(6)车辆运输。包括:客车公里、客位公里、客车满载率和断面满载率。这些指标的计算公式如下:

①客车公里:

$$客车公里 = 客运列车数 \times 列车编组辆数 \times 列车运行距离$$

②客位公里:

$$客位公里 = 客运公里 \times 车辆定员$$

③乘客密度(人/车):

$$乘客密度 = \frac{客运量 \times 平均运距}{客车公里}$$

④客车满载率:

$$客车满载率 = \frac{乘客密度}{车辆定员} \times 100\%$$

或

$$客车满载率 = \frac{客运量 \times 平均运距}{客位公里} \times 100\%$$

⑤断面满载率:

$$断面满载率 = \frac{单向最大断面客流量}{客车列车数 \times 列车编组辆数 \times 车辆定员} \times 100\%$$

# 三 客流调查实例

××城市地铁乘客需求调查问卷

尊敬的女士/先生：

您好！××地铁为了更好地为您服务,通过本次不记名调查,了解您对地铁服务的要求,请您根据下表的相关信息,在认可的选项处画"√"。

**一、需求调查**

1.您每周平均乘坐地铁次数:

①1 次及以下　②2～3 次　③4～6 次　④7～10 次　⑤10 次以上

2.您此次出行的目的:

①上学/放学　②上班/下班　③外出办公　④逛街购物　⑤探亲访友　⑥旅游休闲 ⑦其他_____

3.您从出发地到达地铁站采用的主要交通方式是:

①公共汽车　②自行车　③出租车　④步行　⑤其他

4.离开地铁车站后到达目的地主要采用的交通方式是:

①公共汽车　②自行车　③出租车　④步行　⑤其他

5.您乘坐地铁的原因(可多选):

①迅速准时　②就近上车　③换乘方便　④舒适清洁　⑤价格合理　⑥确保安全　⑦其他(请注明)_____

6.您每月的公共交通(含公交车、地铁、出租车)总支出大约是_____元,其中每月在地铁上的支出大约为:

①低于 20 元　②21～50 元　③51～80 元　④81～100 元　⑤101～120 元　⑥120 元以上

7.对于目前××地铁各站站台的候车线的作用您是否了解?

①是　②否

您是否能按候车线排队上车?

①总是　②经常　③偶尔　④从不

8.通过按线排队候车宣传、督导员的疏导,您认为车站的乘车秩序是否有好转?

①明显好转　②部分好转　③没有好转

9.您对地铁车站播放背景音乐的看法:

①赞成　②反对　③无所谓

10.对于目前地铁利用列车关门铃提醒乘客不要强上、防止被夹的做法,您是否了解?

①是　②否

您是否能在铃响后不强上?

①总是　②经常　③偶尔　④从不

11.您最希望地铁车站内提供以下哪些服务项目(可多选):

①公用电话　②ATM 取款机　③商亭设置　④报刊销售　⑤自动售货机　⑥无线上网　⑦其他(请注明)_____

12. 在乘车过程中,遇到紧急情况时,您会采取哪种方式与地铁工作人员联系:

①按动紧急按钮　②拨打服务热线　③到站后与工作人员取得联系

④其他(请注明)_____

13. 如遇列车故障或长时间无车时,您最想得到的服务是:

①尽快告知原因　②迅速恢复通车　③退票　④其他(请注明)_____

14. 实施自动售检票后,您是否认为更方便了?

①方便了　②不方便　③无所谓

15. 您认为××地铁的服务工作还有哪些地方需要改进,请注明原因:

①乘车环境　②乘车秩序　③设备设施　④导向标志　⑤员工服务　⑥其他

原因:_____

16. 您希望地铁服务热线采用的服务方式:

①全人工服务　②人工服务+语音自助服务　③不关心

17. 您是否希望地铁服务热线有短信互动服务:

①是　②否　③无所谓

18. 您在购票时习惯哪种购票方式:

①自动售票机自助购票　②人工售票　③无所谓

19. 您是否习惯使用硬币购票:

①是　②否　③无所谓

您是否习惯携带硬币:

①是　②否　③无所谓

20. 您在哪站上车、哪站下车(请在线路图上标出相应站名,用箭头"→"表明乘坐方向);若有换乘,请标出换乘站。

(××城市线路图略)

**二、您的个人信息**(表 12-2)

乘客个人信息表　　　　　　　　　　　　表 12-2

| 性别 | ①男　②女 | 常住人口(本市半年以上) | ①是　②否 |
|---|---|---|---|
| 年龄 | ①<20　②21~30　③31~40　④41~50　⑤51~60　⑥>60 | | |
| 学历 | ①初中及以下　②高中/中专　③大专/本科　④硕士/博士 | | |
| 职业 | ①公务员　②企业员工　③自由职业　④私营业主　⑤学生　⑥军人　⑦农民　⑧离退休人员　⑨各种专业人士(如教师、医生,科研技术人员)　⑩其他(请注明_____) | | |
| 月收入 | ①无收入②少于800元③800~2 000元　④2 000~4 000元　⑤4 000~6 000元　⑥6 000~8 000元　⑦8 000元以上 | | |
| 乘坐地铁支出来源 | ①完全自费　②单位部分报销　③单位全额报销　④领取交通补贴 | | |

调查时间:_____时_____分_____　　　线路:_____　站名:_____

调查员:_____　　　　　　　监督员:_____

# 12.2 城市轨道交通客运市场营销

## 一 城市轨道交通市场营销的含义

城市轨道交通市场营销是指经由交易过程来满足人们对客运服务的需要和欲望的一切活动。其中,城市轨道交通乘客的需求可概括为"安全、快速、舒适、经济"地达到目的地,乘客需求如图 12-1 所示。

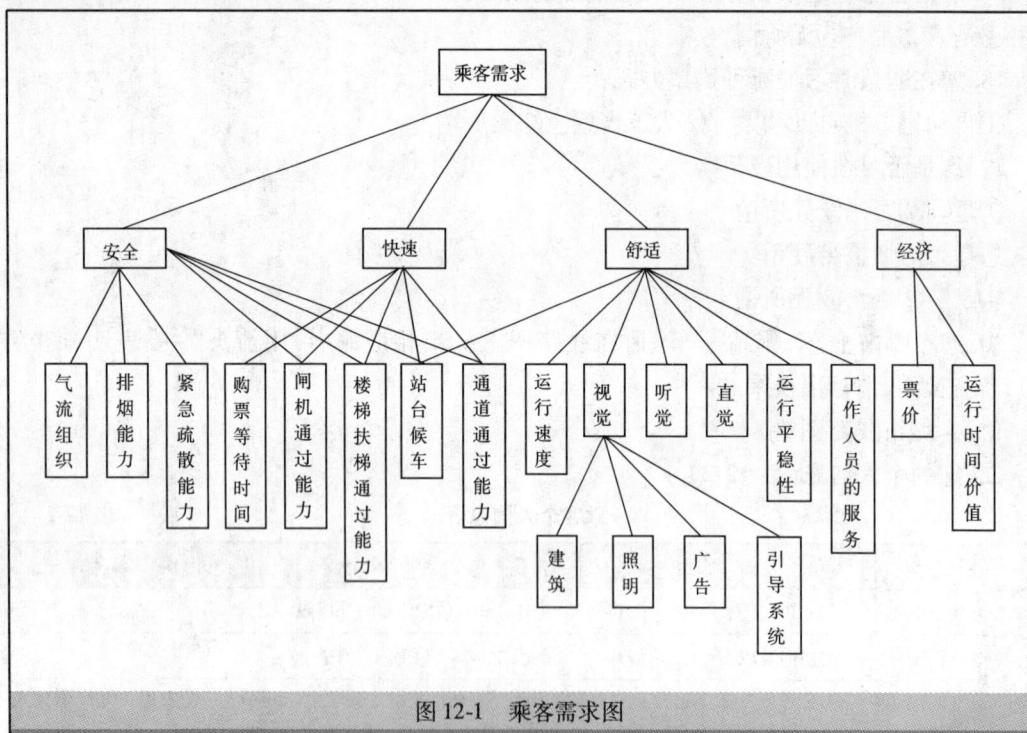

图 12-1 乘客需求图

城市轨道交通的产品是服务产品,以营销的角度来定义,其概念是多层次的,即核心产品——乘客位移和附加产品。

（1）核心产品——乘客位移。乘客乘坐轨道交通是为了到达目的地,这是轨道交通的实际效用和益处。

（2）附加产品。要满足乘客期望的更多需求,包括乘行前、乘行中和乘行后的服务,如在进入轨道交通站点前站外导向标识的引导、首末班时间通告、购票便捷程度、出站指南、地面换乘等多方面的延伸服务。还希望轨道交通沿线尽可能提供就业、教育、运动、休闲、娱乐、保健、购物、餐饮、观赏等各类社会资源,提供一种新型生活方式。

城市轨道交通客运市场营销应围绕核心产品和附加产品这两方面展开营销策略,以期带给轨道交通运营企业良好的社会效益和经济效益。

城市轨道交通客运市场营销管理应细分各个客运市场,在目标市场内,创造、建立和维持轨道交通企业与被服务乘客间的互利方案,根据目标市场的需要及乘客欲望、知觉与偏好的分析,来设计运输服务产品,以期能提供有效的服务设计、定价、沟通的程序,不断满足乘客的各种延伸需求,提升运营企业的服务水平。

## 二　城市轨道交通市场营销的目标

城市轨道交通企业实行各种营销计划和活动,其最终目标可简单归纳为下列几点:

(1)吸引到最多的乘客。城市轨道交通客流量越大,轨道交通企业越能充分发挥其服务资源。一方面实现了轨道交通企业服务大众的目的,另一方面也可以改变轨道交通企业的财务状况。中国香港铁路被誉为世界上最卓越的铁路系统之一,其经营理念中很重要的一条就是"争取乘客"。在乘客服务方面从不满足于现状,积极寻求改善的途径,从而始终保持着强劲的竞争能力。中国香港铁路公司年均获利数十亿港元,是目前世界上盈利最多的铁路运营企业。2006 年,中国香港地铁行车线年运量 8 668 亿人次,日均运量 250 万人次;机场快线年运量 958 万人次,日均运量 26 万人次;中国港铁承担了中国香港公共交通总运量的 25%,过海客流的 61%,往来机场客流的 23%。2006 年中国港铁公司资产总值 1 204 亿港元,税后利润达 77.59 亿港元。

(2)使消费者达到最大的满足。城市轨道交通市场营销的任务就是随着旅客的需求、欲望的改变,随时调整企业的服务组合,以满足旅客的需求。以中国香港铁路公司为例,在中国香港地铁系统中,处处可见同站台换乘、无缝交通枢纽及独特的全天候、人性化行人连廊,使中国香港的轨道交通系统历年被评为公众最满意的交通工具,真正成为广大市民生活的重要组成部分。

(3)提高人们的生活质量。城市轨道交通是大众性运输方式,与市民的生活质量密切相关。所以,轨道交通企业如果能有效地提供符合人们需要的运输服务且广为旅客所接受,就能直接提高人们的生活质量。中国香港地铁在客运强度、安全、可靠、效率和效益等方面均保持世界领先的地位,真正做到了给予中国香港市民"多点时间、多点生活"的体验。中国港铁不断完善规划和设计,使轨道交通车站社区成为备受市民欢迎的优良的便捷社区,成为全港 43% 以上就业人口的安乐社区。

## 三　城市轨道交通客运市场细分

市场细分是根据乘客对服务市场需求的差异性,将整体服务市场划分为若干个需求与欲望大体相同的顾客群,使他成为特定营销组合所针对的目标市场。

城市轨道交通企业因其受资源(人力、物力、财力)及乘客不同需求量偏好的限制,无法为其营运地区的所有市民提供服务。城市轨道交通企业若想提高其设备与资源的营运效益,最大限度地满足乘客的需要,则必须将市场加以细分,并对各细分市场的乘客特性加以分析,根据城市轨道交通的特点,选择最能有效提供服务的细分市场,作为企业的目标市场,同时更进一步根据目标市场的需求特征,发展或调整所提供的服务,从而使乘客的需求能获得最大的满足。

将一个市场加以细分,首先要找出一系列影响乘客需求的细分变数,用于服务市场细分的变数主要有消费者特征变数和消费者反映变数。

### ① 消费者特征变数

(1)人口因素。主要包括年龄、性别、收入、家庭人数、家庭生命周期(年轻单身、年轻已婚无小孩、其他)等。

(2)社会因素。包括社会阶层、职业、受教育程度、宗教种族、价值观念、审美观念、风俗习惯等。

(3)心理因素。包括生活方式、生活态度、个性和消费习惯等。

(4)地理因素。包括城市规模、人口密度、气候等。

### ② 消费者反映变数

(1)利益因素。乘客所追求的快速、舒适、经济、声望等。

(2)使用因素。包括使用状况、使用频率、使用目的、使用时间、对营销组织的敏感度等。

(3)促销因素。包括广告、营业推广、降价等促销活动。

(4)忠诚因素。乘客中对轨道交通绝对忠诚者、不坚定忠诚者、转移型忠诚者和摇摆不定者等。

运输市场的产品是无形的,所以运输市场的细分化有其特殊的表现形式。就城市轨道交通运输市场而言,一条轨道交通线(从甲地到乙地)就是一个运输市场,从甲地到乙地的运输市场里包括了城市轨道交通、公共汽车、出租车、私家车、自行车、步行等多种运输方法。因此,客运根据乘客是否乘坐城市轨道交通,将市场细分为"轨道交通乘客"与"非轨道交通乘客";再以"使用频率"的高低将乘客细分为"天天使用者"、"经常使用者"与"偶尔使用者";再以"使用运输工具"的不同将非城市轨道交通乘客细分为"公共汽车"、"私家车"、"自行车"与"步行"等;其后又再以细分变数"意愿",将城市轨道交通市场细分为城市轨道交通改善后"愿意"改乘城市轨道交通的人及"不愿意"的人。城市轨道交通市场的细分如图12-2所示。

在对各细分市场乘客特征进行对比分析以后,就可以了解人们选择或不选择城市轨道交通的原因,这对改善城市轨道交通服务质量、设计营销组合、提高市场竞争力、吸引更多的乘客选择城市轨道交通等方面都具有十分重要的意义。

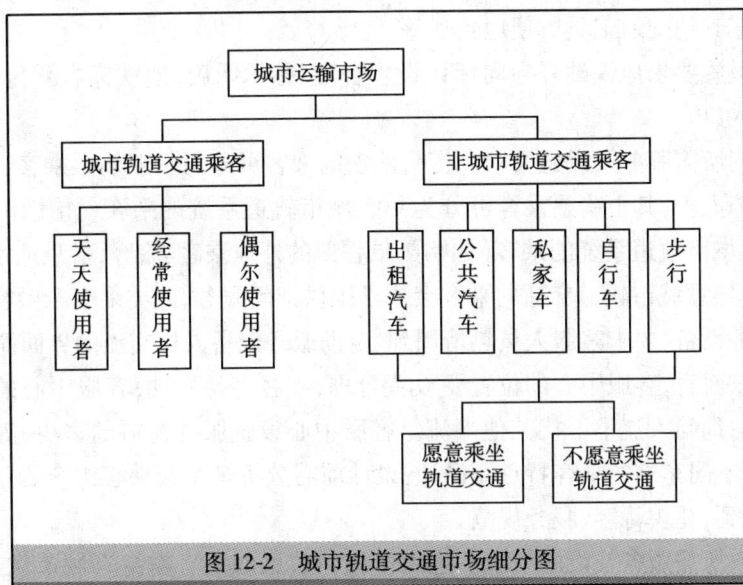

图 12-2　城市轨道交通市场细分图

# 四　城市轨道交通市场营销组合

所谓营销组合,就是企业可以控制的各种市场营销手段的综合运用。人们为了便于分析使用,曾提出多种营销组合分类方法,其中以美国市场营销学家麦卡锡的分类法应用得最为广泛。麦卡锡将各种营销因素分为四大类,即产品策略(PRODUCT)、价格策略(PRICE)、分销渠道策略(PIACE)、促进销售策略(PROMOTION),简称 4P 组合。根据城市轨道交通的特点,其分渠道主要指售票方法,将之纳入价格策略中探讨。

## ❶ 产品策略

城市轨道交通的市场营销理念是以市场为导向,以"满足乘客需求"为核心的现代经营理念。轨道交通运营企业提供的服务与乘客的消费是同时、直接进行交换的,轨道交通运营市场属于服务营销范畴,随着世界经济进入"服务经济时代",服务因素成为商业的核心,成为市场竞争的新焦点。服务营销成为企业树立良好形象、创造新乘客、留住老乘客的最佳途径。运营企业要树立、提高、更新营销观念,自觉树立"为乘客服务"的营销理念,以乘客为中心,及时有效地对乘客需求作出反应,及时调整自身经营活动,改善经营管理,全方位提升服务产品的质量内涵。城市轨道交通的市场营销应围绕其服务产品——乘客位移和出行服务两方面同时展开。

(1)核心产品策略

城市轨道交通的核心产品——乘客位移,是指用以满足位移需要的全部服务,即乘客"到站、询问、购票、检票、候车、上车旅行、检票、离站或换乘"全过程所得到的服务。

①乘客进站所需服务及设施要求。乘客搭乘地铁,首先需弄清附近地铁的位置,然后通过出入口进入车站。此时乘客的需求有:车站位置设置合理,乘客到达地铁站的距离短,并

且可通过步行或其他交通工具方便地到达等。

进站服务设施要求地铁站外导向标识设置合理、指示明确，地铁标志醒目，使乘客很容易找到地铁出入口。

②乘客询问所需服务及设施要求。搭乘地铁的乘客可分为一般购票乘客、老人、学生等特殊乘客及残障人士，其中购票乘客可分为熟悉城市轨道系统的乘客（如使用IC卡的本地乘客）及不熟悉城市轨道系统的乘客（如购买单程票的外地乘客、旅客，搭乘地铁次数不多的本地乘客）。不熟悉城市轨道交通的乘客会要求提供询问服务，此类乘客希望容易找到客服中心或自助服务设备，要求客服人员热情周到、自助服务设备人机交流的界面简单、易操作。

就设施要求而言，客服中心的位置要设置合理，乘客容易发现；客服中心的引导标识要明确，标志醒目；询问人流不干扰其他人流。客服中心设置服务窗口的多少、等候面积的大小、形式需根据不同车站的乘客特点而设计，设计前需分析车站的乘客组合。服务人员要服饰整洁、热情周到、礼貌待客、服务规范。

③乘客购票所需服务及设施要求。进入车站付费区的乘客需持有城市轨道交通车票，持单程票的乘客每次进站需购票，持储值卡的乘客，当票值用光后需重新充值。在购票服务环节，乘客希望找零方便，购票、充值容易，排队等候的时间短。

采用先进的自动售检票设备是城市轨道交通行业发展的趋势，城市轨道交通企业应在非付费区设置数量合理的自动售票机、自动充值机等自助设备，且配以简单易懂的图示操作步骤，引导乘客采用自助的方式完成购票过程，从而有效地减少排队购票时间。

④乘客进闸所需服务及设施要求。乘客购票后，将所持车票送入闸机检票口，经检票无误后，闸机开放，让乘客通过闸机进入付费区。在此环节，乘客要求方便地找到闸机，并且快速通过。

闸机的位置要醒目，进出方向指示明确；闸机的数目、进出方向的配置需根据不同车站的乘客组成特点而设计，通过能力要与客流量相匹配。

⑤乘客候车所需服务及设施要求。乘客入闸后，进入付费区，到站台等候列车到达。乘客希望方便地到达站台，有舒适的候车环境。城市轨道交通企业应在站台设置清晰、醒目的导向标识，如列车上下行标识、轨道交通线路图、首末列车时刻表，车站地面周边地图等，使乘客明了自己现在所处的位置、所需到达的目的地及需搭乘的列车。设置清晰、简练、准确的列车到站广播、列车到站电子指示牌等，及时告知乘客即将到站的列车。增设站台候车处的乘客资讯系统，在列车到站播报的间隙播放天气、娱乐、新闻等资讯内容，缓解乘客候车焦虑情绪。站台空间宜宽阔，灯光照明配置合理，减少地下空间的压抑感。屏蔽门为透明设置、框架轻巧，视觉观感好，同时也可减少噪声干扰，还有效地隔绝列车运行带来的气流影响，使站台的气流组织更加舒适。值得注意的是站台广告位置要合理，不要干扰导向系统。

⑥乘客上车旅行所需服务及设施要求。乘客要求能够方便有序地上车，列车运行平稳，车厢内整洁舒适，列车广播信息及时、准确。车厢内部要有线路图展示，并标示站名；换乘站应在线路图上突出显示，列车广播也应及时提醒乘客在该站换乘其他线路；使用文字说明或列车广播向乘客提供列车首末班时刻。车厢内应清楚标示管制标语（如：禁止吸烟等）、警示

标语(如:请勿倚靠车门)及提示标语(如:请让座于需要帮助的人士)等。同时应保证车厢内环境整洁、灯光明亮柔和、座位舒适、温度适宜,充分为乘客创造一个良好的乘车环境。

　　⑦乘客换乘所需服务及设施要求。乘客的换乘方式主要有同站台换乘、上下层站台换乘、通道换乘、站厅换乘、站外换乘等,乘客需要经由楼梯、自动扶梯、换乘通道、站厅等从一个车站到达另一个车站。在换乘过程中乘客普遍希望:换乘距离短、方便快捷;换乘导向标识明确;有自动扶梯、水平行人梯等辅助设备;换乘通道照明适度、温度通风适宜。城市轨道交通运营企业在线路规划设计上应注意从乘客角度出发,在工程条件允许的情况下尽可能采用同站台换乘方式,以节省换乘时间,带给乘客最大的便利;同时应科学设计换乘路线,避免换乘、出站客流的交叉对流,影响客流行进速度,从而延长换乘时间。

　　⑧乘客补票所需服务及设施要求。乘客出站检票,如出现丢失车票、车票损坏或补票等情况,需要到客服中心办理补票。乘客希望客服中心的标识清晰明确,容易找到,且补票手续简单、等候时间短。在城市轨道交通行业,需补票的乘客相对较少,在乘客遇到票务问题时,应有客服人员及时处理并引导其办理手续。

　　⑨乘客出闸所需服务及设施要求。乘客乘坐地铁到站后,希望能够顺利检票、快捷出站。该环节设施设置要求与进闸环节要求一致,此时应根据客流大小合理设置闸机方向,避免出站乘客在闸机处拥堵。

　　⑩乘客出站所需服务及设施要求。乘客检票出闸后,希望快捷方便地出站。乘客希望:车站出入口配有自动扶梯;出入口设置合理,与地面建筑合理衔接,形成全天候的地下连廊;出入口处与公共交通工具实现无缝连接等。

　　(2)附加产品策略

　　城市轨道交通服务的附加产品是指广义的出行服务,包括环境服务、信息服务、购物与办事服务等,将休闲、娱乐、购物、餐饮、便利服务等生活方式与乘客位移出行融合到一起,极大地扩展了轨道交通服务产品的内容,既满足了乘客一站式出行的心理需求,也全面提升了轨道交通相对于常规公交的竞争力。

　　城市轨道交通运营企业可充分利用地下、地上空间,规划建设地下车站店铺和地上物业商场。地下站厅层可设置多种不同类别的零售店铺,如饮食、健康及美容、书籍音像、便利店、时装饰物及精品店等。城市轨道交通的地上物业则可开发为大型的购物商场,商场与轨道交通车站出入口直接连通,轨道交通的物业商场一方面满足乘客出行方便、快捷的心理需求,另一方面也给运营企业本身带来大量、稳定的客流。

　　城市轨道交通服务应遵循"乘客至上"的服务理念,在乘客出行过程中应多方面提供各种信息和办事服务。轨道交通运营企业可派发免费的公司刊物,登载时事新闻、轨道交通沿线餐饮娱乐信息、广告宣传、求职招聘等信息。同时还可在车站内设置自助银行、干洗店、诊所、旅行社、邮箱等服务网点,提供修鞋配匙、缴纳通信费、电费等日常服务。

　　提供附加产品服务,可满足乘客的日常基本需要,使乘客充分享受到乘坐轨道交通出行的便利,从而改变轨道交通服务产品的单一性,使轨道交通的出行方式成为乘客生活中不可或缺的一部分。

## ❷ 价格策略

城市轨道交通运营企业应对既有票价系统进行分析,针对价格杠杆的敏感度进行分析,确立最佳价格点,提出可行性的修改意见并建立适应市场变化的价格机制。票价对乘客的心理承受能力产生极大的影响,要根据乘客得到的服务来制定合理的票价,使运营企业、乘客双方受益。

（1）轨道交通企业定价目标

①以低票价吸引乘客;

②资助那些能吸引新乘客的新措施;

③引导乘客在非高峰期使用轨道交通系统;

④根据政府需要对某些乘客实行优惠票价;

⑤运输收入总体要能补偿运输生产费用,并能获取合理利润。

（2）价格表的分类和选择

根据国外的经验和资料,价格表的分类一般是以城市的结构和轨道交通路网的分布形状来确定的。

①距离相关的价格表。这种价格表适用于长距离的运输,对于较高频率地出入系统的乘客不太方便。如果这种方式用于城市轨道交通系统,将导致系统的设备和管理变得相当复杂。

②单一价格表。适用于小范围的交通网络,乘客使用方便,运营公司的操作简单,但不能体现乘距与费用的关系,有一定的不合理性。

③区段相关的价格表。对于运营公司和乘客来说,这种收费方式不算太复杂,也比较合理,特别适用于呈走廊形状的路网。但对于覆盖范围较大的交通路网,区段的划分有一定的难度,每个小区段之间关系的处理比较复杂,所需的票价级别也比较多。

④时间相关的价格表。使用范围比较广泛,可以同时用于不同性质的交通系统中,例如地铁和公交等。这种方式对乘客极为方便,乘客可以随意换乘各种不同的公交系统而不必单独购票。但由于不同公交系统所提供的服务水平和运营成本各不相同,这种方式很难体现合理的服务和价格之间的关系,对于高成本的运输系统是不利的。如果将这种方式的价格表只限于轨道交通路网的范围以内,仍然存在运距与费用的矛盾。

⑤区域相关的价格表。适用于集中式的路网结构、环形区域交织在一起的线路,共同使用同一价格表,并同时考虑了乘距与费用之间关系的合理性。

⑥区域、区段组合式价格表。这种方式将区域与区段两种方式有机地组合起来,特别适用于放射形的轨道交通路网结构,既能适应市中心路网密度高、不利于区段划分的情况,又能满足城市外围路网分散,无法用区域划分的情况。

⑦短距和短时价格表。价格表用于短距离和短时间运输,必须与基本价格表结合使用,是基本价格表的一种补充。

⑧补充价格表。用于一些特殊情况下的运输,例如开行特快列车、夜间列车等。

⑨换乘价格表。一般与单一价格的票价方式结合使用。当乘客换乘其他线路列车时,

需支付一定的额外费用。

(3)车票的种类及发售

运营公司应该设法从运营中尽可能多地获得收入。达到这个目的的唯一办法就是使自己的运营更好地适应不同的顾客需求,以便吸引更多的乘客。

对于收费系统来说,车票的种类应尽可能去适应不同的顾客群体,在为乘客提供优质服务的同时,尽可能提高预先支付票款的比例。

我国城市轨道交通票种比较单一,随着轨道交通路网的建设,将逐渐扩展和确定新的票种,从而不断提高地铁系统对乘客的吸引力。为符合封闭式票务管理的模式,同时考虑科学技术的发展,车票的品种以磁卡票和 IC 卡为主。IC 卡的使用正在逐渐得到普及,具有很大的方便性,是城市轨道交通收费方式的一个主要发展方向。目前中国香港和其他一些国家的交通系统已经在使用这种收费方式。一般情况下,一部分单程票、不计程票和一些特殊用途的车票仍可以采用磁卡票,储值票一类的计程票收费可以采用 IC 卡收费方式。

乘客对车票的选择不仅考虑费用,同时也考虑购票的过程是否方便。作为运输系统的使用者,乘客总是希望购买车票的过程非常简单,这里包含了对车票发售地点和手续方面的要求。

对于轨道交通企业来说,车票发售的方便程度不仅会影响运输系统对客流的吸引力,同时也是影响运营公司本身人员数量、设备配置即运营成本方面的因素。无论是乘客还是轨道交通企业,都希望在运输系统运行的过程中尤其是在高峰期减少现场售票的数量,减少乘客在车站的停留时间。

一般来说,轨道交通系统的售票方式有以下几种:

①完全的人工售票方式。这种方式需要在车站的售票点安排较多的人员,站内售票处室的空间要求比较大,乘客在站内停留的时间较长。这种方式不适用具有高度自动化水平的 AFC 系统。

②半自动售票方式。由一定的设备辅助人员的工作,人员的数量可以相对减少。由于有设备辅助,乘客在购票时等待时间相对减少。

③自动售票。由乘客自己操作购票设备,运营系统需安排很少的人员辅助或管理售票设备。但完全由乘客自己操作,在运营初期存在熟练程度不同、在站停留时间出入较大的问题。

④系统外售票。这种方式可以把大量的购票乘客吸引到系统外购票,售票地点可以灵活地安排到银行、邮局或商店等地方,适合于出售多次使用的车票。随着网络科技的发展,也出现了网上售票的方式。系统外售票,避免了乘客在车站内耗费时间,同时也减少车站人员、设备和空间的数量。

对于包含多种车票的运输系统,车票的发售不可避免地要求采用多种不同的方式。以自动售票方式为主、人工售票方式为辅的模式已是城市轨道交通发展的趋势。

(4)轨道交通企业的票价策略

目前国内一般采用区域、区段组合方式的价格表作为城市轨道交通路网的基本价格表,计程票制是票制改革的发展趋势。计程票制的制定步骤主要有:

①确定平均票价水平。平均票价水平是以一定时间内轨道交通所承运的客运总量或周

转总量为基础,平均到承运每人一次或每一人公里所应收取的费用。

$$票价水平 = 总成本/总产量 \times (1 + 盈利率 + 税费率)$$

②确定基本票价水平。在制定计程票价时,应考虑市民的承受能力及多种交通工具的竞争,基本票价水平的标准不宜定得太高,以逐步获得乘客的认同。因此,设置的基价应不低于平均票价的30%或略高一些。

③确定计程票价方案。考虑基本票价、运价率,从而计算出计程区间换算乘车区间。制定计程票价方案需经过听证程序,广泛征求市民意见。

目前国内外轨道交通系统普遍采用的是整个社会综合效益的定价方法。轨道交通的票价大都带有福利性质,轨道交通运营企业由政府通过财政补贴弥补其政策性亏损部分。但从轨道交通运营企业的长远发展来看,如何走向止亏、减亏、微利、发展;自筹、自建、自营、自还的良性循环,制定合理的票价政策是非常重要的环节。

(5)制定灵活多变的票价策略

制定合理的票价政策需全面考虑国家相关法律法规、运营成本、市场定位、市场需求、当地居民收入、其他交通工具的票价等因素。制定弹性、多样化的票价政策可凸显轨道交通方便、快捷、舒适的优势,吸引更多的乘客,从而提高轨道交通与其他交通方式的竞争力。轨道交通运营企业可设置学生卡、老人卡、乘车次数优惠、转乘优惠等多种折扣措施来吸引并稳定客流,还可利用高峰时期车票溢价和低谷时期车票折价来调整客流。

城市轨道交通快捷、方便、舒适、安全的特性使其在与其他交通方式的竞争中优势明显,服务的差异性为使用价格策略提供了机会,正确设定目标市场,采用多种优惠折扣措施,争取更多的乘客是轨道交通市场营销的关键环节。

### ❸ 促销策略

城市轨道交通企业除了提供必要的有关产品服务及价格策略外,应运用各种促销工具,向目标乘客提供有关运输产品的信息,树立良好的企业形象,以提高服务水平和实现营销目标和任务。轨道交通采用促销的手段有广告、销售促进、公共关系等项目。

(1)广告

城市轨道交通企业做广告的目的,主要是为了把公众的注意力吸引到轨道交通系统上来,宣传城市轨道交通的优点及其服务品质,以及在公众心目中树立轨道交通企业良好的社会形象。

城市轨道交通运营企业可通过平面媒体、电视媒体、车站内乘客资讯系统等来宣传企业文化、推广企业新的产品和服务,树立其积极健康的社会公益形象,提高乘客对企业的认知度。同时车站及车厢的造型、颜色、公司标志、车站装修环境等都是展示企业形象不可忽视之处。

在宣传城市轨道交通系统的优点时,应针对乘客心理,有的放矢。具体有如下优点:

①经济。搭乘轨道交通比驾驶私家车上下班可节省价值不菲的汽油费用。

②快捷。城市轨道交通具有速度快、不堵塞的特点,因此可节省旅行时间。

③舒适、方便。轨道交通车辆行驶平稳、环境适宜,在车上能阅读报刊,还可通过乘客资讯系统了解相关时事新闻。

④安全、可靠。比较其他运输方式的事故率和准点率,城市轨道交通具有较高的安全性和可靠性,从各国地铁公司的运营数据上来看,列车的服务准时程度均达到了99%以上。

⑤环保优势。城市轨道交通系统减少了能源消耗、无空气污染,搭乘城市轨道交通有利于城市的环境保护,有利于实现社会可持续发展的目标。

(2)销售促进

销售促进是指除服务本身以外,对乘客表示友善或其他附带的服务,目的是为建立良好的企业形象并使乘客接受城市轨道交通的服务,例如发行地铁免费报刊、赠送纪念品、提供各种便民服务等。

(3)公共关系

公共关系是指一个组织为改善与社会公众的联系状况,增进公众对组织的认识、理解与支持,树立良好的组织形象而进行的一系列活动。城市轨道交通企业公共关系工作的对象可分为一般大众、新闻界、政府机关三个方面。进行公共关系工作,最基本的方法是提供优质的服务。

①对一般大众,应提供:宽敞、整洁、明亮、舒适的候车、乘车环境;便利的换乘设计;客服人员应具有良好的服务态度,积极解决乘客问询;设立专门的客服部门,在第一时间处理和答复乘客投诉;当列车运营服务发生故障时,应立即通知广大乘客并解释原因。

城市轨道交通企业应有计划、有目的地开展各种社会公益活动。例如:支持慈善事业,提供免费的公益车厢广告,支持政府改进运输的计划或研究;积极配合国家的大政方针,做好宣传教育、引导的工作;积极参与社会活动,如运动会、商展、城市文明共建等。

②对新闻界,城市轨道交通企业应与新闻界保持良好的关系,及时向新闻界提供准确的运营信息;当企业有重大新闻需公布时,应举办记者招待会;重要事项先行通知新闻界;如出现对公司不利的情况,不应偏袒发生的过失,尽量将误会解释清楚或予以更正,尽快恢复企业的社会声誉。

③对政府机关,经常准备一份最新的信息表,列出与公司有密切关系的主要相关信息;将有关服务回赠政府有关部门;每年提供企业的例行报告,报政府主管部门;随时关注对政府有参考意义的信息;充分了解政府对城市轨道交通企业的相关限制,与政府有关部门加强沟通。

城市轨道交通运营企业要想在瞬息万变的市场环境中得到发展,就必须在市场营销观念指导下,从分析市场及其环境入手,制订企业的战略目标和计划,规划企业的营销战略,选择相应营销策略并加以有机组合,通过适当的市场营销管理过程,同时对营销的全过程实施有效的控制,最终实现企业的战略计划和营销目标。

## 复习与思考

1. 分组讨论并设计各类客流调查表格,组织同学在轨道交通站点进行实际的客流调查,分析调查数据,得出相应的客流调查结果。

2. 收集并整理资料,简述我国国内城市轨道交通企业的市场营销策略。

3. 分组讨论并制订适合于本区域城市轨道交通企业发展的市场营销策略。

# 附录

## 城市轨道交通专业术语英文缩写对照表

| ADM | 系统管理服务器 | GSM | 全球移动通信 |
| --- | --- | --- | --- |
| ADSL | 非对称数字用户线路 | HMI | 人机交互 |
| AP | 接入点 | ID | 身份识别 |
| ATC | 列车自动控制 | LAN | 局域网 |
| ATM | 异步传输模式 | LED | 发光二极管 |
| ATP | 列车自动防护 | LOW | 现场操作工作站 |
| ATPM | 有 ATP 监督的列车控制 | MMI | 人机交互 |
| ATO | 列车自动驾驶 | NRM | 非限制人工驾驶 |
| ATS | 列车自动监控 | OCC | 控制中心 |
| AU | 管理单元 | OTN | 开放式传输网络 |
| BS | 基站 | PABX | 用户交换机 |
| CBI | 计算机联锁 | PB | 停车制动 |
| CBTC | 基于通信的列车控制 | PCM | 脉冲调制 |
| CCTV | 闭路电视 | PID | 乘客向导系统 |
| CDMA | 码分多址复用 | PIIS | 旅客信息与向导系统 |
| CI | 计算机联锁 | PIS | 旅客向导系统 |
| COM | 通信服务器 | PSD | 安全门 |
| CPU | 主处理器 | PTT | 按讲通话 |
| CS | 中央处理器 | RM | 限制式人工驾驶 |
| DCS | 数据通信系统 | SDH | 同步数字序列 |
| DTI | 发车计时器 | STBY | 自动折返 |
| EB | 紧急制动 | TDMA | 时分多址复用 |
| EU | 电子单元 | TD-SCDMA | 时分复用码分多址 |
| FAS | 火灾自动报警系统 | TOD | 列车显示屏 |
| FDM | 频分复用 | VOBC | 车载控制器 |
| FDMA | 频分多址 | WLAN | 无线局域网 |
| GPS | 全球定位系统 | ZC | 区域控制器 |
| GPRS | 通用分组无线业务 | | |

# 参 考 文 献

[1] 李建国. 城市轨道交通系统概论[M]. 北京:机械工业出版社,2009.

[2] 上海申通地铁集团有限公司和轨道交通培训中心. 城市轨道交通概论[M]. 北京:中国铁道出版社,2009.

[3] 裴瑞江. 城市轨道交通客运组织[M]. 北京:机械工业出版社,2009.

[4] 人力资源和社会保障部教材办公室广州市地铁铁道总公司. 站务人员[M]. 北京:中国劳动社会保障出版社,2009.

[5] 郭学琴. 城市轨道交通客流特征分析[J]. 现代城市轨道交通,2008,(4).

[6] 广州地铁车务一部. 站务员应知应会[G]. 2006.

[7] 何宗华,汪松滋,何其光. 城市轨道交通车站机电设备运行与维修[M]. 北京:中国建筑工业出版社,2006.

[8] 毛保华. 城市轨道交通系统运营管理[M]. 北京:人民交通出版社,2006.

[9] 毛保华. 城市轨道交通规划与设计[M]. 北京:人民交通出版社,2006.

[10] 张庆贺,朱合华,庄荣. 地铁与轻轨[M]. 北京:人民交通出版社,2006.

[11] 何宗华,汪松滋,何其光. 城市轨道交通运营组织[M]. 北京:中国建筑工业出版社,2003.

[12] 张国宝. 城市轨道交通运营组织[M]. 上海:上海科学技术出版社,2006.

[13] 李三兵. 城市轨道交通车站客流特征与服务设施的关系研究[D]. 北京:北京交通大学,2009.

[14] 赵时旻. 轨道交通自动售检票系统[M]. 上海:同济大学出版社,2007.

[15] 陈兴华. 地铁设备监理[M]. 北京:中国铁道出版社,2007.

[16] 中华人民共和国国家标准 GB 50 157—2003 地铁设计规范[S]. 北京:中国计划出版社,2003.

[17] 韩西安,陈忠兴,蔡晓蕾,等. 浅析北京地铁5号线乘客信息系统[J]. 现代城市轨道交通,2006,5.

[18] 陈忠兴,韩西安,王富章,等. 浅谈轨道交通乘客资讯系统[J]. 计算机与轨道交通,2006,7.